MAURICE KUFFERATH

LES Maîtres Chanteurs

de

Nuremberg

de

RICHARD WAGNER

PARIS
LIBRAIRIE FISCHBACHER
33, rue de Seine, 33

BRUXELLES
SCHOTT FRÈRES
Montagne de la Cour, 56

LEIPZIG, Otto Junne

1898

LES

MAITRES CHANTEURS DE NUREMBERG

OUVRAGES DU MÊME AUTEUR

Lohengrin (4ᵉ édition), revue et augmentée de notes sur l'exécution de *Lohengrin* à Bayreuth, avec les plans de la mise en scène, 1 volume in-16. . . . . 3 50

La Walkyrie (3ᵉ édit.), 1 volume in-16 . . 2 50

Siegfried (3ᵉ édit.), 1 volume in-16. . . . 2 50

Parsifal (4ᵉ édit.), 1 volume in-16 (épuisé) . 3 50

Tristan et Iseult (2ᵉ édit.), 1 volume in-16 . . 5 —

L'Art de diriger l'orchestre (2ᵉ édit.), 1 volume 2 50

Henri Vieuxtemps, sa vie et son œuvre, 1 vol. 2 50

EN PRÉPARATION

Robert et Clara Schumann

Johannes Brahms

MAURICE KUFFERATH

LE THÉATRE
DE
R. Wagner

DE TANNHÆUSER A PARSIFAL

Essais de critique littéraire, esthétique et musicale

LES
MAITRES CHANTEURS
DE NUREMBERG

PARIS	BRUXELLES
LIBRAIRIE FISCHBACHER	SCHOTT FRÈRES
33, rue de Seine, 33	Montagne de la Cour, 56

LEIPZIG, Otto Junne

1898

A EUGÈNE YSAYE

Ein Eichkranz, ewig jung belaubt,
Den setzt die Nachwelt ihm auf's Haupt!
In Froschpfuhl all das Volk verbannt,
Das seinen Meister je verkannt (1).

W. GŒTHE : *Explication d'un vieux bois représentant la mission poétique de Hans Sachs.*

---

(1) Une couronne de chêne éternellement verte, la postérité la lui pose sur le front. A la mare aux grenouilles, toute l'engeance qui méconnaît son Maître.

AVANT-PROPOS

Dans le présent volume, j'étudie sous ses divers aspects, poétique, musical, historique, philosophique, l'œuvre qui passe, à juste titre, pour la plus parfaite de Richard Wagner : les *Maîtres Chanteurs de Nuremberg*.

Comme en mes précédents essais d'exégèse wagnérienne, je me suis efforcé de demeurer *objectif* autant qu'il est possible de l'être en parlant d'une œuvre d'art qui vous a pénétré d'admiration. En matière de critique, les appréciations personnelles ou *subjectives* n'ont qu'une valeur très passagère. Il n'est certes pas indifférent de savoir ce que tel écrivain éminent, tel artiste illustre a pensé d'un chef-d'œuvre, s'il l'aimait ou ne l'aimait pas; mais ce qui est plus intéressant encore, c'est de savoir pourquoi il l'admirait ou le repoussait. Je pense que ce qui doit importer le plus au critique, c'est de reconstituer, autant que faire se peut, l'*histoire intérieure, morale*, de l'œuvre, c'est-à-dire de grouper les informations relatives aux dispositions d'esprit dans lesquelles se trouvait l'auteur en la concevant et en la composant et, de la sorte, de mettre en relief son sentiment et sa pensée intimes.

Aussi me suis-je attaché à recueillir toutes les lettres où Wagner parle à ses confidents des espoirs qui l'agitèrent, des idées qui le hantèrent pendant l'élaboration des *Maîtres Chanteurs*.

J'ai comparé sa comédie aux essais, antérieurs ou contemporains, d'adaptation dramatique ou littéraire du même milieu et des mêmes personnages historiques; j'ai réuni, enfin, les renseignements les plus précis sur les sources où Wagner a puisé.

Je n'ai point pour cela négligé l'histoire *extérieure* des *Maîtres Chanteurs*, et l'on trouvera des renseignements complets sur les premières de l'œuvre à Munich, à Bruxelles, à Paris, sur les impressions de la critique et du public, diverses anecdotes, etc. Enfin, un chapitre important est consacré à l'analyse de la partition, aux observations qu'elle suggère au point de vue de l'esthétique générale de la musique.

De cet ensemble, j'espère que plus d'un pourra retirer quelque profit. Je sais bien que les créations de l'art ne *s'expliquent* pas, qu'il est vain d'en vouloir faire comprendre les beautés à qui ne les sent pas. Mais à ceux qui ont quelque sensibilité et que le beau d'une œuvre a déjà saisis, ce genre de travaux peut offrir l'occasion d'impressions plus profondes et renouvelées. En montrant quel merveilleux organisme forme une telle œuvre d'art, de quels multiples apports elle se compose, de combien de subtiles et délicates nuances groupées autour d'une idée fondamentale son ensemble se constitue, on en rend certainement la compréhension plus vive et plus pénétrante.

N'apprécier les œuvres d'art que par le sentiment, c'est une méthode insuffisante. Le sentiment s'émousse vite ; il est bon que l'intelligence et la réflexion confirment ses impressions pour les rendre durables. Les admirations raisonnées sont les plus fortes.

Puisse ce travail aider à consolider celles qui, d'instinct, vont à ce radieux chef-d'œuvre qui s'intitule les *Maîtres Chanteurs de Nuremberg*.

Le présent volume est accompagné d'un portrait du héros de la pièce, le poète Hans

Sachs. C'est un portrait authentique dont l'auteur, Hans Brosamer, était un disciple et contemporain de Dürer et de Sachs lui-même. L'original est un bois de 31 × 28 cent. dont je possède un exemplaire. Le dessin de Brosamer est remarquable par la vigueur du trait et la vivacité imprimée à la physionomie. Il donne bien l'impression d'un homme vigoureux, solide de corps et d'esprit; la fine ironie du regard, la bonté souriante du visage, la bonhomie un peu narquoise de tout l'ensemble me paraissent éminemment caractéristiques.

Ce portrait représente l'illustre maître chanteur à l'âge de cinquante et un ans, c'est-à-dire un peu plus jeune qu'il n'est dans la pièce de Wagner; l'action de celle-ci se passe vers 1560, c'est-à-dire quinze ans plus tard. Entre cinquante et soixante-cinq ans, la physionomie ne change plus sensiblement. On a donc ici le type auquel les interprètes feront bien de se conformer.

HANS SACHS

Réduction d'une gravure sur bois
DE
HANS BROSAMER
1545

I

Dans la vaste plaine qui s'étend au pied des monts de la Haute-Franconie, en Bavière, sur les bords de la Pegnitz, dont les eaux basses roulent claires sur un lit de cailloux entre des bouquets d'aulnes, de saules et de sureaux, Nuremberg dresse son enceinte hérissée de soixante-quatorze tours. Derrière celle-ci on voit s'étager, en un fouillis singulièrement pittoresque de lignes, des toits pointus, des pignons aux formes fantastiques, des clochetons et des flèches gothiques d'une élégance extrême en leur gracilité. Au nord, sur une hauteur qui domine la tache rouge des toits, une vaste construction sombre et lourde dessine sur le ciel clair la masse de ses murs et de ses tourelles que le temps a noircis. C'est la *Burg*, l'ancien château impérial dont les premières assises remontent, dit-on, au XIe siècle ; il a vu s'élever ou tomber plus d'une maison souveraine, et ses vastes salles ont été le théâtre de plus d'un événement fameux dans l'histoire.

Devant le panorama pittoresque et coloré de cette vieille ville, un charme étrange vous saisit; on dirait d'une évocation du passé. On a la vision d'une place forte du XVIe siècle, telle qu'on en voit sur les vieilles gravures ou dans les tableaux des peintres du moyen âge.

Quand on pénètre à l'intérieur de l'enceinte, précédée d'un fossé profond de 10 mètres et large de 30, après avoir passé sous les voûtes sonores des portes flanquées de tours massives, l'impression s'accentue et se fortifie. Par les rues étroites et tortueuses, qui s'inclinent vers la rivière ou remontent vers la *Burg*, s'alignent, irrégulières, des façades anciennes aux étages en surplomb, aux enseignes accrochées à des tringles de fer, bariolées de couleurs ou chargées d'arabesques et que surmontent des toits aigus où des lucarnes, percées de-ci de-là, comme au hasard, entremêlent leurs lignes capricieuses. De vieux ponts en dos d'âne, aux arches hardiment élargies, s'élancent par-dessus les eaux tranquilles de la Pegnitz qui coupe la ville en deux moitiés à peu près égales. Au long de la rivière, baignant dans l'onde qui fait s'incliner les herbes du fond, de massives constructions, où la pierre mordue par la poussière et l'humidité alterne avec le bois vermoulu, laissent échapper des rumeurs de ruche ou font entendre le bruit régulier d'un moulin battant l'eau : quelque établissement industriel s'est établi là. Ailleurs, la riche ornementation, gothique ou renaissance, d'une façade vous avertit que c'est ici la demeure d'une ancienne famille patricienne. Serrées les unes contre les autres, élevant audacieusement leurs cinq ou six étages, les maisons et les hôtels semblent vouloir regagner en élévation l'espace qui leur a manqué pour étaler à leur aise l'ampleur de leurs installations. Une population surabondante s'est concentrée sur le sol trop étroit délimité par l'enceinte de la place.

Aujourd'hui, le trop-plein de cette population se déverse volontiers dans les nombreux faubourgs qui forment comme une ville nouvelle autour de l'ancienne. Autrefois, les mœurs plus rudes ne permettaient guère aux gens d'élire domicile hors des murs. On imagine aisément l'animation et l'intensité de vie que devaient répandre dans les rues irrégulières ou sur les places parcimonieusement mesurées autour des églises et des édifices publics, les trente mille habitants que Nuremberg comptait dès la fin du XVe siècle. C'était dès lors un des foyers les plus actifs du commerce et de l'industrie au centre de l'Europe. Au XVIe siècle, elle était la cité la plus peuplée et la plus opulente de l'Allemagne méridionale. Tout le trafic entre l'Italie, l'Orient et le Nord s'était concentré là. Ville impériale, possédant un domaine étendu tout à l'entour de son enceinte, administrant elle-même ses biens par les soins d'un conseil librement élu, jouissant de privilèges précieux et de revenus abondants, elle possédait une bourgeoisie fière de ses richesses honnêtement acquises, amie du luxe et curieuse de plaisirs intellectuels. La peinture, la sculpture, les lettres y étaient florissantes. Ses patriciens stimulés par l'exemple des mécènes du nord de l'Italie avec lesquels ils étaient en relations suivies depuis longtemps, se piquaient de goûts artistiques et dépensaient sans compter. Elle avait son école de peintres d'où sortirent Wolgemuth et Albrecht Dürer, et son école de sculpture que devaient illustrer Adam Kraft et Peter Fischer. Elle eut aussi son école de poètes dont Hans Sachs est le plus célèbre représentant. Au temps de celui-ci, elle se vantait même d'être la seule ville d'Allemagne ayant une vie littéraire aussi active ; elle citait avec orgueil les deux cent cinquante poètes qui avaient élu domicile dans ses murs et qui, réunis en association, formaient ce qu'on appelle la confrérie des Maîtres chanteurs.

C'est de cette confrérie qu'il est question dans la comédie lyrique de Wagner, c'est elle qui, dans le cadre pittoresque et vivant dont la Nuremberg d'aujourd'hui peut encore donner une idée approximative, forme en quelque sorte la donnée historique de la pièce.

L'institution des Maîtres chanteurs est l'une des plus curieuses de la vie sociale et artistique de l'Allemagne au seuil de la Renaissance.

Après la longue période de troubles et de confusion, traversée par des luttes sauvages, qui correspond à l'affaiblissement du pouvoir central et à la désagrégation du régime féodal, l'aube du XVe siècle s'était annoncée par une remarquable expansion des forces individuelles. Tandis que les princes allemands guerroient entre eux pour se partager les dépouilles de l'autorité impériale, les classes bourgeoises s'organisent ; la noblesse, le clergé, les métiers se groupent ; ils se constituent en associations qui s'unissent pour la défense de leurs droits communs. Dans les villes surtout, la vie sociale prend un essor extraordinaire ; à mesure que l'autorité royale s'affaiblit, celle de la bourgeoisie et des autres états s'accroît ; les villes se liguent même entre elles contre les princes souverains et assument l'assurance de la sécurité des trafiquants. Ainsi tout le commerce passe aux mains de la bourgeoisie et, avec lui, paraissent la richesse et le bien-être.

Un profond besoin de culture intellectuelle s'empare alors de ces communautés de plus en plus florissantes. La pensée allemande prend un magnifique élan dans toutes les directions que peut suivre l'esprit humain. Partout des écoles sont créées ; des universités se fondent, à l'exemple de celle de Paris : d'abord à Prague, puis à Vienne, à Heidelberg, à Cologne, à Erfurt, à Leipzig ; un peu plus tard à Bâle, Fribourg, Trèves, Tubinge, etc. La population augmente et le luxe du vêtement témoigne des progrès de l'aisance publique ; de superbes monuments, églises, châteaux, portes d'enceintes fortifiées, hôtels de ville, édifices civils de tout genre symbolisant les franchises et les libertés bourgeoises, s'élèvent et attestent un puissant pouvoir de création ; enfin, l'invention de l'imprimerie, cette « institutrice de tous les arts », vient prêter à la diffusion de la pensée le plus précieux des moyens d'expansion.

On vit alors dans les lettres se produire un déclassement analogue à celui qui s'accomplit dans le domaine de l'économie et de la politique : à l'esprit aristocratique, on pourrait dire féodal, se substitua, dans la poésie, l'esprit bourgeois.

Pendant les XIIe et XIIIe siècles, la poésie avait

été l'occupation favorite et presque exclusive de la noblesse et du haut clergé. Mais au milieu de la confusion et des luttes qui déchirent l'Allemagne sous les derniers princes de la maison de Hohenstaufen, les hautes classes perdent peu à peu le goût des arts; les tournois et les combats poétiques, autrefois en honneur, passent de mode; des amusements nouveaux bannissent des Cours l'amour des lettres et du chant; on ne voit plus les princes protéger les travaux des poètes, ni surtout les partager; les chevaliers, ruinés par les croisades et par leurs prodigalités, se livrent au brigandage; la Souabe, naguère le foyer de l'aisance et du goût, est plongée dans une affreuse misère; la poésie a presque complètement disparu avec les mœurs qui l'avaient fait un instant briller d'un si vif éclat.

Elle ne devait pas toutefois périr entièrement; elle renaît, mais dans le nouveau milieu, dans cette bourgeoisie qui venait de se constituer si solidement. Des mains des *trouvères* aristocratiques, des *Minnesinger*, chantres de Cour et d'amour, nous la voyons tomber dans celles des classes inférieures et sa culture aller de pair avec l'apprentissage des métiers les plus vulgaires. C'est ce qu'on appelle l'époque des *Maîtres chanteurs*, ou artisans poètes.

Ce qui la caractérise, c'est l'« embourgeoisement de l'art » et ce trait fondamental suffit pour expliquer qu'elle se soit présentée à l'esprit de Wagner en veine d'intentions satiriques. Avec les Maîtres chanteurs, la poésie devient un métier. Elle n'est plus le fruit de la libre inspiration; elle n'est plus le reflet d'une vie poétique traversée de puissantes émotions : elle est, au contraire, l'expression d'une existence méthodiquement réglée, correcte, étroitement pratique, qui redoute tous les à-coups et se garde de tout écart. Aussi se laisse-t-elle emprisonner dans les mailles serrées d'une législation poétique compressive de tout essor. Elle s'assujettit à un ensemble terrifiant de règles grammaticales et musicales qui arrêtent tout élan. Elle se fait éducatrice, didactique ; elle moralise, au lieu de chanter tout simplement. Les artisans poètes, en un mot, sont *maîtres chanteurs* ou faiseurs de chants, comme ils étaient *maîtres cordonniers*, *maîtres menuisiers* ou *maîtres bonnetiers,* suivant les règles de l'atelier.

Et c'est aussi comme d'honnêtes gens exerçant un honnête métier, qu'à l'exemple des autres professions, et suivant la tendance générale du moment, ils se constituent en corporation, une « honorable corporation ». Leur art est un art d'agrément, *holdselige Kunst,* comme dit un vieil auteur allemand, Christophe Wagenseil, à qui nous sommes redevables de l'histoire complète de l'institution (1) ; mais c'est aussi un art utilitaire et profi-

---

(1) DE SACRI ROMANI IMPERII LIBERA CIVITATE NORIBERGENSI COMMENTATIO (Description de la ville libre et impériale de Nuremberg), PAR JEAN-CRISTOPH WAGENSEIL. C'est un grand et magnifique ouvrage de luxe, orné de nombreuses planches et du portrait de l'auteur, gravé par J. Sandrart, imprimé et publié par J.-W. Kohlesius, à Altdorf, en 1697. La plus grande partie de l'ouvrage est consacrée à l'histoire des institutions et à la description des monuments de Nuremberg. A la fin du volume, on trouve une histoire complète de

table, car il nous parle de ses *Nutzbarkeiten, de utilitate phonascorum*, de l'utilité des Maîtres chanteurs. Et cela est caractéristique.

On ne trouve dans aucun autre pays l'équivalent de ces confréries littéraires et musicales de l'Allemagne. Elles ne sont pas sans analogie avec les chambres de rhétorique de la Flandre, avec les académies des petites républiques italiennes du XVe siècle ; elles rappellent par certains détails la *Ménestrandie* de France, les Clercs de la Basoche, les Confréries des sots et des Enfants sans souci.

Ce qui les en distingue radicalement, c'est qu'elles n'étaient pas, comme ces sociétés, des syndicats de professionnels des lettres, de la musique ou du théâtre.

Les corporations de Maîtres chanteurs sont essentiellement bourgeoises. La culture de la poésie et de la musique en est le but apparent, mais la défense des intérêts moraux et matériels de la bourgeoisie n'est pas exclue du domaine de leur activité. Au moment de la Réforme surtout, elles se transforment en de véritables foyers de propagande religieuse et Luther y trouve d'ardents prosélytes, parmi lesquels, en première ligne, le héros de la comédie lyrique de Wagner, le cordonnier-poète Hans Sachs.

Mais leur trait le plus significatif, qui fait leur

---

l'institution des Maîtres chanteurs, comprenant 150 pages environ, avec de nombreuses citations poétiques et musicales, ainsi que l'explication des règles de la prosodie, de la métrique, l'organisation de l'école, des concours, etc., etc. Ce bel et curieux ouvrage n'est pas rare et se rencontre encore assez fréquemment dans les ventes.

originalité parmi toutes les associations similaires des pays voisins, c'est que leur personnel se recrute exclusivement parmi les artisans et les bourgeois. C'est là une particularité qui est uniquement à elles, et qui ne peut s'expliquer que par les conditions spéciales de la vie sociale en Allemagne et par les circonstances historiques au milieu desquelles elles se sont développées.

Le moment précis où apparaissent les premières corporations de ce genre n'a pu jusqu'ici être déterminé. Suivant la tradition courante parmi les Maîtres chanteurs, l'origine de leur institution remonterait jusqu'au XIIIe siècle. Cette tradition mentionne comme les fondateurs de la corporation douze poètes (1) qu'elle nomme et parmi lesquels nous voyons figurer Wolfram d'Eschenbach, Conrad de Wurzbourg, Klingsor, Henri d'Ofterdingen, Henri Frauenlob et d'autres trouvères illustres. Mais ce n'est là qu'une légende.

Il paraît seulement démontré que le dernier de ces poètes, Frauenlob (2), fonda réellement à

---

(1) Le chiffre XII était traditionnel au moyen âge, par allusion aux douze apôtres.

(2) Henri de Meissen, surnommé *Frauenlob* (éloge des femmes), probablement à cause du grand nombre de vers qu'il a consacrés à la femme, ou à cause d'un poème célèbre à la louange de la Vierge Marie. Il était né en 1260, et mena longtemps la vie de trouvère errant, chantant ses œuvres dans les Cours et châteaux du nord et du midi de l'Allemagne. En 1311, il se fixa à Mayence où il fonda une sorte d'association de ménestrels, probablement imitée de celles qui existaient déjà en France. C'est à cette institution que se rattache, selon la tradition, l'origine des confréries de *Meistersinger*. Frauenlob mourut en 1318 à Mayence. Telle était sa popularité que les dames de la ville réclamèrent l'honneur de

Mayence une sorte d'association de chanteurs qui a peut-être servi de modèle, mais qui, bien certainement n'était pas organisée comme le furent par la suite les corporations de Maîtres chanteurs.

Ce qui est certain, en revanche, c'est que le premier artisan-poète connu est un disciple de Frauenlob, le forgeron Bartel Regenbogen, de Mayence, dont les poèmes imprimés sur feuilles volantes sont les plus anciens spécimens arrivés jusqu'à nous de l'art des Maîtres chanteurs. Regenbogen fit école et aussitôt après lui on voit paraître dans les villes rhénanes une nombreuse pléiade d'artisans s'adonnant à la poésie et constitués en corporation. Dès l'année 1378, l'empereur Charles IV, le fondateur de l'université de Prague, avait conféré à ces unions une sorte d'existence légale, en leur accordant des lettres patentes et des armoiries. Dès lors aussi, on constate l'existence de confréries de Maîtres chanteurs à Francfort, à Wurzbourg, à Strasbourg, à Colmar, à Zwickau et à Prague. A l'imitation de la Ligue du Rhin, probablement, elles s'affilient même entre elles, de ville à ville. Au XVᵉ siècle, il s'en fonde à Augsbourg, Memmingen, Nuremberg, Munich, Ratisbonne, Colmar, Ulm ; plusieurs villes autrichiennes, Magdebourg et Danzig, dans le nord de l'Allemagne, suivent au XVIIᵉ siècle. Bien

---

porter sa dépouille mortelle au Dôme. Sur sa tombe eurent lieu des libations et des cérémonies expiatoires. La pierre tumulaire qui la recouvrait existait encore en 1744, époque à laquelle elle fut brisée accidentellement. En 1842, la ville de Mayence a élevé à Frauenlob un monument, œuvre de Schwantaler.

que déchue de son ancienne splendeur, l'institution se perpétue à travers les XVIIe et XVIIIe siècles jusqu'au seuil du nôtre. La dernière corporation connue de Maîtres chanteurs, celle d'Ulm en Bavière, ne fut dissoute qu'en 1838; mais elle n'était plus depuis longtemps qu'une simple association charitable sans aucun lien direct avec la culture de la poésie et de la musique.

Aujourd'hui, plus rien ne rappelle dans notre vie artistique cette originale et étrange institution du moyen âge germanique. Tout au plus pourrait-on, dans nos modernes conservatoires de musique, retrouver quelques traits analogues. Les confréries de Maîtres chanteurs ont été, en effet, de véritables écoles de chant en même temps que de poésie; seulement, elles ne furent pas, comme le sont nos conservatoires, des écoles professionnelles d'art. La culture du chant et de la poésie, répétons-le, ne fut jamais pour leurs membres autre chose qu'un passe-temps, non une profession ou un gagne-pain, si ce n'est accidentellement. Les Maîtres-chanteurs exerçaient tous ou presque tous un métier manuel; c'était l'honneur et la gloire de la corporation de n'admettre dans ses rangs que des artisans vivant du produit de leur travail. Ce qui n'empêchait pas, d'ailleurs, ces poètes et musiciens-amateurs de tirer profit, à l'occasion, de leur inspiration poétique; tel Hans Sachs dont les vers imprimés se vendaient aussi couramment que les chaussures sortant de son atelier.

L'admission dans la confrérie était subordonnée — tout au moins à l'époque de leur complet développement — à un long apprentissage et à de sévères épreuves dont le formalisme étroit est une source abondante de comique où Wagner a puisé à pleines mains. Comme cette organisation joue un rôle important dans son œuvre, il ne sera pas sans utilité de nous étendre plus particulièrement sur ce sujet.

Chaque association de Maîtres chanteurs (*Meistersänger*) formait une corporation distincte comprenant, comme les métiers, une véritable hiérarchie dont il fallait avoir franchi tous les échelons avant d'atteindre le rang suprême de maître. L'exercice de l'art était subordonné à la connaissance d'un ensemble de règles littéraires et musicales jalousement tenues secrètes, et dont le code était appelé la tablature ou tabulature, *Tabulatur* (1). Pour obtenir le titre de maître, il fallait non seulement savoir *chanter* convenablement une chanson (*lied* ou *bar*), mais encore en avoir composé correctement le texte et inventé la mélodie.

Celle-ci se disait sans accompagnement instrumental, en quoi les œuvres des Maîtres chanteurs se distinguent de celles des trouvères primitifs qui non seulement composaient le texte et la musique de leurs *lais*, *romances* ou *chansons*, mais encore

---

(1) Le plus ancien de ces codes que l'on connaisse remonte au xve siècle. Le mot *tablature* est resté au figuré avec le sens d'une discipline difficile à posséder et plus généralement d'une chose qui cause du souci, qui demande de la peine pour être entendue parfaitement. Au sens propre, il est synonyme de notre terme moderne *solfège*. Tablature désignait anciennement l'ensemble des principes techniques nécessaires pour exécuter soit la musique vocale, soit la musique instrumentale. Plus particulièrement il désignait l'*accord* d'un instrument : on dit, dans ce sens, la tablature de la guitare, de la cithare, du luth, etc.

chantaient le tout en s'accompagnant soit sur la harpe, soit sur la cithare, soit sur quelque autre instrument à cordes pincées ou frottées (rote, vièle, viole, luth, théorbe, psaltérion). Les Maîtres chanteurs, au contraire, ignoraient ou dédaignaient les instruments, tout au moins à l'origine. C'est seulement à la fin du XVIe siècle et au XVIIe que l'usage de l'accompagnement instrumental s'introduit aussi parmi eux, grâce aux progrès et à la culture plus générale de la musique instrumentale.

Périodiquement, les Maîtres chanteurs se réunissaient pour faire entendre leurs œuvres, nouvelles ou anciennes, soit en des réunions privées dans la salle de la confrérie, soit en des assemblées solennelles et publiques qui, à certains jours de fête, Pâques, Pentecôte, la Noël, la Saint-Jean, se donnaient tantôt à l'hôtel de ville (*Rathaus*), tantôt dans une église, l'après-midi ou le matin après le sermon.

A Nuremberg, au temps de la splendeur de la confrérie locale, c'est à l'église Sainte-Catherine qu'avaient lieu ces « académies », assez voisines d'ailleurs des *Puys* du nord et de l'ouest de la France du moyen âge (1). L'église Sainte-Cathe-

---

(1) Les *Puys* ou cours d'amour, très répandus du XIe au XIIIe siècle dans tout le nord et l'ouest de la France, étaient une imitation des cours d'amour du Midi. C'étaient de véritables académies ou sociétés poétiques. La Normandie cite avec orgueil les *puys* de Caen, Dieppe et Rouen ; la Picardie, ceux de Beauvais et d'Amiens ; l'Artois et la Flandre, ceux d'Arras et de Valenciennes. Deux fois par an, la confrérie d'Amiens organisait des concours et distribuait des prix à la meilleure ballade composée en l'honneur de la Vierge.

rine avait été choisie pour centre de réunion parce que — ainsi nous l'apprend Wagenseil — « cette sainte vierge et martyre avait été promue par l'Eglise de Rome au rang de patronne des arts libéraux *et omnis elegantioris literaturæ*, comme autrefois chez les païens Minerva ».

Ces grandes assises de la confrérie étaient de véritables concerts, des concours de chant que le public, averti longtemps d'avance, suivait passionnément.

La présidence de la réunion appartenait à un bureau composé du trésorier (*Schatzmeister*), du gardien des clefs (*Schlüsselmeister*), du chef d'études (*Werkmeister*) et enfin du maître de la couronne (*Kronmeister*). Le bureau était assisté de quatre marqueurs (*Merker*), dont la fonction consistait spécialement à noter les fautes des concurrents, c'est-à-dire les manquements aux règles immuables de la *tablature* (1). L'un des marqueurs était chargé de noter les fautes contre la métrique et le chant; le second avait à veiller particulièrement à la correction de la langue, pour laquelle la bible de Luther servait de modèle; le troisième observait les rimes, pour constater si elles étaient correctes et se succé-

---

(1) La poésie provençale a peut-être connu une institution analogue. Le moine de Montaudon rapporte qu'à la fameuse réunion poétique du puy de Notre-Dame, en Provence, organisée par le comte Raimon, *quatre approvatori* étaient chargés de juger de la valeur des poèmes. Mais on ne sait pas si cette institution a eu un caractère permanent. Il est certain que dans les cours d'amour, c'étaient les dames elles-mêmes qui décernaient les prix et non des juges attitrés.

daient conformément aux principes de l'école; le quatrième, enfin, s'attachait à la moralité du poème et devait veiller qu'il ne s'y glissât aucune atteinte soit à la morale, soit à la pureté des traditions bibliques.

Assis à une table, dissimulés derrière un rideau afin de ne pas intimider les chanteurs, ces marqueurs étaient une autorité extrêmement redoutée. Les « maîtres » eux-mêmes étaient tenus de se soumettre à leurs arrêts; leur blâme pouvait même constituer une sorte de tare et amener l'exclusion, selon la gravité des fautes relevées contre le chanteur.

Après l'exécution d'un cantique chanté en chœur par tous les maîtres, la séance proprement dite (*Singschule*, académie, exercice) s'ouvrait généralement par une sorte de concours libre (*Freisingen*) dans lequel des chanteurs même étrangers à la corporation étaient admis à exécuter un *lied* de leur choix, religieux ou profane. Ces amateurs n'étaient pas soumis à la juridiction des marqueurs; ils ne pouvaient encourir ni blâme, ni éloge, ni prix, ni réprimande; mais il ne leur était permis de chanter que des chansons connues.

Ensuite commençait le concours proprement dit (*Hauptsingen*) entre les maîtres et les aspirants. Le prix était décerné à celui dont le poème et la mélodie étaient sans défauts ou qui, tout au moins, étaient le plus voisins de la perfection.

L'épreuve était particulièrement passionnante quand un nouveau venu, présenté par un maître sous lequel il avait fait son apprentissage complet de poète et de chanteur, aspirait au suprême honneur de la maîtrise. Pour l'obtenir, le récipiendiaire devait soumettre au suffrage de l'assemblée non seulement une pièce de vers de sa composition, mais encore la mélodie nouvelle inventée par lui. S'il réussissait, il obtenait le titre envié, il entrait dans la corporation et recevait une chaîne d'argent garnie de trois médailles, dont l'une à l'effigie du roi David jouant de la harpe. C'était l'insigne de sa dignité. La remise lui en était faite solennellement dans l'assemblée publique.

Dans les joutes ordinaires, le prix consistait en une médaille plus petite, qui portait également l'effigie du roi David; le chanteur qui venait en second recevait une simple couronne en fleurs artificielles nouées par un ruban de soie.

L'appareil extérieur de ces concours n'était ni moins rigoureux ni moins solennel que les épreuves proprement dites, et consistait en un ensemble de formalités qui nous paraissent aujourd'hui bizarres et bien plaisantes. Le concurrent devait prendre place dans une sorte de chaire élevée non loin de la table où siégeaient, derrière leur rideau, les quatre juges ou marqueurs. L'élection de ceux-ci se faisait tantôt pour une année entière, tantôt spécialement pour chaque concours; elle donnait lieu naturellement à de vives compétitions entre les maîtres, jaloux de l'influence attachée à une fonction aussi importante.

Les marqueurs désignés, les maîtres prenaient place autour des deux édicules réservés aux juges et au concurrent. Quand tout était prêt, le plus âgé des marqueurs criait au concurrent : « Commencez ! » et le concours s'ouvrait. Puis à chaque strophe ou couplet, il l'autorisait à continuer.

L'épreuve n'était guère facile et l'on ne sait laquelle des deux parties était le plus à plaindre, du chanteur ou des marqueurs.

Les règles de la *tablature*, imprimées en gros caractères, appendues aux murs, étaient sous les yeux de tous et il s'agissait de n'en laisser transgresser aucune. Rimes *sourdes*, rimes à double *consonance*, rimes *suffisantes* et *insuffisantes*, *masculines* et *féminines*, *doubles* et *simples* consonnes d'appui, nombre des syllabes admises dans chaque vers, pas un détail ne devait échapper au récipiendiaire et à ses juges. Le vers ne pouvait pas compter plus de treize syllabes « parce que le souffle ne permettait pas de les chanter d'une haleine, particulièrement quand la rime s'ornait de fleurs mélodiques ». Je cite textuellement le vieux code de cette poétique. Celui-ci définissait aussi rigoureusement le nombre de vers que devait contenir chaque strophe, l'antistrophe et l'épode dont se composait l'ensemble d'un poème.

Ce poème ou *Bar* pouvait comprendre des strophes en nombre illimité, mais toujours celles-ci devaient être combinées entre elles suivant des formules consacrées. La première strophe et son antistrophe, formant ce qu'on appelait l'*Aufgesang* (chant d'entrée), étaient modelées sur le même type métrique et se chantaient sur le même air ; l'épode appelé *Abgesang* (chant de sortie, conclusion), comprenant aussi plusieurs vers en nombre déterminé d'après l'étendue des strophes (*Stollen*), se chantait sur une mélodie différente, et il était suivi d'une strophe ou d'un fragment ramenant la mélodie initiale. C'est déjà complètement constituée la forme tripartite de l'*aria*, avec son introduction, son second mouvement et la reprise. C'est, du reste, la forme de beaucoup de chansons de *Minnesinger*.

Indépendamment des règles de la prosodie, analogues de tout point à celles de nos poètes français des XVe et XVIe siècles, les marqueurs devaient aussi se préoccuper des règles musicales, veiller à la succession « des tons et des modes », ne pas permettre que ceux-ci fussent mélangés. Ils avaient sous les yeux un tableau contenant la nomenclature de 32 fautes qu'il fallait éviter. Il était interdit de couper la phrase musicale par une respiration défectueuse; celui qui perdait le fil de la mélodie était condamné pour avoir déchanté (*versungen*). C'était aussi une faute grave, en commençant, de prendre le son au-dessus ou en-dessous, de manière à faire entendre deux sons liés (*Vorklang*); de même, en finissant, il fallait éviter le tremblement de la voix sur la dernière note (*Nachklang*).

Au fond, il n'y a rien, dans tout cela, que de très rationnel : il est clair qu'il n'y a pas d'art sans la connaissance de certains procédés, fruits de l'expérience, dont l'observation assure la perfection matérielle de l'exécution. Nous n'avons rien à reprocher sous ce rapport aux Maîtres chanteurs; nos solfèges, résumé de nos procédés techniques, constituent un grimoire tout aussi rébarbatif que les *tabulatures* du XVIe siècle. Mais on ne peut se défendre d'un sourire en parcourant la liste de ces prescriptions si minutieusement subtiles, si méthodiquement cataloguées. On voit bien par là que ce qui intéressait le plus nos artisans-poètes, c'était la correction artificielle, la conformité d'un poème à un modèle donné, la régularité de la composition : bref, ce qui dans l'art est d'ordre purement formel (1).

Une fois proclamé maître, l'artisan-poète avait le droit de siéger comme marqueur aux concours suivants. Il avait le droit aussi d'ouvrir école et de prendre des élèves auxquels il était tenu de donner gratuitement l'instruction.

Après avoir inculqué à un élève les principes du chant et de la métrique, il était autorisé à le présenter dans la confrérie. Ces aspirants étaient appelés *Schüler*, apprentis, écoliers, jusqu'au moment où ils pouvaient prouver la connaissance parfaite des règles de la tablature ; ils devenaient alors *Schulfreund*, « ami de l'école », c'est-à-dire compagnon ou condisciple. Quand l'apprenti était assez avancé pour pouvoir chanter cinq ou six airs, il était admis au rang de *Singer* (chanteur) ; enfin, quand il en était arrivé à savoir composer un nouveau texte sur une mélodie déjà existante, il était proclamé poète (*Dichter*). Il ne lui restait plus alors qu'à subir la dernière épreuve, l'invention d'une mélodie nouvelle, pour obtenir le grade suprême,

---

(1) A l'époque correspondante à celle des Maîtres chanteurs, la poésie en est exactement au même point en France. Elle est artificielle ; c'est un pur jeu d'esprit. Le lyrisme a fait place à la rhétorique. On fait des vers suivant des recettes connues, on ne fait plus de poésie. Seulement, en France, les artisans-poètes eurent le bon esprit et le bon goût de ne pas s'occuper aussi de musique ; ils furent exclusivement des versificateurs.

la maîtrise (1). S'il était couronné, la mélodie récompensée (*Ton* ou *Weise*) recevait un nom, et elle était solennellement inscrite dans les registres de la compagnie. Cette cérémonie était accompagnée d'un baptême en bonne et due forme, supprimé plus tard comme la profanation d'un sacrement. Cela s'appelait le baptême de la mélodie (*Taufe*), et deux parrains, choisis parmi les maîtres, lui donnaient un nom de leur choix.

Tantôt ce nom était purement fantaisiste, tantôt on désignait simplement l'air par le mot initial du poème (2).

Les appellations données aux airs sont quelquefois burlesques à ce point qu'on les croirait inventées à plaisir par quelque parodiste en belle humeur. Si j'insiste sur ces détails, c'est que Wagner, comme on le verra plus loin, n'a rien

---

(1) Des distinctions analogues existaient dans la *Menestrandie* de France, au XIIIe siècle. Celle-ci comprenait quatre espèces d'affiliés : 1º les *trouvères* ou *fabliers*, composant les romans, fabliaux, etc. ; c'étaient, en un mot, les poètes ; 2º les *chanterres* ou chanteurs, qui chantaient les pièces rimées ; 3º les *conteurs*, qui *disaient* en rime ou en prose les récits des trouvères ; 4º les *jongleurs*, sorte de baladins ou de joueurs de gobelets, opérant des tours d'escamotage, montreurs d'animaux dressés et qui jouaient également de quelque instrument. Il est à remarquer qu'ici ce sont des métiers différents qui se trouvent réunis en une même corporation et qu'il n'y a pas, comme dans la confrérie des *Maîtres chanteurs*, une hiérarchie de grades dans la culture d'un même art.

(2) En France, nous connaissons quelque chose d'analogue dans ce qu'on appelle les « timbres » de la *Clef du Caveau*, c'est-à-dire les airs d'anciens opéras ou d'anciens vaudevilles qui, de temps immémorial, servent à des couplets nouveaux et qu'on a l'habitude de désigner par les premiers mots ou le titre de la chanson originale. Par exemple : *Sur l'air de : T'en souviens-tu*, ou bien encore : *Sur l'air de : En revenant de la Revue*.

ignoré des coutumes des Maîtres chanteurs ; il les a recueillies avec une sorte de minutie, s'ingéniant à faire ressortir le comique intense qui se dégage de tout ce formalisme étroit et pédantesque.

Celui-ci, du reste, n'est point particulier aux Maîtres chanteurs allemands ; il suffit de se reporter à la scolastique des écoles philosophiques et littéraires contemporaines, pour en trouver l'équivalent en France. Le pédantisme des philosophes et des grammairiens est proverbial. Les noms barbares inventés par les logiciens pour découvrir les sophismes et les équivoques des raisonnements captieux : *Barbara, Celarent, Darii, Ferio, Baralipton*, etc., leurs distinctions subtiles, le fatras d'étiquettes et de mots fabriqués par eux pour servir de memento, tout cet attirail de la fausse science, si plaisamment raillé par Molière, Montaigne et Pascal, n'est pas moins ridicule que le « ton » du *Pélican fidèle*, le « mode » de la *Grenouille* et de la *Tortue*, le mode des *Veaux*, le mode de l'*Encre noire*, et combien d'autres, que nous rencontrons dans la liste parvenue jusqu'à nous des appellations données aux airs inventés par les Maîtres chanteurs de Nuremberg. On pourrait encore citer, à ce propos, les noms de guerre ou sobriquets ridicules que se donnaient sérieusement les trouvères les plus illustres du moyen âge français, comme Brise-Tête, Rue-Bœuf, Arrache-Cœur, Ronge-Foie, Brise-Barre, Courte-Barbe, Fier-à-Bras, Tourne-en-Fuite, Tranche-Côte, Courte-Épée, etc. Et puis, n'oublions pas que nous avons eu aussi, au temps de la pléiade, un assortiment de dénominations baroques, aussi complet que celui des Maîtres chanteurs allemands, pour désigner les diverses dispositions et combinaisons de rimes tombées heureusement en désuétude : l'*annexée*, la *batelée*, la *brisée*, la *couronnée*, l'*écho*, l'*empérière*, l'*enchaînée*, l'*équivoque*, la *fraternisée*, la *kyrielle*, la *rétrograde*, la *sénée*, la *boutechouque*, etc., etc., dont l'*Art poétique* de Sébilet et le *Gradus français* de Charpentier nous ont conservé les règles et des modèles curieux. Les pédants ont des tendances pareilles sous les plus diverses latitudes ; et il n'y a rien d'étonnant que de libres esprits, tels que Molière et Wagner, se soient rencontrés pour exercer leur verve satirique contre ce travers, ancien mais toujours vivace, de l'école ennemie de l'inspiration primesautière et du génie inventif.

A côté des appellations comiques usitées par les Maîtres chanteurs, d'autres ont un parfum charmant de naïveté : le ton du *Romarin*, le ton de la *Tourterelle*, le ton du *Gai chardonneret*, du *Rossignol joyeux*, etc. D'autres enfin évoquent le souvenir du poète qui inventa la mélodie à laquelle elles s'appliquent : ainsi, l'on cite le ton *lent* de Wolfram, le ton *doux* de Frauenlob, le ton *croisé* de Walther, qui désignent l'air sur lequel se chantaient des pièces de Wolfram d'Eschenbach, de Frauenlob, de Walther von der Vogelweide, illustres trouvères du XIIIe siècle. Parmi les mélodies auxquelles les Maîtres chanteurs adaptaient des paroles nouvelles, il s'en rencontrait donc d'origine très ancienne, puisqu'elles étaient antérieures de deux siècles.

Ces mélodies sont généralement ignorées, bien

qu'elles nous aient été conservées en très grand nombre, quatre cents environ, et que l'on connaisse par exemple celles qui s'adaptent aux pièces de vers de Hans Sachs. Malheureusement, les philologues auxquels nous devons la réimpression des œuvres de ce remarquable poète, ne se sont pas préoccupés de la notation musicale qui les accompagne; ils n'ont publié que les textes, sans se douter qu'ils privaient ainsi ces poèmes lyriques d'un élément caractéristique dont ils étaient inséparables. Car le *Meistergesang* se compose à la fois du texte et de la musique; cette dernière était même l'élément le plus important, puisque c'était d'elle que dépendait la maîtrise.

Pour nous, cet élément musical du *Meistergesang* offre en outre un intérêt d'autant plus grand que l'attention de Wagner s'y était portée et qu'il y a puisé certains dessins rythmiques ou mélodiques qui jouent un grand rôle dans sa partition et contribuent pour une large part à la saveur comique de la trame musicale. Je reviendrai plus en détail sur ce point spécial au chapitre consacré à la partition. Je me borne ici à renvoyer le lecteur à ce chapitre, où l'on trouvera reproduits divers spécimens de *Meistergesänge*. On pourra se rendre compte ainsi exactement de ce qu'était un *Meisterlied*.

On se convaincra aisément qu'au point de vue musical, ces compositions sont très inférieures à la chanson populaire, même à celle des périodes antérieures. Celle-ci est infiniment plus souple et plus riche sous le rapport du rythme et de la mélodie. Désespérantes sont la monotonie et l'uniformité des « tons » et des « modes » employés par les Maîtres chanteurs. A peine les distingue-t-on les uns des autres. C'est une psalmodie sans accent et sans expression qui semble imitée directement du chant grégorien. Nulle indication de mesure, nul rythme. Le chant ne se modelait même pas exactement sur la prosodie du texte ; la phrase chantante était seulement coupée de manière à correspondre avec la chute de chaque vers, en périodes arbitraires. Quand le nombre des syllabes du texte ne s'adaptait pas exactement au nombre des notes de la mélodie, on prolongeait simplement l'une ou l'autre syllabe sur trois ou quatre notes. A la fin de chaque période ou vers, le chant s'agrémentait de longs ornements mélodiques, véritable fioritures (*Blumen*) imitées des cadences du chant ecclésiastique et qui sont, en somme, ce qu'il y a de plus caractéristique dans les *Meistergesänge*. C'est de cet élément typique que Wagner s'est tout particulièrement inspiré. Par l'ornementation archaïque qu'il emploie fréquemment dans sa partition, il a merveilleusement réussi à donner l'impression très exacte de cette musique maladroite et empesée.

Après tout ce que je viens de dire des *Meisterlieder*, il est à peine besoin d'ajouter qu'au point de vue musical toute valeur esthétique leur fait défaut, parce que ces mélodies ne sont même pas modelées sur le texte : c'est le texte qui s'adapte à la mélodie la plupart du temps. Même lorsqu'un maître introduisait un air nouveau, ce n'était pas une libre inspiration musicale, c'était au contraire une servile imitation des « quatre modes couronnés » qui étaient considérés comme les modèles dont il était indispensable de se rapprocher.

Au point de vue littéraire, les œuvres des Maîtres chanteurs n'ont guère plus de mérite ; leur valeur poétique est en général très mince. La plupart se bornent à rimer des anecdotes relatives à des personnages fameux de l'antiquité gréco-latine ou des histoires tirées des récits bibliques. Nous avons en français, aux XIVe et XVe siècles, quantité de petits poèmes analogues qui n'offrent guère plus d'intérêt. Là-bas comme ici, la langue est encore très imparfaite, très incorrecte ; la lourdeur du récit se joint à la trivialité de l'expression. Il y avait des chansons, des psaumes, des cantiques. Ce fatras, en somme, ne serait digne d'intéresser que les philologues et les grammairiens si l'on ne rencontrait, çà et là, quelques pièces d'un charme naïf assez captivant.

Il faut faire exception toutefois pour Hans Sachs, le plus grand et le plus fécond des *Meistersänger*.

Hans Sachs est un véritable poète ; il est tout ensemble le Clément Marot et le Villon de l'Allemagne. C'est l'une des plus grandes figures de l'ancienne littérature germanique.

Un sentiment fin, singulièrement délicat chez un simple artisan, — car Sachs était cordonnier de son état ; — un admirable bon sens ; une vue remarquablement juste et droite des choses et des gens ; le don, toujours rare, d'exprimer sa pensée d'une façon personnelle et originale; rien d'exagéré, rien d'atténué ; de la verve sans trivialité ; une gaieté souriante; du trait sans méchanceté; de la verve sans lourdeur; avec cela un charme doux et fort, dénué de toute mièvrerie, une vive compréhension des beautés de la nature, une foi robuste et sincère qui n'excluait pas l'indépendance virile de la pensée : tel est l'ensemble peu banal de qualités et de facultés qui font de Hans Sachs une personnalité assez exceptionnelle, et qui après lui avoir valu de son vivant une popularité sans égale, une influence énorme et la considération générale, ont assuré à sa mémoire l'auréole qui n'illumine que le front des hommes véritablement supérieurs. Il le fut.

Né le 5 novembre 1494, à Nuremberg, d'une humble famille d'artisans — son père était tailleur, — il reçut néanmoins une sérieuse éducation littéraire, suivit jusqu'à l'âge de quinze ans les cours de l'école latine, fondée récemment à Nuremberg; puis, selon l'usage du temps, il apprit un métier manuel. Comme tous les apprentis, son novicat terminé, il entreprit son tour d'Allemagne, le sac au dos et l'outil à la main, visitant successivement les villes les plus importantes du Nord et du Midi, observant les hommes et les choses, recueillant partout une riche moisson d'impressions et de visions, se meublant, en outre, la mémoire par d'abondantes lectures, se faisant finalement recevoir maître chanteur à Munich, comme élève et disciple du maître Gaspar Nunnenbeck. Après cinq années de pérégrinations, il revint à Nuremberg (1516) et s'y maria (1) après s'être établi

---

(1) Hans Sachs fut marié deux fois. Sa première femme, Kunigunde Kreuzer, qui lui donna sept enfants, tous décédés avant lui,

maître-cordonnier. Ses affaires, grâce à une gestion excellente, prospérèrent rapidement, tandis que se répandaient ses premières compositions poétiques.

Ces premières œuvres sont plutôt secondaires, de caractère didactique, comme la plupart des poèmes des Maîtres chanteurs. Ceux-ci croyaient naïvement que l'objet de la poésie était uniquement de répandre des principes religieux et des préceptes moraux. Sachs composa dans cet esprit ses premiers *Meisterlieder* et ses premiers *Fastnachtspiele*, ou pièces de carnaval, sortes de scènes familières où sa verve satirique et comique n'oublie jamais le but moral que tout bon poète devait se proposer.

Il avait environ vingt-huit ans, lorsque les premiers écrits de Luther arrivèrent à sa connaissance. Le mouvement de la Réforme avait déjà commencé depuis quelque temps d'agiter la bourgeoisie de la cité impériale. Hans Sachs, esprit ouvert et généreux, fut tout de suite saisi. Il s'enthousiasma pour l'œuvre d'assainissement moral

---

mourut en 1560. Dix-huit mois après, Sachs, bien qu'âgé de soixante-six ans, épousait une jeune veuve de vingt-sept ans, Barbara Harscher, dont il a célébré poétiquement la jeunesse et les charmes dans un poème piquant, et avec laquelle il vécut encore quinze années. Il mourut en 1576. La date de son second mariage est assez importante à noter au point de vue de l'allure à donner au personnage dans l'œuvre de Wagner. Sachs est supposé veuf. La scène, bien que Wagner ne donne aucune indication à ce sujet, est donc à Nuremberg entre 1560 et 1562, et l'acteur chargé du rôle de Sachs doit le représenter tel qu'un robuste vieillard de soixante-six ans, ni plus ni moins. Beaucoup d'interprètes, ignorant cette particularité, lui donnent une physionomie beaucoup trop jeune.

entrepris par Luther, avec toute l'ardeur d'une foi nouvelle et d'une conviction raisonnée. Profondément impressionné par les écrits du réformateur, il passa ses nuits, après le labeur quotidien, à lire les âpres controverses théologiques qui occupaient tous les esprits, surtout les esprits cultivés, les lettrés, les « humanistes ».

C'est ainsi qu'en 1523, après un assez long silence poétique, l'idée lui vint de composer un chant en l'honneur de Luther, et ce chant enflammé eut, aussitôt publié, un retentissement énorme.

C'est le *lied* fameux, connu sous le titre *le Rossignol de Wittemberg*. Pour la première fois, le sentiment populaire soulevé par l'ardente prédication de Luther et de ses premiers disciples, manifestait puissamment son adhésion au mouvement réformateur.

Le *Rossignol de Wittemberg*, dans la pensée de Sachs, c'est Luther en personne (1), dont la voix enchanteresse charme et captive tous les esprits. Sous une forme allégorique, comparant le pape au lion, le clergé aux loups voraces, leurs adhérents aux oies, aux grenouilles, aux renards, aux serpents, à tous les animaux de la création, il oppose à leurs cris désordonnés le chant mélodieux du rossignol qui ramène dans la vraie prairie les brebis égarées dans le désert par d'indignes pasteurs. Puis, expliquant son allégorie, il nomme Martinus

---

(1) On sait que Luther, né à Eisleben, en Saxe, l'an 1483, était entré en 1505 chez les moines augustins, après avoir fait de fortes études, et qu'il devenait peu de temps après professeur à l'Université de Wittemberg. De là, l'allusion de Sachs.

Luther, comme le chantre qui « nous a éveillés de la nuit », qui a rendu le troupeau de Jésus-Christ à la vraie doctrine évangélique. Il raille les pratiques de l'Eglise, les contorsions et les simagrées dont s'accompagnent les cérémonies du culte; il stigmatise le désordre et la corruption du clergé, s'amuse du marchandage des indulgences, dénonce le luxe de la Cour pontificale et de la prélature, la rapacité du clergé, l'hypocrisie des doctrines ultramontaines; il convie finalement tous ceux qui le liront à retourner à leur seul et vrai pasteur : Jésus-Christ.

Ce long poème est remarquable par la vigueur de l'expression, par la variété du vocabulaire, par sa verve mordante, mais surtout par une gravité et une sincérité de conviction qui élèvent le ton de ce véhément pamphlet à la hauteur du dithyrambe. Aussi est-il resté l'un des plus beaux monuments de la langue allemande au XVIe siècle; au moment où il parut, ce fut même plus qu'une œuvre littéraire, ce fut un acte de courage civique. Il faillit attirer une condamnation à son auteur. Sachs fut réprimandé par le haut Conseil de Nuremberg; on l'invita à s'occuper de ses chaussures et à laisser la théologie aux théologiens.

Mais l'élan était donné, l'effet produit; l'immense popularité de Sachs le préserva de mesures plus sévères; peu après, d'ailleurs, le haut Conseil de la ville impériale passait lui-même tout entier aux nouvelles doctrines et y adhérait solennellement. Sachs fut sauvé; et son *Rossignol de Wittemberg*, réimprimé coup sur coup, se répandit dans toute l'Allemagne, répété par la bouche du peuple, cité par les orateurs de la chaire, commenté par les polémistes, assurant du même coup au poète une popularité sans égale.

Ce premier poème marquant de Hans Sachs devait être mentionné ici plus spécialement, parce qu'encore une fois une allusion directe y est faite dans l'œuvre de Richard Wagner. Lorsqu'au début du quatrième tableau, Hans Sachs paraît devant le peuple assemblé sur la pelouse hors des murs de Nuremberg, Wagner fait acclamer le poète par la foule qui entonne en son honneur un choral. Or, le texte de ce chœur est le texte même de la première strophe du fameux *lied* de Hans Sachs dont je viens de parler :

> *Wacht auf! es nahet gen dem Tag !*
> *Ich höre singen im grünen Hag*
> *Eine wonnagliche Nachtigal.*
> *Ihr Stimm, durchklinget Berg und Thal*, etc. (1).

Sans m'arrêter plus longtemps à l'œuvre littéraire de Hans Sachs qui n'a plus de rapport direct avec notre sujet, j'ajouterai seulement qu'elle ne comprend pas moins de six mille pièces diverses, proses et vers, ces derniers toutefois en grande majorité (2). Les poèmes se divisent en deux caté-

---

(1) Réveillez-vous ! le jour se lève ! J'entends chanter dans les buissons verdissants un délicieux rossignol ; sa voix résonne à travers monts et vallées ! etc.

(2) Il nous reste de cette prodigieuse fécondité 56 tragédies, 68 comédies, 62 farces de carnaval, 210 narrations bibliques et discours sacrés, 150 psaumes, 480 contes et pièces fugitives en partie imités de Boccace, et 86 fables et facéties. Les manuscrits de ces œuvres formaient une collection de 40 gros volumes

gories : les *Meisterlieder* et les *Spruchgedichte*, les poèmes *chantés* et les poésies destinées à la *récitation* ou à la simple lecture. Ces dernières comprennent ses tragédies, ses comédies, ses farces, ses dialogues, ses récits, ses contes plaisants, ses allégories, ses fables, ses méditations morales et religieuses, ses satires, etc.

Si diverses que soient ces œuvres par la matière et la forme, toutes ont un caractère commun qui est comme la marque personnelle de l'auteur, à savoir leur haute tendance morale. Le poète épris d'un idéal d'honneur et de justice intervient même fréquemment dans les querelles politiques et religieuses de son siècle, traçant leurs devoirs aux pasteurs des peuples, châtiant leurs crimes, s'efforçant de stimuler en eux toutes les grandes et généreuses passions.

Dans ses drames, essais naïfs d'art dramatique, inférieurs à ce qui existait déjà alors en France, Hans Sachs se préoccupe de couleur locale bien moins encore que les auteurs de miracles et soties

---

in-folio, dont 20 nous sont parvenus intacts et sont conservés à Zwickau, en Saxe. A ceux qui désireraient étudier Hans Sachs de plus près, je recommanderai la très remarquable étude publiée par M. Schweitzer sous ce titre : *Un Poète allemand au XVIe siècle* (Paris 1887) et qui est peut-être la biographie la plus complète qui ait paru jusqu'ici (non seulement en France, mais aussi en Allemagne). Quant aux éditions allemandes de Sachs, surtout dans ces derniers temps, elles sont si nombreuses que je ne puis les citer toutes. Je me bornerai à recommander à ceux qui veulent s'initier au style de Sachs, le choix de contes, fables, *lieder* et pièces dramatiques qui a paru dans la collection Reclam, à Leipzig (2 volumes). — Sur Sachs et son époque, consulter *Hans Sachs und seine Zeit*, par Rudolph Genée (Leipzig, Weber, 1894) importante publication ornée de nombreux documents graphiques.

du moyen âge français. En passant par Nuremberg, ses héros adoptent le costume bourgeois et le langage naïf des habitants de Nuremberg. Les personnages bibliques pourraient à la rigueur s'accommoder de cette transformation; la simplicité patriarcale de la Palestine n'est pas tout à fait éloignée de la bonhomie des honnêtes gens du XVIe siècle; mais Agamemnon et Clytemnestre deviennent presque comiques quand on les voit métamorphosés en gens de comptoir et de boutique, parlant un langage terre-à-terre qui sent le pot-au-feu. Clytemnestre est une Xantipe rancunière et rouée; Agamennom revient de Troie chargé de cadeaux pour sa femme, comme un négociant nurembergeois revenant de la foire de Francfort.

Même les héros de la légende germanique, Siegfried, par exemple, ou ceux de la légende arthurienne que Hans Sachs n'a pas ignorée, nous apparaissent tout aussi défigurés. Dans son *Sewfriedt*, on ne retrouverait ni le Siegfried de Wagner, ni même le Sigurd de M. Reyer. C'est un méchant garçon qui méconnaît les lois humaines et divines. Aussi Hans Sachs regarde-t-il sa mort comme un juste châtiment. « Sewfriedt, dit-il dans le sermon final, est l'image de la jeunesse sans vergogne, ni mœurs, ni vertu, qui, insolemment et de propos délibéré, se jette dans tous les périls. »

Sa tragédie de *Tristan* est de même une sorte de « moralité » montrant le danger des amours irrégulières et des désordres de la passion sans limite (1).

---

(1) J'ai donné une analyse détaillée de cette œuvre curieuse dans mon étude sur le *Tristan et Iseult* de Wagner.

Si imparfaits que soient au point de vue dramatique ces essais du poète de Nuremberg, on y rencontre cependant de belles pensées, des expressions fortes, un noble sentiment poétique. Il a tout au moins prouvé dans plus d'une scène, et notamment dans le drame d'*Eve repentante*, qu'il savait peindre les émotions du cœur. Son allégorie des *Eléments conversant avec la Vérité* est pleine d'une sainte indignation contre l'hypocrisie et le mensonge. Sa fable de la *Lionne* et plusieurs autres ont de la vivacité et du piquant. Sa profonde piété respire dans un beau cantique qu'on a cherché à lui contester, mais qui se chante encore aujourd'hui sous son nom dans les chorals de l'Eglise protestante. Il y fait un retour sur son passé et expose sa foi tranquille et résignée :

Warum betrübst du dich, mein Herz,	Pourquoi, mon cœur, t'affliges-tu,
Bekümmerst dich und tragest schmerz	Pourquoi gémir, te mettre en souci
Nur um das zeitlich Gut ?	Pour les biens périssables ?
Vertrau' du deinem Herrn und Gott	Sois confiant en ton Seigneur
Der alle ding erschaffen hat ;	Qui a créé toutes choses.
Er kann und will dich lassen nicht,	Il ne peut ni ne veut t'abandonner,
Er weiss gar wol was dir gebricht.	Et sait ce qui te manque.
Etc.	Etc.

Mais le meilleur de l'œuvre de Sachs et qui n'a pas vieilli, ce sont ses contes, et surtout ses farces, ses *Fastnachtspiele*. Il était là dans son élément. On ne saurait assez admirer la facilité et l'abondance du verbe, la finesse du sentiment, la vivacité de l'esprit. Parfois, à côté des plaisanteries du meilleur comique, se rencontrent des pensées fortes qui trahissent sa profonde connaissance du monde, de brillantes peintures de mœurs qui témoignent de la justesse de son observation, de jolis détails pittoresques qui révèlent un sentiment poétique délicat. C'est par centaines que l'on pourrait citer les expressions proverbiales, les traits, les saillies qui émanent de lui et qui jusqu'à nos jours sont restées dans la bouche du peuple.

Chose curieuse, Hans Sachs qui publia lui-même, dans sa soixante-quatorzième année, une édition de ses œuvres choisies, n'a compris dans celle-ci aucun de ses *Meistergesänge*, soit qu'il les considérât comme des productions secondaires, soit qu'il eût voulu les laisser en manuscrits « pour orner et maintenir la *Singschule* » comme il l'a dit lui-même dans un poème où il raconte sa vie, soit enfin qu'il ait obéi au règlement de la confrérie qui interdisait de livrer un *Meisterlied* à la publicité au moyen de l'impression. Il faut ajouter, toutefois, que le malicieux cordonnier avait trouvé le moyen de tourner cette interdiction en reprenant le sujet d'un grand nombre de ses *Meistergesänge* pour en refaire, après coup, des contes ou récits destinés à la lecture, ce qui lui permettait de les imprimer. Des recueils manuscrits de ses *Meisterlieder* existent d'ailleurs encore, disséminés dans plusieurs bibliothèques publiques, à Nuremberg, à Berlin, à Dresde et ailleurs.

La supériorité de Hans Sachs éclate surtout quand on le compare aux Maîtres chanteurs ses contemporains. Il est difficile de caractériser les œuvres de ceux-ci ; elles manquent complètement d'originalité, et il est inutile d'insister sur leur médiocre mérite littéraire. Ce que ces artisans-poètes appelaient poésie n'est le plus souvent qu'une suite de lignes rimées qui n'offrent que des pensées triviales ou obscures. L'inspiration y est nulle ; ce sont de lourdes amplifications de récits bibliques versifiées d'après un système et suivant des formules arrêtées.

Et cependant il serait injuste de méconnaître les services qu'ils ont rendus à la langue allemande, au développement des goûts artistiques. Ils ont assujetti leurs chansons à des rythmes plus réguliers et plus sévères que ceux des chanteurs d'amour, des *Minnesinger* de la période antérieure ; si leurs travaux ont peu d'élévation, ils n'en ont pas moins exercé une influence profonde sur la nation. Cet amour du chant et des lettres, cette remarquable culture morale et intellectuelle qui distinguent encore aujourd'hui l'artisan allemand, tout au moins dans les petits centres demeurés en dehors du grand mouvement moderne d'émancipation, ont évidemment leur source lointaine dans les exercices et dans les goûts des Maîtres chanteurs du moyen âge et de la Renaissance.

Quels que soient, au demeurant, leur rôle et leur place dans l'histoire littéraire et psychologique de l'Allemagne, Wagner n'avait pas, comme poète et dramaturge, à s'en préoccuper plus spécialement. Mais ce qui l'a intéressé, c'est la physionomie bien allemande de cette organisation, le caractère essentiellement germanique de toute l'institution, la ressemblance ancestrale de ces Maîtres chanteurs avec les *Philister,* les bourgeois dont il se voyait entouré ; c'est le pédantisme naïf et bon enfant, la gravité, la solennité, l'importance de ces artisans-poètes sincèrement épris d'art mais ne le comprenant qu'associés à leurs mesquines préoccupations d'ordre, de sécurité, de régularité, de respectabilité commerciale et industrielle ; c'est l'emphase bruyante mais joyeuse, l'ambition démesurée mais active de ces petits esprits, incapables d'un bel élan esthétique et susceptibles cependant d'une exaltation généreuse qui s'exprime en de pompeuses et lumineuses « festivités » ; c'est tout cet ensemble de franchise et de calcul, de simplicité de sentiment et de vanité d'esprit, de fantaisie et de discipline, ce sont ces contrastes de qualités et de défauts, ces reliefs et ces creux qui ont tenté ses facultés de psychologue, comme les jeux de l'ombre et de la lumière séduisaient l'œil d'un Rembrandt ou d'un Rubens.

« En m'occupant de la composition et de la représentation des *Maîtres Chanteurs,* a-t-il écrit, j'étais guidé par l'idée de présenter au public allemand *l'image de sa véritable nature*, jusqu'alors toujours travestie à la scène. »

Il ne s'est point trompé. Le tableau est d'une vérité frappante, la ressemblance du portrait est parfaite. Si l'on ne savait que chez l'artiste, au moment de la création, une sorte d'indifférence objective se substitue aux sentiments personnels d'attraction ou de répulsion à l'égard de l'objet, on serait presque tenté, d'après cet aveu ironique, de voir dans son œuvre une satire sanglante de cette bourgeoisie allemande qui avait si peu compris ses aspirations et contre laquelle il eut tant à lutter comme homme et comme artiste.

II

UNE indication hautement intéressante à l'égard de l'état moral dans lequel fut conçu le plan des *Maîtres Chanteurs de Nuremberg*, nous a été fournie par Wagner lui-même. Il raconte dans une *Communication à ses amis* (1) qu'au moment où il venait de terminer *Tannhæuser*, — pendant un séjour aux bains de Marienbad, en Bohême, au cours duquel il s'était senti dans une disposition d'esprit particulièrement sereine et légère, comme toutes les fois qu'il lui arrivait de se soustraire à son service de chef d'orchestre au théâtre de Dresde et à l'atmosphère fumeuse de la rampe, — l'idée lui était venue tout à coup d'opposer une comédie au drame qu'il venait d'achever, « de même, dit-il, que chez les Athéniens une pièce satirique joyeuse succédait à la tragédie ».

---

(1) Publiée comme préface à l'édition allemande de ses Poèmes d'opéra, en 1852. *Gesammelte Schriften*, tome IV.

Cette comédie lui apparut comme pouvant s'enchaîner à son *Concours de chanteurs à la Wartburg* (1), « en manière de drame satirique correspondant ». C'était les *Maîtres Chanteurs*.

Déjà avant son séjour (2) à Marienbad, avoue-t-il, il s'était résolu à écrire un opéra-comique et cela à l'instigation bienveillante de quelques bons amis désireux de lui voir composer une œuvre légère qui aurait pu aisément trouver accès sur la scène et aurait eu pour effet d'améliorer sa situation matérielle, jusqu'alors très précaire malgré la dotation du roi de Saxe et l'emploi de chef d'orchestre du théâtre de la Cour.

Seulement, la pièce satirique ne succéda pas au drame. La comédie ne fut pas écrite. Wagner se borna, à Marienbad, en 1845, à tracer le scénario. A peine l'eut-il écrit, — le manuscrit porte à la fin cette mention : Marienbad, 16 juillet 1845, — une irrésistible attirance le ramena à *Lohengrin* dont le sujet l'occupait depuis quelque temps.

Pendant qu'il était encore à Marienbad, ce projet d'opéra se formula avec une impérieuse précision. Aussi, rentré à Dresde, repris tout entier par le

---

(1) C'est, on le sait, le sous-titre que portait originairement *Tannhæuser*.

(2) De la mi-juin à la fin juillet, Wagner passa en tout cinq semaines à Marienbad, se soumettant avec toute la docilité convenable au régime sévère de l'endroit. Il était installé à l'hôtellerie du *Trèfle*, accompagné de sa femme et de ses deux favoris, le perroquet Papo et son chien Peps, qui, à défaut d'enfants, animaient son intérieur. Une inscription commémorant le séjour de Wagner à Marienbad a été récemment placée sur la façade de l'hôtellerie du *Trèfle*.

sérieux de la vie et revenu à la gravité, n'eut-il plus qu'un but : terminer *Lohengrin*. Il a très clairement expliqué pourquoi dans la *Communication à ses amis* :

« La disposition joyeuse qui avait cherché à se satisfaire dans la conception des *Maîtres Chanteurs* ne pouvait être chez moi de longue durée. Elle s'était manifestée à ce moment sous la forme de l'ironie et avait ainsi éveillé ce qui, dans mes aspirations artistiques, touchait à leur forme plutôt qu'à leur fond, qui a ses racines dans la vie même. L'ironie est une manière d'être de la *gaieté* qui ne permet pas à celle-ci de se manifester selon sa véritable nature, de s'extérioriser clairement et fondamentalement comme force vitale. Immédiatement, ma nature réagit contre la tentative incomplète d'user dans l'ironie toute la puissance de mes instincts joyeux, et je ne puis plus aujourd'hui considérer cette tentative (les *Maîtres Chanteurs*) que comme la dernière manifestation de l'aspiration de mon être à la jouissance qui cherchait à se réconcilier avec la trivialité de tout ce qui l'entourait. Je m'étais déjà arraché à ce penchant avec une énergie douloureuse dans *Tannhœuser*. Pourquoi la donnée de *Lohengrin*, telle qu'elle m'apparut dans ses traits les plus simples, devait m'attirer d'une façon à ce point irrésistible qu'après *Tannhœuser* toute autre occupation me devint impossible, c'est ce que les impressions ultérieurement ressenties dans la vie expliquèrent plus tard de plus en plus clairement à mon sentiment. »

C'est ainsi que fut abandonnée complètement à

ce moment l'idée des *Maîtres Chanteurs*, de la pièce satirique à peine esquissée.

Le scénario primitif des *Maîtres Chanteurs* n'a pas été jusqu'ici publié, mais on en conserve une copie à Bayreuth. Wagner d'ailleurs en a donné lui-même une analyse assez développée dans la *Communication à ses amis*, à la suite des détails biographiques que je viens de rappeler.

Ce scénario diffère assez sensiblement de l'œuvre définitive, à en juger par le résumé que nous en a donné M. Albert Heintz (1), lequel a lu l'original dans les archives de Bayreuth. On n'y trouve que très vaguement indiqués les caractères des différents personnages; en particulier, le type de Hans Sachs, si merveilleusement développé dans l'œuvre définitive, n'est encore qu'à l'état d'esquisse très sommaire.

Les divergences toutefois ne portent que sur des détails. Les grandes lignes sont parfaitement concordantes, la charpente est la même, l'intrigue identique, ainsi que le prouve d'ailleurs le résumé donné par Wagner lui-même.

Revint-il par la suite à ce scénario et le développa-t-il tout au moins dans certaines de ses parties? On n'est pas bien fixé jusqu'ici à cet égard. Néanmoins, il est vraisemblable que tout en travaillant à *Lohengrin*, et à l'esquisse des *Nibelungen*, il dut le remettre sur le métier dans ces

---

(1) Dans l'*Allgemeine Musikzeitung* de Berlin, 1895. On trouvera ce résumé à l'*Appendice*.

moments heureux de loisir que lui procurait le séjour à la campagne, dans la Suisse saxonne ou en Bohême. C'était un de ses procédés habituels de travail, de développer simultanément des œuvres souvent très différentes. On sait, par exemple, que *Tristan* fut commencé pendant qu'il composait *Siegfried;* cet ouvrage fut même abandonné au beau milieu pour l'œuvre nouvelle; de même, des fragments de *Parsifal* datent de l'époque où il commençait d'écrire *Tristan*. Il est donc possible que certaines scènes des *Maîtres Chanteurs* aient été développées soit pendant la composition de *Lohengrin*, soit plus tard. Il est certain, tout au moins, que le discours de Hans Sachs au peuple qui termine aujourd'hui la comédie était entièrement écrit avant 1852, puisque Wagner y fait explicitement allusion dans la *Communication à ses amis* et qu'il en cite même les deux derniers vers.

D'autre part, suivant une légende, le quintette du troisième acte aurait été composé dès 1845, d'où il résulterait que déjà à cette époque il existait des esquisses et même des fragments de la partition. Ed. Hanslick a même tenté d'accréditer la supposition qu'outre le quintette, les différents *lieder* (de Sachs et de Walther) dateraient de cette même époque. Par leur enthousiasme joyeux, par leur fraîcheur, par l'amour de la nature dont ils sont embrasés, dit-il, ces *lieder* correspondent bien aux sentiments que Wagner avait ressentis pendant son séjour à Marienbad. Seulement, rien n'est venu jusqu'à présent corroborer cette hypothèse, dont on devine le but sous la plume du critique viennois, l'un des plus acharnés adversaires de Wagner (1).

On est, toutefois, assez mal renseigné sur tout ceci, car, chose curieuse, dans les lettres à Liszt, à Fischer, à Heine, à Mme Wille, où se glissent tant de précieuses et émouvantes révélations sur la composition des *Nibelungen* et de *Tristan*, on ne rencontre aucune allusion aux *Maîtres Chanteurs*.

Il semble, du reste, que ce soit seulement à la fin de 1861 qu'il ait repris sérieusement son scénario de 1845 ; il est certain, tout au moins, que c'est à Paris qu'il termina le poème.

Mais à quel moment? C'est ce que je vais essayer de déterminer avec exactitude.

On sait qu'aussitôt après la chute de *Tannhœuser* il se rendit à Vienne où il était toujours question de monter *Tristan et Iseult*. Il y arriva le 9 mai 1861, assista à une représentation de *Lohengrin* et du *Vaisseau-Fantôme*... et, sans que le sort de *Tristan* fût décidé, quinze jours après repartait pour Paris. Après quelques jours passés à l'hôtel, il devint l'hôte du comte de Pourtalès, ambassadeur du roi de Prusse près la Cour de Napo-

---

(1) M. Hanslick en l'énonçant veut faire entendre que dans sa jeunesse Wagner avait infiniment plus d'invention que dans son âge mûr.

Ce qui est incroyable, c'est qu'un écrivain aussi sérieux que G. Noufflard ait, à propos de ces suppositions de M. Hanslick, recueilli la légende d'après laquelle Mme Wagner aurait empêché Wagner de déchirer le *quintette* que le maître aurait voulu anéantir lorsqu'il acheva la partition. Cette histoire, pour des raisons esthétiques et historiques dont il sera question plus loin, n'a pas l'ombre de vraisemblance.

léon III, qui avait mis à sa disposition un vaste appartement dans l'hôtel même de l'ambassade. Wagner, ainsi qu'il l'écrit à Mlle de Meysenburg (1), avait accepté avec joie cette invitation « à cause du beau jardin avec ses grands arbres et ses cygnes noirs ». Il avait à sa disposition un vaste salon avec un piano à queue et il avoue « qu'il se fût passablement plu dans ce séjour si les sympathies qui lui étaient témoignées n'arrivaient presque trop tard ». Il se loue surtout de « l'agréable absence de bruit » qu'il avait trouvé dans cet hôtel, mais ajoute aussitôt : « Aucun sentiment de bien-être ne semble plus pouvoir durer chez moi. Souvent mes yeux s'emplissent de larmes et tout m'apparaît de plus en plus opprimant et vain ! Seul, être seul, à la fin du compte il n'y a que cela qui me convienne... »

Est-ce à ce moment qu'il termina le poème des *Maîtres Chanteurs*, ou plus tard, lorsqu'il revint pour la troisième fois à Paris, en décembre 1861, après un nouveau séjour à Vienne, précédé d'une excursion à Weimar? Je n'ai pu trouver nulle part aucune indication à ce sujet.

---

(1) Lettre du 25 juillet 1861. Cette lettre a été publiée récemment dans *Cosmopolis* (livraison d'août 1896). Mlle de Meysenburg, bien connue par ses *Mémoires d'une idéaliste*, était la fille d'un haut fonctionnaire de la Cour de Hesse-Cassel. Très éprise d'idées et de sentiments démocratiques, elle se brouilla avec sa famille et se fit institutrice. Elle partit pour l'Angleterre et là devint l'éducatrice des enfants d'Alexandre Herzen, tout en se faisant connaître par des articles de revue. En 1860-61, elle avait rencontré à Paris Richard Wagner et sa femme et se lia assez intimement avec eux. Par la suite, Wagner échangea avec elle une correspondance assez importante. Mlle de Meysenburg vit encore à Rome.

Il y a cependant toute vraisemblance que c'est plutôt pendant qu'il était l'hôte de M. et de Mme de Pourtalès (1) que le poème fut achevé, car il écrit en 1862, à Mlle de Meysenburg (12 mars) : « Demain, je l'espère tout au moins, je commence la composition (des *Maîtres Chanteurs*). Je tiens énormément à avoir terminé la partition en automne, afin qu'elle puisse l'hiver prochain passer sur tous les théâtres allemands. Grâce à quoi j'obtiendrai de mon éditeur (les fils de B. Schott, à Mayence) les avances nécessaires pour pouvoir subvenir à mes besoins pendant une année, le temps de travailler. Les quatre semaines pendant lesquelles j'ai pu travailler à Paris ont été les plus heureuses (que j'aie eues depuis longtemps); mais je n'ai pu emprisonner l'enchantement qu'en ne regardant ni à droite ni à gauche, si bien qu'à la fin je ne voyais plus personne, si ce n'est des domestiques et des concierges. Ce poème m'a procuré une joie immense, je crois que c'est ma création la plus géniale. »

On n'imagine pas aisément ces quatre « semaines heureuses » passées dans une chambre d'hôtel, en plein hiver. Au demeurant, que ce soit en juillet ou décembre, l'important est que le livret a été terminé à Paris en 1861.

Seize années se sont ainsi écoulées entre les premières esquisses et la réalisation littéraire de l'œuvre. Et quelles années ! Celles de *Lohengrin*,

---

(1) Wagner a composé pour Mme de Pourtalès et lui a dédié une petite pièce pour piano intitulé : *Arrivée chez les cygnes noirs*. Il y a dans ce morceau des réminiscences intentionnelles de *Tannhauser*. Jusqu'ici, cette composition n'a pas été publiée.

de la révolution à Dresde, de l'exil, des écrits théoriques, d'*Opéra et drame*, de *Rheingold*, de la *Walkure*, de *Siegfried*, de *Tristan*, celle enfin des désastreuses représentations de *Tannhœuser* à l'Opéra de Paris !

Comment au lendemain de cet incident, qu'en dépit de l'inébranlable foi en son génie Wagner dut cependant considérer comme un grave échec, une création aussi enjouée, aussi sereine, aussi exubérante de santé et de joyeuse humeur, a-t-elle pu mûrir et se formuler définitivement, c'est ce que l'on s'explique malaisément. Mystérieuses suggestions du cœur et de l'esprit ! Il semble bien que cette douce idylle germanique évoluant dans le cadre pittoresque de Nuremberg, que l'évocation de la noble figure de Hans Sachs, entouré de l'honnête bourgeoisie du XVIe siècle, aient été la résultante d'un mouvement véhément de réaction contre le trouble apporté dans ses rêves et ses espérances par les hypocrisies, les lâchetés, les déceptions navrantes de la vie parisienne, — la joie après la tragédie !

Toute l'œuvre nous apparaît comme un commentaire poétique à l'exclamation touchante qu'il note dans son *Autobiographie* parue vingt ans plus tôt, et qui rend si bien le sentiment qu'il éprouva lorsqu'en 1843, après trois années d'un séjour ininterrompu au milieu de misères matérielles et morales, de tribulations de tout genre, il quitta Paris pour rentrer en Allemagne : « Pour la première fois, disait-il, je revis le Rhin ; et les yeux pleins de larmes, pauvre artiste, je jurai fidélité éternelle à ma patrie. »

Ce serment, jailli des réalités douloureuses, il dut le refaire en rentrant pour la seconde fois dans son pays en 1861, après les longues années d'exil et les déceptions nouvelles, poursuivi par les sifflets ineptes et les clameurs outrageantes de la cabale boulevardière. Comment n'y serait-il pas revenu, à cette source profonde des belles illusions d'art dont le vol audacieux venait de le conduire de nouveau à Paris et pour la seconde fois le rendait au sol natal, découragé et meurtri?

L'Allemagne venait de lui être rouverte; le décret d'exil de 1849 avait été retiré sur les instances de l'empereur Napoléon. Quelles sensations durent alors l'agiter, quelles impressions l'émouvoir lorsqu'il se retrouva, libre enfin, dans ces douces et riantes vallées rhénanes où tout d'abord il s'arrêta! C'était le foyer retrouvé, — non pas le foyer domestique et bourgeois, mais ce foyer intellectuel et moral, cette ambiance sympathique, ce milieu de bienveillance et de communauté de sentiments qu'il n'avait pu trouver en Suisse, encore moins à Paris, et que, seul, le pays allemand, malgré ses « philistins » et ses *capellmeister*, était capable de lui rendre.

Il faut entrer dans ce sentiment pour goûter complètement les *Maîtres Chanteurs*, pour pénétrer tout au fond de cet exquis poème. Certes, il est satirique, il est cinglant, il est plein d'ironie mordante et cruelle à l'adresse du bourgeois allemand, lourd et pédant; mais sur cette ironie est tendu comme un voile de tendresse; partout éclate un sentiment extraordinaire de filiale piété pour les mœurs, les coutumes, les traditions, la langue, la poésie, la religion du sol natal. Et c'est ce qui fait l'œuvre si attachante : elle est profondément nationale, — dans le sens élevé du mot.

Peut-être ce sentiment, rendu plus intense et plus profond par les souffrances subies, a-t-il été l'émotion libératrice, l'élément qu'attendait le projet de 1845 pour arriver à complète maturité et se formuler définitivement en son harmonieuse unité.

Dans une lettre datée d'août 1860, et adressée à son grand ami Otto Wesendonck (1), il constate, il est vrai, qu'en touchant de nouveau le sol allemand, après avoir obtenu sa grâce, il n'éprouva aucune émotion. Mais il s'en étonne, il regrette cette froideur. Et quand on lit les lettres qu'il écrivait six mois auparavant à ce même ami, on

---

(1) Otto Wesendonck, mort à Berlin, à l'âge de quatre-vingt-deux ans, en novembre 1896, riche négociant d'origine américaine que Wagner rencontra en 1852 à Zurich et qui fut à partir de 1856 l'un de ses plus fermes soutiens. Sa femme, morte quelques semaines auparavant, Mathilde Wesendonck, était un esprit hautement cultivé. Elle s'est fait remarquer comme auteur de poésies estimables. Le texte des *Cinq Poèmes* (*Funf Gedichte*) désormais immortalisés par la musique de Wagner, est d'elle. C'est d'elle que le maître s'était épris d'une passion profonde, alors qu'installé dans un chalet que M. Wesendonck avait mis à sa disposition dans sa propriété d'Enge, près de Zurich, il venait de commencer la composition de *Tristan*. On sait que pour se soustraire à cette passion, Wagner partit pour Venise. Ses relations avec la famille Wesendonck restèrent néanmoins des plus cordiales et, en tout temps, il y rencontra soutien moral et appui matériel. Régulièrement jusqu'en ces dernières années, aux fêtes de Bayreuth, on voyait la haute et droite figure de M. Wesendonck se dresser dans la loge de la famille Wagner. Le roi Louis II de Bavière ayant appris de la bouche du maître tout ce que celui-ci devait à Wesendonck, écrivit à ce dernier une lettre autographe pour le remercier. Depuis, Wesendonck fut anobli par le prince-Régent, actuellement régnant.

sent bien qu'au fond ses sentiments les plus intimes, ses aspirations les plus profondes se tendaient vers le foyer patrial. Il y a entre autres une lettre datée de juin 1860, qui est tout à fait caractéristique à cet égard.

Wagner était déjà depuis le mois de décembre 1859 à Paris; il s'y était installé pour s'occuper de son projet de représentation de *Tristan et Iseult* par une troupe allemande. Il avait loué un petit hôtel situé rue Newton. On sait que ce projet n'aboutit pas et que ce fut *Tannhæuser* qui prit la place du drame d'amour (1). Wagner ne voulait pas s'en consoler. Aussi, bien que Mme de Metternich eût déployé toute sa diplomatie pour décider l'empereur Napoléon à faire jouer *Tannhæuser* à l'Opéra, malgré les prévenances dont il était l'objet depuis qu'on le savait appuyé par la Cour impériale, Wagner ne parvenait pas à s'échauffer sur ce projet. Sans cesse, l'idée de *Tristan* revient dans ses lettres, mêlée à des doléances au sujet du manque de tranquillité qui lui pèse à Paris.

« Un succès éventuel de *Tannhæuser*, écrivait-il à Wesendonck, n'a d'importance à mes yeux que par les avantages matériels qui résulteraient pour moi de la diffusion rapide de l'œuvre sur les théâtres de la province française et de la Belgique, et même sur les premières scènes italiennes (comme celle de Londres par exemple). Ce serait les moyens d'existence assurés. C'est à ce seul point

---

(1) Voir à propos de ce projet et des circonstances qui en amenèrent l'abandon, les détails en partie inédits que j'ai donnés dans mon livre sur *Tristan et Iseult*

de vue que *Tannhœuser* m'importe... Jugez donc de ma situation morale, ici ; d'un côté, *Tannhœuser* qui me laisse froid et ne m'intéresse pas, mais qui s'impose à moi, sous les apparences les plus favorables, — de l'autre, l'ouvrage qui me passionne le plus, qui a besoin de moi et contre lequel tout se ligue ! »

Et il ajoute : « Malgré tout, cette fois encore je resterai rivé à Paris, où je me sens aussi malheureux que possible... Au mois d'octobre, je louerai un petit logement dans l'intérieur de la ville, plus près de l'Opéra (que celui de la rue Newton), sans me préoccuper de son agrément, ni de la tranquillité du quartier ; car il m'a fallu congédier la Muse pour un temps assez long. »

Ici commence la partie vraiment intéressante pour nous de cette lettre de juin 1860 ; c'est là que Wagner parle longuement du besoin de bienveillance, de sympathie, de l'atmosphère d'intimité sans laquelle il ne peut rien faire qui vaille.

« Lorsque je m'installai à Paris, je n'avais d'autre idée que de reprendre le plus tôt possible mes travaux interrompus (1), et c'est dans ce but que je m'étais assuré une habitation tranquille, où je ne serais pas dérangé à tout propos. C'est seulement lorsque je veux évoquer et retenir la Muse auprès de moi, que je songe sérieusement à garnir ma demeure de calme et d'intimité ; si j'abandonne la Muse, que m'importe alors ? Lorsque j'ai des

---

(1) Rien n'indique auquel de ses ouvrages il veut faire allusion. Mais à ce moment, il lui restait à terminer *Siegfried*, à moitié composé, le *Crépuscule des Dieux*, qui n'était qu'esquissé, enfin les *Maîtres Chanteurs*, également à l'état d'esquisse.

« affaires » à mener, que je m'exténue à courir, que je rentre chez moi à moitié mort de fatigue, le plus méchant coin suffit pour me donner le repos. Mais ce repos-là est quelque chose d'infiniment inférieur à la tranquillité qu'il me faut pour pouvoir créer. Comme je ne travaille pas en ce moment, tout ce qui ressemble à une chose superflue, m'excède ; vienne le jour où je sois obligé de renoncer à l'espoir de rencontrer jamais de nouveau la Muse, on sera étonné de voir combien peu je suis exigeant quand il s'agit de mes aises... Ah ! mes enfants ! que de larmes amères roulent parfois le long de mes joues ! Moi aussi, croyez-le, j'aspirais au calme d'une vie remplie de nobles jouissances. — Hélas ! jamais je ne l'aurai ! Le calme de la création, le calme de la mort : voilà la seule tranquillité qui me soit promise. Heureusement, les choses précieuses se complètent d'elles-mêmes ; ce que je ne puis, vous le pouvez ; ce dont vous jouissez, vous en jouissez pour moi ; en vous et par vous, j'en jouis à mon tour. La tranquillité, c'est la plus noble activité qui vous soit donnée. Cher ami, efforcez-vous toujours à vous l'assurer et à la conserver ; développez votre front à travers les choses belles, contemplez-les, goûtez-les et tendez-moi loyalement, sans arrière-pensée, la main ! »

Il écrit encore le 25 juin, toujours à Wesendonck :

« Je vis en ce moment sous des impressions très déprimantes, mon âme est pleine d'amertume, à ce point qu'il n'y a même plus de place pour le souci. Ma vie entière, tout ce que j'ai fait, m'apparaît comme chose vaine et sans utilité ; il semble que j'aie pris trop au sérieux ce qui pour le monde n'était après tout qu'un « jeu ». Je suis incapable en ce moment d'aucune résolution, incapable d'aucun travail intellectuel; et par surcroît, tout se joint pour me faire mal ! Avant-hier, subitement et d'une façon mystérieuse, est mort le cher, le bon petit chien qu'un jour vous m'aviez envoyé dans la maison. Je m'étais tant attaché à ce doux animal ! Sa mort inexplicable m'a beaucoup attristé. Je le sais, vous n'admettez pas cette sympathie pour les bêtes; mais tel que je suis, vous comprendrez que cette perte, — dans les circonstances actuelles, — m'ait touché de près. Que ne suis-je hors de ce Paris où je n'éprouve que malheurs ! Vers le milieu du mois prochain il faut à toute force que je m'en aille d'ici. Mais où, comment... et après ? O Dieu ! combien tout m'est profondément indifférent ! Je n'ai de racines nulle part, et je deviens de plus en plus étranger à tout sentiment du foyer. »

Toujours, en somme, ce même cri, cette même aspiration après un foyer, ce même besoin d'intimité, de sympathie, de tranquillité et de recueillement dans un endroit où il ne se sentirait pas un étranger.

Cette tranquillité, ce calme après lequel il aspirait si ardemment, mais en vain, à Paris, il ne les retrouva qu'après la chute de *Tannhœuser*. Ce fut la circonstance fatale, mais nécessaire, qui définitivement rompit toutes ses attaches avec le dehors, et lui rendit ainsi la possession de soi-même.

Au mois d'août 1860, il s'était rendu à Carlsruhe pour remercier le grand-duc Frédéric de Bade et la princesse de Prusse (depuis l'impératrice Augusta) de leur intervention en faveur de la levée du décret d'exil de 1849. En revenant de Carlsruhe, il descendit le Rhin en bateau à vapeur.

« Cette excursion rapidement décidée, écrit-il à Wesendonck (23 août 1860) a eu ceci de bon qu'elle m'a donné l'occasion de voir pour la première fois la vallée du Rhin. J'ai fait le voyage de Mannheim à Cologne à bord du bateau à vapeur et je m'étonnai moi-même à cette occasion ; je ne soupçonnais pas que je pourrais encore être captivé à ce point par cette intéressante pérégrination. Le Drachenfels (1) a décidément mérité à mes yeux le premier prix ; il a fait une belle conclusion à ce voyage. Ce qui m'a amusé énormement, c'est qu'à Wiesbaden on m'attendait pour y monter immédiatement mon opéra (?) : j'apprends que tout le monde avait pris au sérieux l'annonce de mon arrivée ! Mon Dieu, non ! maintenant je puis attendre, je ne suis pas, en vérité, aussi pressé, et je ne songe pas à rentrer en relations avec la misère des théâtres allemands. Je ne me suis pas arrêté à Wiesbaden, et je ne pense pas du tout à m'y arrêter à l'avenir. » — C'est en manière de conclusion à cette même lettre qu'il constate qu'en touchant le sol allemand pour la première fois depuis son exil, il n'avait rien éprouvé du tout, et il ajoutait : « Dieu sait, je dois être singulièrement refroidi ! »

---

(1) La *Roche au Dragon*, en face de Bonn, le point terminal de la chaîne des *Sept Montagnes*, qui clôt la série des points de vue pittoresques de la vallée du Rhin.

Ce n'était là qu'une impression superficielle. Au fond, il restait ardemment épris de son pays comme le prouve la lettre que, quelques années plus tard, il adressait à la princesse Liechtenstein.

« Je vous remercie, disait-il, de la façon bienveillante dont vous appréciez mes *Maîtres Chanteurs*. Oui, certes, en écrivant cette œuvre, je voulais avant tout faire revivre notre vieille Allemagne, cette vieille Allemagne si pleine de poésie et de charme. J'ai voulu y chanter une Allemagne qui n'est plus, une Allemagne que beaucoup d'Allemands regrettent et qu'ils préféreraient, certes, à l'Allemagne d'aujourd'hui. L'avenir dira laquelle de ces deux Allemagne devrait être préférée. Mais ce qu'il dira aussi, sûrement, c'est que la vieille Allemagne avait un caractère de poésie et de beauté que notre Allemagne moderne n'a pas. »

Ces lignes trahissent bien ses véritables sentiments; malgré tout, sous l'amertume des critiques on sent toute la tendresse qu'il avait pour le sol natal. Il faut croire d'ailleurs que l'excursion sur le Rhin l'avait saisi plus profondément qu'il ne voulait l'avouer, puisque c'est là qu'au printemps de 1862, ainsi que je l'ai dit, il vint se fixer, pour y retrouver l'atmosphère tranquille vainement cherchée ailleurs.

Dans cette vallée douce et riante, au milieu des coteaux verdoyants couverts de vignobles, il se remit enfin sérieusement au travail et commença la musique des *Maîtres Chanteurs*.

A partir de ce moment, nous avons des indications très précises sur les phases progressives de l'œuvre.

Dans une lettre du 21 juillet 1862, il écrit à Wesendonck : « Le travail (*Meistersinger*) marche bien, mais il avance si lentement que je suis très inquiet de ma situation dans un avenir prochain. »

Vers le même temps, il se rendit à Carlsruhe et donna lecture de son poème à la grande-duchesse de Bade. Il écrit à ce propos le 26 juillet :

« La grande-duchesse, dans la figure de mon Pogner (1) que j'ai lu avec une chaleur particulière, a cru reconnaître une allusion à des influences bienfaisantes qui s'étaient manifestées pour moi ; elle m'a engagé finalement à songer, lors de la distribution des rôles, à confier ce personnage à un interprète supérieur. J'ai été extrêmement heureux de cette impression. Il me semble, en effet, qu'en traitant avec un amour particulier ce rôle, — que je mets en ce moment en musique, — j'aie voulu élever un monument à un ami ! »

S'adressant à Wesendonck, ce n'était point là une vaine flatterie.

Ecrivant à la même époque à son ami Wendelin Weissheimer (2), il disait qu'il était convaincu que les *Maîtres Chanteurs* seraient son chef-d'œuvre. Et pendant quelques mois, en effet, il travailla avec une ardeur et un enthousiasme extraordi-

---

(1) L'un des personnages de la pièce.
(2) Wendelin Weissheimer, compositeur de musique que Wagner avait rencontré en 1858 à Zurich et pour lequel il s'était pris d'une vive affection. Weissheimer est l'auteur de plusieurs opéras, parmi lesquels un *Maître Martin et ses compagnons*, tiré de la nouvelle de Hoffmann dont récemment MM. Eugène Landoy et Jan Blockx ont également tiré un opéra-comique, joué au théâtre de la Monnaie en 1892.

naires : poème, composition, instrumentation, tout allait de pair. Sauf ses accès habituels de mélancolie et les légers malaises dont il se plaignait, Wagner se sentit heureux pendant la majeure partie de son séjour à Biebrich. Hans de Bulow et sa femme étaient venu passer quelque temps auprès de lui. Le ténor Schnorr de Carolsfeld et sa femme avaient un jour exécuté devant lui *Tristan et Iseult*, complètement; on parlait de nouveau de monter l'œuvre à Vienne; tout semblait en un mot lui sourire.

Malheureusement, les soucis d'argent ne devaient pas tarder à reparaître et, avec eux, s'affaissa l'allégresse productive et joyeuse. Emprunts aux éditeurs Schott à Mayence, lettres désespérées à Wesendonck pour le prier de le tirer d'affaire quand Schott refuse d'intervenir, à Weissheimer quand c'est Wesendonck qui se récuse : à partir de juillet, ce sont, sans cesse, de nouvelles angoisses et de pénibles démarches.

Puis au mois d'octobre surgissent tout à coup des projets de concerts. Il semble qu'après une si ardente concentration, un besoin d'expansion se fasse impérieusement sentir. Il veut aller à Vienne, y faire entendre des fragments de ses nouvelles œuvres non encore publiées ni exécutées. Il est intéressant de noter que, dès ce moment, à côté de fragments de *Siegfried*, de *Tristan* et de la *Walkyrie*, il désigne lui-même d'importantes pages des *Maîtres Chanteurs* : l'*Ouverture*, l'*Entrée des maîtres* l'*Allocution de Pogner* (premier acte), pour être exécutées dans ces concerts projetés.

La réalisation suivit, du reste, de près. Rien

n'est admirable comme l'impétuosité avec laquelle Wagner se jette dans l'action une fois qu'il a renoncé au rêve. Il s'empressa de résilier son bail à Biebrich. On le voit alors dans différentes villes, Mannheim, Francfort (1), présider à la mise en scène et diriger lui-même *Lohengrin* ou *Tannhæuser*, devenu populaire en Allemagne depuis l'échec à Paris ; puis, le 1er novembre, il dirige à Leipzig, au *Gewandhaus*, un grand concert que Weissheimer avait organisé et auquel Hans de Bulow prêta son concours. Malheureusement, les résultats financiers sur lesquels comptaient les organisateurs, ne répondirent pas à leurs espérances. Grâce aux intrigues du clan des antiwagnériens, la salle du *Gewandhaus* resta au trois quarts vide. Mais ce concert demeure une date mémorable : c'est là que

---

(1) A Francfort, Wagner dirigea personnellement deux représentations de *Lohengrin*. Un incident bien caractéristique et qui explique les continuels besoins d'argent du maître se rattache à ces représentations. Wagner était descendu à l'hôtel du *Cygne*, où il passa huit jours. La direction du théâtre se chargea naturellement de ses frais de séjour : mais elle désirait faire davantage. Sachant que Wagner n'était pas dans une situation brillante, elle lui dépêcha quelques jours après, à Biebrich, le régisseur général, porteur d'un coffret richement orné et renfermant quarante frédérics d'or, somme relativement élevée. Wagner faillit prendre mal la chose. « C'est beaucoup, beaucoup, dit-il à l'envoyé de la direction, mais je ne puis accepter d'argent. Chaque fois que la direction du théâtre voudra de moi, je me rendrai volontiers à son invitation, mais je dois refuser tout payement pour services rendus. » Et il ajouta : « Si l'Allemagne ne peut rien faire pour moi, ce don, si considérable soit-il, ne saurait m'être d'aucune utilité. » Bref, le messager rentra à Francfort porteur de ses quarante frédérics, et Wagner, trois semaines après, en était réduit a faire de nouveaux emprunts !

pour la première fois Wagner fit entendre et entendit lui-même à l'orchestre, l'ouverture des *Maîtres Chanteurs*.

Le lendemain, il part pour Vienne, où il s'installe en vue d'un long séjour. La direction de l'Opéra impérial faisait mine décidément de vouloir monter *Tristan et Iseult*. En attendant, Wagner dirige une représentation de *Lohengrin*, dont le succès est retentissant et pose définitivement son auteur dans la capitale autrichienne. Comme il l'écrit plaisamment dans une lettre de cette époque, « il jouit enfin de sa popularité : les orgues de Barbarie viennent lui jouer sa propre musique ». Puis, il conduit encore, le 26 décembre 1862 et les 4 et 11 janvier 1863, trois grands concerts où figurent les trois fragments des *Maîtres Chanteurs* cités plus haut. Le 8 février, les mêmes fragments sont, de nouveau, exécutés sous sa direction à Prague, et ils sont encore aux programmes des quatre concerts qu'il va diriger ensuite à Saint-Pétersbourg, dans la salle de l'Assemblée de la noblesse, les 19 février, 6, 8 et 10 mars.

Les mêmes concerts se renouvellent ensuite à Moscou avec beaucoup de succès, puis encore à Pesth en juillet, à Prague de nouveau en novembre, enfin à Breslau en décembre. Ces concerts, surtout ceux de Russie, lui rapportèrent des sommes assez importantes et une popularité croissante. Mais toujours, comme il l'écrivait en juin 1863 à Mlle de Meysenburg, « il aspirait après une demeure avec un jardin et quelques vieux arbres ». A son retour de Russie, il la trouva à Penzing, près de Vienne ; il put s'y installer convenablement « grâce à l'argent qu'on lui avait laissé » et il s'y remit à l'ouvrage.

Mais ce nouvel élan devait, lui aussi, n'être que de courte durée.

Survient l'abandon définitif de *Tristan*, à l'Opéra de Vienne, après toute une série d'alternatives profondément énervantes. Alors commence cette période de terribles tribulations où le maître faillit sombrer : dettes criardes, persécutions des créanciers, désespérance, situation sans issue, fuite nécessaire, d'abord à Mariafeld (près de Zurich) où l'hospitalité cordiale de M. et Mme Wille apporte quelque baume aux douleurs morales de l'éternel exilé ; puis à Stuttgart, dans la famille du capellmeister Eckert, où vient le surprendre le miraculeux envoyé du jeune roi de Bavière.

On sait quel coup de fortune inouï fut pour lui l'intervention de Louis II. Le jeune souverain l'appelait à sa Cour, lui assurait une pension, mettait le théâtre entièrement à sa disposition, sans autre obligation pour le maître que d'achever son œuvre.

On se doute bien toutefois qu'au milieu de tant d'incidents, dans une situation si nouvelle et si différente de celle qui l'avait immédiatement précédée, sans parler des déboires et des intrigues qui allaient peu après l'assaillir à la Cour même de Munich, Wagner n'avait pu songer aux *Maîtres Chanteurs*. Aussi, pendant près de trois années, n'en est-il plus question.

En juillet 1865, il écrit à Wesendonck qu'il ne voit pas quand il pourra continuer sa partition. « L'achèvement en est reculé dans l'infini. »

Après la première de *Tristan et Iseult*, le 10 juin 1865, le déchaînement des intrigues des courtisans et des envieux le força de quitter Munich et d'errer de nouveau en Suisse. Il séjourne à Vevey d'abord, ensuite à Genève, puis il part pour le Midi de la France (1).

---

(1) Ce voyage dans le Midi fut décidé à la suite d'un incendie qui, dans les premiers jours de janvier 1866, consuma en partie la villa des Artichauts où Wagner s'était installé et comptait faire un assez long séjour.

Pendant qu'il était à Marseille, sa première femme, Wilhelmine Planer, mourait à Dresde, le 25 janvier 1866. Il en apprit la nouvelle le 27 janvier. Depuis 1862, les époux vivaient séparés. La calomnie qui n'a épargné Wagner à aucun moment de sa vie, s'empara de cet événement pour l'accuser d'un acte d'égoïsme odieux à l'égard de sa première femme : l'ayant abandonnée sans ressources, il l'aurait laissée mourir de faim et de misère à Dresde. Une lettre parue dans les journaux de Dresde (mars 1866) a fait justice de cette vilenie. Wagner n'a pas cessé de prêter assistance à sa femme et lui paya régulièrement sa pension jusqu'au jour de sa mort.

Voici d'ailleurs le texte de cette déclaration.

« Les bruits malveillants que certaines feuilles de Vienne et de Munich publient depuis quelque temps touchant mon mari, m'obligent à déclarer que j'ai reçu de lui jusqu'à ce jour une pension qui suffit amplement à mon existence. Je saisis cette occasion avec d'autant plus de plaisir, qu'elle me permet de détruire au moins une des nombreuses calomnies que l'on se plaît à lancer contre mon mari.

» Dresde, le 9 janvier 1866.

» (Signé) : Minna Wagner, née Planer. »

Le dissentiment qui amena la séparation des époux est du reste tout intime. Il y avait incompatibilité d'humeur. Tous ceux qui ont connu Wilhelmine Planer rendent hommage à ses excellentes qualités, tout en avouant qu'elle n'avait pas compris son rôle auprès d'un homme possédé comme Wagner du démon de l'art. Elle n'entendait rien à ses aspirations et à l'intransigeance de ses théories. De là des froissements qui devaient aboutir à la séparation. (Voir sur ce sujet Glasenap, *R. Wagners Leben und Werken*, II, 179 et un article du peintre Fr. Pecht, dans l'*Allgemeine Augsburger Zeitung*, mars 1883.)

Dans leurs *Mélanges sur Richard Wagner*, MM. Albert Soubies et Ch. Malherbe ont révélé que ce voyage avait pour but de chercher « une belle campagne ou un petit château dans la région qui s'étend d'Avignon et Arles jusqu'à Perpignan et les Pyrénées, n'importe où dans le Midi, sauf Marseille ou Nîmes ». Il aurait préféré « une de ces petites villes hors du commerce, délaissées, où l'on trouve cette vie à bon marché, si vantée, de la France méridionale », ainsi qu'il le dit textuellement dans une lettre adressée de Genève, « Campagne des Artichauts » à M. X., personnage politique qu'il avait rencontré dans le salon d'Emile Ollivier à Paris, et qui avait offert ses services au maître allemand. Dans cette lettre il priait M. X. de charger un homme d'affaires de lui découvrir ce qu'il cherchait. « La chose principale est de me placer hors du monde d'une façon agréable, de m'éloigner de tout contact avec mes relations du passé. C'est le seul moyen de sauver mes œuvres conçues, qui seront perdues si je passe encore une année dans des convulsions du genre de mon ordinaire (1) ».

Les démarches de l'intermédiaire n'ayant pas abouti, Wagner se mit personnellement à la recherche de l'asile si ardemment désiré, mais sans mieux réussir.

Il revint alors en Suisse, où, tout au moins, il avait des amis, et il s'arrêta à Lucerne. Un hasard

---

(1) Textuel. L'original de la lettre de Wagner est en français. Elle est reproduite en entier dans les *Mélanges sur Richard Wagner*, par Albert Soubies et Ch. Malherbe. Paris, Fischbacher, 1892.

voulut qu'au début de l'année 1866, dans un hameau voisin, il finît par trouver une habitation isolée et champêtre convenant à ses goûts et à son besoin de tranquillité : la villa de Triebschen. Il se hâta de la louer pour six ans; et dès le mois d'avril, il s'y installait définitivement.

C'est là enfin qu'il lui fut donné de mettre la dernière main à l'ouvrage si souvent interrompu. Il reprit la composition dans l'été de 1866, et le 7 mars 1867 la partition des *Maîtres Chanteurs* était complètement achevée moins l'orchestration, qui, elle, était à son tour terminée le 20 octobre suivant (1)

---

(1) Dans ses souvenirs sur Richard Wagner, Mme Judith Gautier rapporte une anecdote qui se rattache aux *Maîtres Chanteurs*. Mme Cosima Wagner lui aurait raconté en 1869 que la composition de cette partition *aurait été interrompue pendant de longs mois*, par le fait d'un misérable chien errant et abandonné que Wagner, *alors à Zurich*, aurait recueilli et tâchait de guérir. Le chien lui avait fait une mauvaise morsure à la main droite et la plaie était devenue assez douloureuse pour l'empêcher absolument d'écrire. Terrible épreuve pour le compositeur qui ne pouvait pas dicter sa musique! Le chien n'en fut pas moins bien soigné. (Voir *Richard Wagner et son œuvre poétique.* Paris, Charavay, 1882).

Ce touchant récit n'a qu'un défaut, c'est de manquer de précision. Le fait de la morsure est peut-être exact, mais bien certainement ce n'est pas à Zurich qu'il se produisit, ni pendant la composition des *Maîtres Chanteurs*, car Wagner, après avoir quitté Zurich en 1859, n'y revint plus à demeure qu'une seul fois : au début de 1864, au moment de sa plus profonde détresse ; et il fut alors pendant quelques semaines seulement l'hôte de Mme Wille. Or, celle-ci qui nous a raconté dans les plus menus détails ce séjour de Wagner chez elle, n'aurait pas manqué de faire allusion à un accident aussi grave et aussi inquiétant, après tout, que cette morsure d'un chien. D'autre part, Wagner à ce moment ne travaillait pas aux *Maîtres Chanteurs*. Par la suite, Wagner ne reparut plus à Zurich. En 1864-65, il habita alternativement Munich et le

Il y a ainsi quatre grandes étapes qui marquent les progrès successifs de l'œuvre :

1º Marienbad (1845), l'esquisse ; 2º Paris-Biebrich (1862), l'achèvement du poème et la composition du premier acte ; 3º Penzing-Vienne (1863), l'achèvement du premier acte et de plusieurs fragments des actes suivants ; enfin, 4º Triebschen (1866-67), la réalisation définitive. Il est tout au moins curieux de constater que ces quatre étapes coïncident avec un séjour à la campagne.

Sur la dernière période du travail, M. Edouard Speyer a recueilli de la bouche de Hans Richter, qui y fut directement mêlé, des détails inédits d'un

---

petit chalet sur le lac de Starnberg que le roi Louis II avait mis à sa disposition. Puis, en décembre 1865, toujours sans travailler aux *Maîtres Chanteurs*, il séjourna une semaine à Vevey et s'installa ensuite dans la villa des Artichauts, près de Genève. Mais là il ne fit aussi qu'un séjour très court, puisqu'un incendie l'en chassait à la fin de janvier et qu'il parcourut ensuite le Midi de la France. De là il ne revint que dans les premiers jours de mars, pour s'installer à Lucerne et ensuite définitivement à Triebschen dans les premiers jours d'avril 1866. Ce n'est certainement pas là que se produisit l'accident, car Hans Richter, qui n'en a pas gardé souvenance, ne l'aurait certainement pas ignoré ; or, c'est là seulement que Wagner travailla avec continuité à la partition des *Maîtres Chanteurs*. Il est très difficile, on le voit, d'accepter comme absolument authentique l'histoire contée par Mme Judith Gautier, et ceci prouve avec quelle prudence il faut accueillir les récits des écrivains français, même de ceux qui furent en rapports personnels avec Wagner. Insuffisamment renseignés, ils confondent tout, les dates, les localités, les œuvres, et l'on ne sait plus à la fin ce qu'il y a de vrai ou de fantaisiste dans ce qu'ils rapportent. Est-ce à Penzing, près de Vienne, est-ce à Biebrich, à Genève (campagne des Artichauts) que Wagner fut mordu ? Nous l'ignorons. Ajoutons que dans ses lettres de cette époque, il n'est nulle part question d'un pareil accident. C'est donc probablement à un autre moment que la composition des *Maîtres Chanteurs*, qu'il devrait se placer.

piquant intérêt (1). Depuis longtemps Wagner cherchait un copiste intelligent qui l'aidât à remettre au net la partition d'orchestre au fur et à mesure que le travail avançait. C'est dans ce but qu'il avait engagé Hans Richter, alors âgé de vingt-trois ans, et qu'il le fit venir à Triebschen. Arrivé dans les premiers jours d'octobre 1866, Richter demeura chez le maître jusqu'à la fin de décembre 1867.

Il avait été installé dans une chambre, à l'étage supérieur de la villa, au-dessous de laquelle se trouvait le cabinet de travail de Wagner. Levé de grand matin, à l'ouvrage dès huit heures, le maître ne sortait pas de ce cabinet. Quand il avait terminé une page de la partition, il l'apportait lui-même au jeune copiste, l'encre étant encore humide, et Richter se mettait aussitôt en devoir de transcrire le brouillon au net et de le compléter.

L'après-midi, après le dîner, régulièrement servi à une heure, Wagner faisait tout aussi régulièrement une longue promenade qui se prolongeait quelquefois plusieurs heures.

« Dans ces promenades, raconte le célèbre chef d'orchestre, Wagner paraissait généralement très absorbé et ne parlait guère. Je crois qu'il continuait à composer. Et cependant, il exigeait ma compagnie. J'étais encore en ce temps-là extrêmement timide et réservé, peu expérimenté dans les relations sociales. Comme ces promenades m'étaient en quelque sorte imposées, je m'imagi-

---

(1) Ces renseignements ont été publiés pour la première fois dans le *Guide Musical*, année 1892.

nais que j'avais aussi le devoir d'entretenir le maître qui marchait silencieux à mes côtés. Dieu sait à quelle torture je soumettais mon esprit pour trouver des sujets de conversation capables de l'intéresser! Tremblant, j'entamais le dialogue selon l'inspiration du moment. Un jour, peu après mon arrivée, — c'était, je crois, à la deuxième ou troisième sortie, — je crus avoir trouvé un vrai thème et je me risquai à le questionner sur ses œuvres.

« Dites-moi, monsieur von Wagner, quel opéra préférez-vous, *Tannhæuser* ou *Tristan?* »

Wagner partit d'un formidable éclat de rire.

« Comment peut-on poser pareille question! »

« Ce fut toute sa réponse, et la conversation en resta là, pendant cette promenade. Je me le tins pour dit. Depuis ce jour, jamais plus je ne risquai une parole sans y être invité par Wagner, si bien que nos promenades continuèrent plus silencieuses que jamais. »

Après trois mois de séjour à Triebschen, Hans Richter qui jusqu'alors avait été tenu en quelque sorte à l'écart et prenait ses repas seul dans l'appartement qui lui était réservé, fut invité à la fête de Noel et admis dans l'intimité du maître.

Richter raconte que, fréquemment, Wagner faisait, le soir, à haute voix, aux enfants et amis réunis dans le salon, la lecture de nouvelles et de contes de Hoffmann. Souvent aussi, il invitait des musiciens de Bâle pour lui jouer des quatuors de Beethoven, notamment les derniers, à propos desquels il multipliait les commentaires les plus pénétrants ; ou bien encore, il jouait, avec Richter, des préludes et des fugues du *Clavécin bien tempéré* de J. S. Bach.

Quant aux *Maîtres Chanteurs*, il y travaillait sans relâche Détail curieux, Richter raconte que pendant les treize mois qu'il passa à Triebschen, pas une seule fois il n'entendit le piano qui se trouvait dans le cabinet de travail de Wagner, ce qui prouve qu'en composant ou en notant ses idées, jamais il *n'essayait* au piano, du moins à ce moment.

Hans Richter, déjà à cette époque, connaissait admirablement la technique de tous les instruments de l'orchestre dont il avait fait une étude spéciale. Il était non seulement un pianiste aguerri, mais il jouait aussi du violon, de la flûte et du cor, son instrument favori. Jamais Wagner, qui n'ignorait pas cependant les connaissances spéciales de son aide, ne le consulta sur l'emploi de tel ou tel instrument. Seulement, un matin, il monta à la chambre de Richter avec un feuillet encore tout humide, et, lui désignant un passage, il questionna :

« Croyez-vous que ce trait puisse s'exécuter sur le cor dans un mouvement assez rapide ; n'est-il pas trop difficile ? »

Il s'agit du passage du finale du deuxième acte où le cor reprend le thème de la sérénade de Beckmesser.

Richter examina le trait et rassura aussitôt le maître : « Certainement, cela peut se faire ; mais cela sonnera drôlement, ce sera très nasillard. »

« Parfait ! s'écria Wagner, c'est justement ce que je voulais ! L'effet doit être comique. »

Richter dut alors prendre son cor, dire et redire le trait plusieurs fois de suite et dans un mouvement de plus en plus rapide. Wagner ne se tenait pas de joie. C'était bien l'effet qu'il avait voulu.

Le soir, pendant la belle saison, il arrivait fréquemment à Richter de prendre une embarcation pour se promener sur le lac étendu au pied de la villa ; il allait s'installer dans un îlot voisin et là, dissimulé dans les broussailles et les hautes herbes, il s'amusait à faire retentir les échos des fanfares de son cor. Wagner s'amusait beaucoup de ces « musiques nocturnes ». Le lendemain, il questionnait son bon copiste :

« Richter, qu'avez-vous encore joué hier au soir ?

« Parbleu ! maître, c'est un passage des *Maitres Chanteurs*. »

Wagner souriait et paraissait enchanté.

Et voilà comment la partition s'acheva lentement, sûrement, grâce à la tranquillité souriante de ce séjour, sous l'impression des affectueuses admirations et des tendres attentions dont il était l'objet à Triebschen.

N'est-il pas prodigieux, pour ne pas dire miraculeux, qu'une œuvre ainsi cahotée, conçue et développée fragment par fragment, commencée, quittée, reprise à des époques aussi éloignées, continuée et, enfin, terminée dans des circonstances aussi diverses, possède l'incomparable unité de style, la merveilleuse continuité d'inspiration, l'harmonie parfaite qui distinguent à la fois le poème et la partition des *Meistersinger ?* Il y a là un inconcevable effort du génie et l'un des phénomènes psychologiques les plus curieux qui se rencontrent dans l'histoire des chefs-d'œuvre de l'art.

III

Aussitôt terminés, Wagner se préoccupa de l'exécution scénique des *Maîtres Chanteurs*. Il n'eut pas, cette fois, à subir les ajournements, les ennuis et les déboires de tout genre qui jusqu'alors avaient, comme des fées malignes et malfaisantes, présidé à l'éclosion finale de toutes ses autres œuvres.

Le théâtre de Munich était entièrement à sa disposition. Hans de Bulow, qui, après les représentations de *Tristan et Iseult* à ce théâtre (1865), s'était démis des fonctions et du titre de pianiste de la Cour de Louis II, afin d'enlever tout prétexte à récriminations aux adversaires de Wagner et aux envieux, s'empressa de revenir dans la capitale bavaroise et de prêter le concours le plus absolu et le plus désintéressé à son illustre ami.

Avant de donner les *Maîtres Chanteurs* à l'Opéra de Munich, Wagner songea un moment à faire la première à Nuremberg même. Il était depuis quelque temps question d'organiser dans cette ville des fêtes en l'honneur de Hans Sachs, à l'occasion du centenaire de la mort et de l'érection d'une statue à la mémoire du grand maître chanteur. Le directeur du théâtre de Nuremberg, flairant une bonne affaire, avait demandé son nouvel ouvrage à Wagner et celui-ci se déclara prêt à le lui céder, mais à la condition que la recette de la première représentation serait affectée à l'œuvre du monument de Hans Sachs. Il ne reçut même pas de réponse à cette proposition.

C'est alors qu'il se tourna de nouveau du côté de Munich où, en tous cas, il était certain de trouver des éléments infiniment supérieurs à ceux qu'aurait pu lui fournir le théâtre de Nuremberg.

Dès la fin de janvier 1868, les *Maîtres Chanteurs*, par ordre du roi, entrèrent donc en répétition. Rien ne fut négligé pour donner à l'œuvre une interprétation digne d'elle. L'intendance ne recula devant aucun sacrifice pour s'assurer le concours des artistes que Wagner lui-même désignerait pour les principaux rôles. On engagea spécialement le baryton Hœlzel, de Vienne, pour celui de Beckmesser; le théâtre d'Augsbourg fournit le ténor Schlosser pour celui de David; à l'Opéra de Dresde, on emprunta le ténor Bachmann pour le rôle de Walther de Stolzing ; à Munich même, Wagner avait sous la main une ravissante Eva, Mlle Mallinger, et l'excellent baryton Kindermann (aîné) pour le personnage de Sachs. Poussées avec activité sous la conduite de Hans de Bulow, qui était à la tête de l'orchestre, et de l'auteur qui veillait à la régie et à la mise en scène, les répétitions étaient déjà assez avancées en mars pour que l'on annonçât la première pour le 10 mai suivant.

Mais au dernier moment, il fallut bien se convaincre que le baryton Kindermann, déjà sur le retour, ne serait pas à la hauteur d'un rôle aussi délicat et complexe que celui de Hans Sachs, et d'autre part, le ténor Bachmann se montra insuffisant dans Walther. On remplaça M. Bachmann par le ténor Nachbaur et M. Kindermann par le baryton Betz, de Berlin.

De là, nécessairement, un retard. La première dut être reportée au mois de juin. Wagner qui depuis le mois de mars s'était réinstallé à Munich, repartit à la fin d'avril pour Triebschen d'où il ne revint que pour les dernières répétitions.

Rien n'est amusant comme de parcourir les journaux de l'époque et d'y saisir sur le vif le « débinage » anticipé auquel se livraient avec ardeur les adversaires du compositeur. Bien que le reportage n'eût pas pris encore l'importance que le développement de la presse lui a donnée de nos jours, il ne se passait guère de semaine sans que les journaux les plus divers n'eussent quelque information vraie ou fausse à fournir à leurs lecteurs au sujet des études de la nouvelle pièce.

De petites notes, très brèves, mais d'autant plus frappantes, tenaient le public au courant de ce qui se passait au théâtre. Tantôt on annonçait que la mise en scène avait coûté des sommes folles, tantôt que les auteurs chargés des rôles principaux ne parvenaient pas à apprendre la musique ; ou encore que les chœurs exténués refusaient le service ; puis on parlait de coupures nécessaires ; on se plaignait de la longueur du poème qui ne comprenait pas moins de cent quarante-six pages de texte (1). On racontait que le troisième acte seul durait plus de deux heures et que la représentation tout entière irait au delà de six heures. Les modifications dans la distribution et l'ajournement qui en résulta furent naturellement exploités avec une joie féroce. On disait que le ténor Bachmann avait refusé le rôle pour ne pas se casser la voix ; Kindermann avait rendu le sien parce qu'il lui était impossible de se le mettre dans la mémoire tant il était long. Les commentaires malveillants allaient leur train à propos des exigences invraisemblables que Wagner imposait à ses interprètes et de l'outrecuidance de cet auteur, arrêtant tout le répertoire pour faire passer un ouvrage écrit en dehors de toutes les règles de l'art dramatique et dont le succès n'était même pas certain.

On n'imagine pas l'effort de volonté, la souplesse et la patience qu'il fallut à Wagner, à Bulow et aux interprètes pour tenir tête, malgré tout, à cette cabale sournoise, à ces menées sourdes des chambellans, des bourgeois et des musiciens hostiles.

Enfin, la première eut lieu au jour fixé, le 21 juin (2). La répétition générale s'était faite deux

---

(1) Le poème avait paru séparément à Mayence, chez les fils de B. Schott, en avril 1868, en même temps à peu près que la partition piano et chant réduite par Carl Tausig. La partition d'orchestre parut en juillet 1868.

(2) De toutes parts étaient accourus des intendants de théâtres, des régisseurs et des chefs d'orchestre : ceux de Berlin, Nuremberg, Mannheim, Stuttgart, Wiesbaden, Carlsruhe, Vienne. Prague, etc.; de nombreux artistes et des notabilités de tout

jours auparavant. A la fin de celle-ci, Richard Wagner monta sur la scène ; en paroles chaleureuses, il remercia ses interprètes de l'énergie, du désintéressement, du talent avec lesquels ils s'étaient dévoués à son œuvre. Il rappela dans son discours un mot de Schiller : « Toutes les fois que l'art déchoit, c'est par la faute des artistes eux-mêmes » Il n'entendait point dire, en le rappelant, que la décadence présente du théâtre était imputable uniquement aux artistes, mais il est certain, ajoutait-il, que c'est seulement par la volonté des artistes que l'art peut se relever. Et ce qui le lui prouvait, c'était l'exécution des *Maîtres Chanteurs* à laquelle il venait d'assister et dans laquelle tous, du premier au dernier, depuis l'apprenti jusqu'au maître, avaient fait des efforts surhumains pour relever « l'art allemand trop longtemps méconnu ».

Cette petite allocution produisit une impression profonde sur les artistes ; une ovation émouvante fut faite au maître, et lorsqu'il s'approcha de ses deux principaux interprètes, Nachbaur et Betz, pour les embrasser, des larmes humectèrent plus d'un regard.

L'intention de Wagner était de ne pas assister à

---

genre, le ténor Tichatschek, le créateur de *Rienzi*, un vieil ami de Wagner; le ténor Niemann, qui chanta en 1861, *Tannhæuser* à l'Opéra; Mme Viardot-Garcia venue de Paris avec Tourguenieff, le grand conteur russe ; Pasdeloup, Victorin Joncières ; Edouard Hanslick et Henri Laube, de Vienne ; Léon Leroy, de la *Liberté* de Paris, un correspondant du *Temps*, de Gasperini, M. Paul Chaudon et le marquis de Brillac (Epernay), le ministre d'Etat de Prusse baron de Schleinitz et sa femme, l'éditeur Schott de Mayence, le musicologue bien connu Richard Pohl, le compositeur Peter Cornelius, etc., etc.

la première et de rentrer à Triebschen immédiatement après la dernière répétition. Cela résulte d'une lettre du 1er juin à Wesendonck. Mais le roi Louis II voulait tenir tête à la cabale et n'entendait pas qu'on le crût capable de s'incliner devant les hostilités que lui avait values son enthousiasme pour le grand artiste tiré par lui de la misère. Il fit prier Wagner de demeurer à Munich, et le soir de la première le fit asseoir, face au public, à ses côtés, dans la loge royale. Wagner assista ainsi à toute la représentation.

Dès le premier acte, les applaudissements éclatèrent nombreux, les interprètes furent rappelés sur la scène et l'on demanda à grands cris l'auteur. A la fin du deuxième acte, les applaudissements et les rappels se prolongèrent jusqu'à ce que Wagner parût sur le devant de la loge royale et saluât le public. A la fin de la représentation, ces ovations se renouvelèrent plus intenses et le maître dut à trois reprises passer devant le roi pour répondre au désir du public, qui confondait dans ses acclamations le poète et le souverain. Ainsi que l'écrit un journal du temps, « jamais jusqu'ici aucun compositeur n'avait été l'objet d'une pareille distinction ».

Le lendemain, les journaux hostiles ne manquèrent pas de proclamer que la présence de l'auteur dans la loge royale constituait « une grossière impertinence de plus à l'actif de l'insolent artiste ». Wagner se garda de répondre à ces vilenies. Le 22 juin, il partait pour Triebschen, où il se remit tranquillement au travail.

Son départ précipité fut d'ailleurs interprété aussi méchamment que sa présence dans la loge royale. On parla d'observations du roi, de querelle, de disgrâce. Ses ennemis exultèrent un moment en voyant que la seconde représentation se faisait attendre. On racontait que Betz et Hœlzel avaient refusé de chanter de nouveau, que leurs cordes vocales étaient à ce point surmenées qu'ils ne pouvaient plus rendre un son, etc., etc.

Tous ces menus détails ne sont pas sans intérêt ; ils donnent la physionomie exacte de ces journées mémorables, transformées en journées de bataille par le mauvais vouloir d'adversaires sans foi et sans scrupule.

La seconde représentation eut lieu le 28 juin et le roi y assista de nouveau ostensiblement. Il était arrivé expressément le matin de son château de Berg, et à 11 1/2 heures, après la représentation, y retournait par train spécial.

L'œuvre ne fut pas moins chaleureusement accueillie que le soir de la première. Les artistes plus sûrs d'eux-mêmes et moins énervés, les ensembles plus tranquilles, l'orchestre incomparable, tout contribua à une interprétation parfaite. Comme à la première, ce furent surtout les morceaux en forme de *lied*, les chants de Walther, de Pogner, de Sachs, les chœurs et le quintette du troisième acte qui soulevèrent le plus d'applaudissements.

N'oublions pas de donner les noms des artistes qui eurent l'honneur de collaborer à cette première mémorable : Hans Sachs, ce fut le baryton Betz, de Berlin, qui plus tard devait créer le Wotan des *Nibelungen*, à Bayreuth, en 1876. De l'avis d'un juge compétent, Pierre Cornelius, l'auteur du

Barbier de Bagdad, son interprétation finement nuancée fut incomparable de vérité et de naturel. Tout paraissait, dans son jeu et son chant, si simple, si dégagé de toute intention, si spontané, si dénué d'affectation qu'on oubliait, en le voyant sur la scène, le côté factice de l'art du comédien.

A côté de lui et sur le même rang, Cornelius nomme le ténor Schlosser qui représentait David, l'apprenti de Sachs. Sa voix légère, facile, — Cornelius l'appelle une esquisse de ténor, — sa merveilleuse diction que les spectateurs de 1876, à Bayreuth, purent apprécier dans le rôle de Mime, le naturel de son jeu, tout en lui semblait le prédestiner à incarner cette figure charmante d'enfant du peuple, espiègle et bon.

Au rôle d'Eva, Mlle Mallinger qui avait produit précédemment à Munich une sensation énorme dans l'Elsa de *Lohengrin*, prêta le charme de sa voix au timbre très pur, la grâce de sa jeunesse et de sa beauté mutine alors dans tout leur éclat.

Walther de Stolzing, c'était Nachbaur, l'une des plus belles voix de ténor que j'aie entendues, (je l'ai vu en 1873, à Leipzig, dans les *Maîtres Chanteurs*), avec cela un comédien remarquable, de belle prestance, au geste noble, à l'allure véritablement aristocratique, ce qui suffit pour donner une idée de ce qu'il devait être dans le personnage du chevalier-poète.

Pour la figure si importante de Beckmesser, Wagner avait fait venir de Vienne un comique qui faisait depuis longtemps fureur dans cette ville, la basse Hœlzel, célèbre par un incident qui avait marqué ses débuts dans la capitale de l'Autriche.

Il venait d'être attaché à l'Opéra impérial et devait paraître dans le *Templier et la Juive* de Marschner. La censure, par scrupule religieux, avait coupé dans son rôle les mots liturgiques : *ora pro nobis*. Hœlzel, narguant la police, n'en chanta pas moins les paroles supprimées, ce qui lui valut son expulsion de la scène de l'Opéra et de tous les théâtres de Vienne pendant quelques années. C'était non seulement un excellent musicien, mais aussi un comédien très adroit, disant avec finesse, ayant le don toujours rare et précieux de marquer le caractère des personnages qu'il interprétait. Stylé par Wagner, ce fut un Beckmesser excellent, également éloigné de la charge et de l'emphase que trop souvent les interprètes d'aujourd'hui mettent dans ce rôle. Malheureusement pour l'œuvre, Hœlzel et Betz que leurs engagements appelaient l'un à Vienne, l'autre à Berlin, ne purent prêter leurs concours qu'aux premières représentations et furent remplacés aux représentations suivantes l'un par la basse Sigl, l'autre par M. Kindermann.

Enfin, pour les rôles moins importants, celui de Pogner fut confié à la basse Bausewein, dont la voix était l'une des plus belles que l'on citât alors en Allemagne, celui de Kothner à M. Fischer, celui de Madeleine à Mlle Diez.

Quant à l'orchestre, il était sous la direction de Hans de Bulow dont le nom seul évoque l'idée d'une maîtrise accomplie dans l'art de conduire une masse instrumentale aussi délicate et aussi souple que celle qui sert de trame musicale à la partition des *Meistersinger*.

La première impression produite par l'œuvre est curieuse à noter.

Dans les journaux de Munich, l'admiration pour les « belles parties » compensait à peu près les critiques. Les *Neueste Münchener Nachrichten* proclament que les *Maîtres Chanteurs* sont une œuvre grandiose, pleine de style, extrêmement intéressante qui vous pénètre davantage à mesure qu'on l'entend, mais qui ne pourra gagner la faveur du public que si elle est exécutée à la perfection comme elle vient de l'être sur la scène de Munich. La *Süddeutsche Presse*, tout en constatant le succès, crut remarquer que Wagner était revenu à la mélodie, et elle prédisait à l'œuvre, en raison de cet abandon de théories absurdes, une rapide carrière sur les théâtres allemands.

Dans le *Wiener Fremdenblatt*, un critique qui se défend d'appartenir au clan des adorateurs du maître, avoue avoir été profondément impressionné. « Plus que jamais, Wagner dans ce drame musical s'est écarté des chemins battus, des airs, duos, trios et de toutes les banalités traditionnelles de l'opéra ; plus que jamais, il a conquis le droit d'appeler son œuvre un spectacle chanté. Le deuxième acte peut même être appelé une délicieuse comédie lyrique. Bien que la représentation eût duré cinq heures, je ne me suis pas un seul instant ennuyé. »

Le correspondant de la *Post*, de Berlin, pense qu'en dépit de toutes les critiques qu'on peut formuler, Wagner n'avait pas « déchanté » et n'avait pas été « refusé » (*versungen und verthan*). « L'impression générale a été écrasante, dit-il ; les trois arts sœurs : mimique, poésie et musique, se trouvent cette fois harmonieusement unis dans une œuvre d'art; même les plus acharnés adversaires de Wagner, — et ils sont en nombre à Munich, — ont dû reconnaître que par la coopération des trois arts voisins, une œuvre a vu le jour dont les tendances et la portée seront décisives pour l'avenir. »

Dans la *Nouvelle Presse de Vienne*, Ed. Hanslick écrit qu'une seule chose l'empêche de déclarer que « l'ouverture des *Meistersinger* est le morceau de musique le plus désagréable qui soit, c'est le prélude plus affreux encore de *Tristan et Isolde* ». Il consent d'ailleurs à reconnaître qu'il y a dans l'œuvre de belles parties, il loue l'agencement des scènes, les brillants tableaux scéniques que Wagner fait se succéder; mais l'ensemble lui paraît prodigieusement boursouflé et monotone. Wagner manque totalement d'humour et de force comique. Le célèbre critique appelle cette musique un « mollusque sonore sans os ».

Pour Henri Laube, à part quelques fragments, poème et musique ne sont qu'un produit de « l'habileté mécanique ». Le poème est l'œuvre d'un dilettante. La musique lui fait l'effet d'un charivari. « O espiègle Rossini ! sois béni ! » s'écrie-t-il en terminant !

Dans la presse française parurent quelques renseignements. Un correspondant du *Temps* constate que le succès a été incontesté, que la partition contient des pages certainement très belles et puissantes ; mais il craint que le caractère essentiellement allemand de l'œuvre, qui en Allemagne sera un élément de son succès, ne mette obstacle à son expansion à l'étranger. Pour goûter les *Maîtres Chanteurs*, conclut-il, « il ne faut pas seulement être wagnérien, il faut encore être Allemand ».

Dans le *Figaro*, Léon Leroy donna deux lettres, l'une anecdotique décrivant la passion de Louis II pour les poèmes et la musique de son musicien favori et les visites soudaines qu'il lui rendait dans sa retraite en Suisse, l'autre racontant la représentation et analysant l'œuvre nouvelle de Wagner : « Son style s'est très sensiblement éclairci, sa phrase s'est précisée, les tonalités ne sont plus aussi fuyantes que par le passé, et, en dépit de la multiplicité des éléments mélodiques et harmoniques dont l'emploi simultané est encore un des caractères principaux de la manière de Wagner, la lumière jaillit plus vite de cette masse symphonique qu'il manie avec tant de sûreté et de puissance. »

Il parut aussi une étude de M. Ch. Bannelier sur les *Maîtres Chanteurs* dans la *Gazette musicale* (28 juin et 5 juillet), mais cette étude semble être faite d'après la réduction pour piano et chant de la partition, sans audition préalable. « Le prélude des *Maîtres Chanteurs*, plus développé que celui de *Lohengrin*, lui est inférieur », affirme le critique. « La scène de la réunion dans l'église et le chant de Walther au premier acte, celle entre Hans Sachs et Eva, la sérénade où Beckmesser envoie en grattant sa guitare ses soupirs et ses hoquets amoureux à la femme de chambre d'Eva, déguisée sous les habillements de sa maîtresse, et le finale du deuxième acte, le rêve de Walther qu'il répétera plus tard dans l'assemblée publique au deuxième tableau du troisième acte, le mouvement de valse vers le début du dernier finale, et la scène entière du concours sont à citer comme les pages principales de la partition. Les deux mélodies chantées par Walther sont ravissantes et rachètent bien des erreurs de goût (1). »

La *Revue des Deux-Mondes,* jusqu'alors très hostiles à Wagner, publia enfin en 1869 (15 mai) une belle et large étude de M. Ed. Schuré, où le poème des *Maîtres Chanteurs* était analysé avec une poétique compréhension et la musique décrite avec un charme séduisant. Cet article produisit un très grand effet. Il a, du reste, été reproduit depuis dans le volume de M. Schuré sur l'Art de Richard Wagner.

Parmi les articles écrits en France, il en est un encore à citer, vraiment prophétique, et qui parut sous la signature de Henri Vallier dans l'*Almanach de l'Encyclopédie générale* (2). Dans une étude rétrospective sur l'année musicale, M. Vallier consacre quelques mots « au principal événement de la saison », à l'apparition des *Maîtres Chanteurs de Nuremberg.* « Cette nouvelle partition, écrit-il, est un chef-d'œuvre, le seul que l'année 1868 ait mis au monde. Puissance d'expression, nourrie

---

(1) J'emprunte cette citation et la précédente à l'excellent et curieux livre de M. Georges Servières : *Richard Wagner jugé en France*. Paris, à la Librairie illustrée.

(2) *Almanach de l'Encyclopédie*, publié (première année), en 1869, par Michel Alcan, Asseline, Bertillon, Claretie, Naquet, E. Reclus, Spuller, Ranc, Paul Lacombe, etc.

d'une sève mélodique inépuisable, sensibilité exquise, profonde science de l'effet scénique — toutes les qualités enfin qui distinguent le compositeur dramatique, se trouvent réunies dans cet ouvrage merveilleux. Le succès que les *Maîtres Chanteurs* ont remporté à Munich a été colossal et unanime, car Wagner, sachez-le bien, n'est plus le musicien de l'avenir, c'est le musicien du présent. Ils auront beau pérorer, les aristarques du lundi, déjà le public ne les écoute plus; il sent ce qu'il y a de beau et de grand dans l'œuvre de ce compositeur, et il est impatient de prendre sa revanche de la triste soirée du *Tannhœuser*. Qu'on représente aujourd'hui un opéra de Wagner sur une scène parisienne, son succès n'est plus une probabilité, — c'est une certitude! »

La prophétie s'est réalisée, un peu moins tôt sans doute que ne pensait M. Henri Vallier, mais d'une façon d'autant plus éclatante.

En Allemagne, les *Maîtres Chanteurs* se répandirent très rapidement. A Munich même, il n'y eut pas moins de huit représentations jusqu'à la fin de l'année 1868 (les 28 juin, 2, 7, 12, 16 juillet, les 3 et 15 novembre, le 6 décembre), chiffre considérable quand on songe au répertoire extrêmement étendu et varié des théâtres allemands. La première scène qui les monta après Munich, ce fut — était-ce une réparation? — le théâtre royal de Dresde, où ils parurent le 21 janvier 1869. Quelques jours après, le 29 janvier, le petit théâtre ducal de Dessau les donnait à son tour, mais, cela va sans dire, très amendés par des coupures. Le 5 février, le théâtre grand-ducal de Carlsruhe suivait. Hermann Levy, qui depuis dirigea la première de *Parsifal* à Bayreuth et fut longtemps le premier chef d'orchestre de l'Opéra de Munich, conduisit cette première badoise ; elle fit une grande sensation dans tout le pays d'alentour. L'œuvre passait ensuite à Mannhein, le 7 mars ; à Weimar, le 8 novembre, sous la direction d'Edouard Lassen et avec le remarquable baryton von Milde dans le rôle de Sachs (il y était très beau); à Hanovre, le 26 février 1870 ; à Vienne, le 27 février ; à Berlin, enfin, le 1er avril. Ici la cabale antiwagnérienne tenta un dernier effort. Malgré la présence du roi et de la reine de Prusse, les sifflets et les huées firent rage à la fin de chaque acte, sans parvenir toutefois à dominer les applaudissements.

Le succès, malgré tout, se dessina en général irrécusable et décisif. Et l'on devine les difficultés et les imperfections de l'interprétation sur les théâtres de second ordre.

En 1871, les *Maîtres Chanteurs* passèrent la frontière allemande : on les vit à Prague et sur ce théâtre de Riga où Wagner, âgé de vingt-cinq ans, avait fait son apprentissage de chef d'orchestre et commencé la composition de *Rienzi*. En 1872, ce fut le tour de Copenhague. Leipzig, la ville natale de l'auteur et qui lui fut si rebelle, se décida la même année, ainsi que Nuremberg où Wagner avait désiré qu'eût lieu la première. Mayence (1873), Cologne et Breslau (1874), Wiesbaden (1879), sans coupures), Magdebourg (1880), où Wagner fit ses premières armes comme chef d'orchestre, continuèrent le mouvement, tandis que les grandes scènes, Berlin, Hambourg, Vienne, Munich, Mannheim, Leipzig, Brême, etc., reprenaient l'œuvre et l'affichaient fréquemment. Londres aussi entendit les *Maîtres Chanteurs*, le 30 mai 1883, en langue anglaise, la première traduction étrangère. Rotterdam les avait déjà vus en 1879 par la troupe du théâtre allemand de cette ville; Amsterdam en 1883, également en allemand. La même année encore, le 8 septembre, eut lieu à Pesth la première représentation en langue hongroise; la traduction émanait du poète Antoine Varady, l'un des protagonistes de la jeune école littéraire. Enfin, le 7 mars 1885, à Bruxelles, sur le théâtre de la Monnaie, sous la direction de MM. Stoumon et Calabresi, se donna la première représentation en langue française (traduction de Victor Wilder).

Cette représentation fut un événement parisien autant que bruxellois. Elle marque une date. Toute la presse de Paris y fut conviée et l'événement prit ainsi les proportions d'une sorte de revanche de *Tannhœuser*. Le succès fut éclatant, les « conversions » furent nombreuses.

Rien de plus plaisant que l'embarras des critiques qui, dix ans au paravant, avaient tout au plus reconnu quelque talent au maître allemand, qui lui avaient accordé quelques idées et une certaine habileté de symphoniste, aux yeux desquels ceux qui disaient la puissance et la profondeur de son art étaient encore des affiliés à une sorte de secte malfaisante plus illuminés que le maître et se faisant, de parti pris, les apôtres du mauvais goût et de la lourdeur germaniques.

Cette fois ce fut à qui d'entre eux lui reconnaîtrait du génie, le « véritable » génie, M. Arthur Pougin en tête, dont on connaît l'étrange notice sur Richard Wagner dans le Supplément à la *Biographie universelle des Musiciens* de Fétis. Tous sans exception se défendaient d'avoir jamais prétendu qu'il n'en eût pas, et d'avoir été un seul moment antiwagnériens.

Ce fut une bonne scène de comédie de voir tous ces pourfendeurs de la « musique de l'avenir » naguère si vaillants, ces fougueux champions des vieux modes, confesser malgré eux la puissance souveraine de l'art wagnérien, tout en hésitant sur ce qu'ils devaient admirer, tant leurs impressions demeuraient confuses et incertaines. La burlesque aventure de Beckmesser dans la pièce, n'est pas plus drôle sur la scène qu'elle ne l'était jouée de la sorte au naturel, en pleine réalité contemporaine.

Il s'en faut, du reste, que l'aveu de l'erreur d'autrefois fût complet et sincère. La plupart mêlèrent des réserves vraiment amusantes à leurs éloges.

M. Pougin, par exemple, dans l'article (du 15 mars 1885) qu'il donna au *Ménestrel*, déclare qu'il trouve « certaines pages de Wagner incomparablement belles », il le proclame « un musicien admirable », il rend hommage « à la puissance éclatante de son génie ». Seulement, aussitôt après, il accumule les critiques et les attaques à tort et à travers : la pièce est interminable, le livret singulier, Wagner ni comme musicien ni comme poète n'a le sens du théâtre. Le quintette « conçu mélodiquement et harmoniquement dans le plus pur style italien (!) » est une « lâche concession » au public. L'œuvre paraît à M. Pougin pleine de redondances insupportables ; elle est d'une « digestion terrible », le système de composition de

Wagner « est déplorable », c'est « l'abandon de toute forme ». La scène finale du deuxième acte n'est, aux yeux de M. Pougin, « qu'une farce de trétaux »; quant aux amoureux de la pièce, « il n'y a pas un élan de tendresse, pas un mot, pas une parole qui peigne l'état de leur âme ; quand il se rencontrent, ils ne trouvent rien à se dire que des banalités, et lorsqu'ils devraient parler, lorsqu'ils pourraient unir leurs âmes dans un chant céleste, dans un cantique d'amour enivrant, l'auteur les réduit à la pantomime ». O Roméo ! o Juliette ! s'écrie lamentablement le critique.

Dans la *Revue des Deux-Mondes* (1), M. Bellaigue se moquait finement des « fiançailles de mademoiselle Pogner avec le chevalier devant tout le petit commerce de Nuremberg », car nous ne sommes plus, disait-il, dans la légende héroïque de *Tannhœuser* ou de *Lohengrin*, dans la mythologie de *Parsifal* ou de la *Tétralogie ;* « la chevalerie a fait place à la cordonnerie ». Maîtres chanteurs ou maîtres bottiers ? Le spirituel écrivain ne sait au juste ce qu'il doit penser ; et longtemps il badine, avec quelle grâce, sur ce thème de la cordonnerie qui lui sert de *leitmotiv*. Toute l'œuvre lui paraît une médiocre apologie de cette industrie ; c'est « l'exégèse de la chaussure ». Il raille, avec une ironie trop facile, la scène où, venant retrouver Sachs dans son atelier, Eva se plaint au maître cordonnier que le soulier la blesse. « On le voit, nous ne sommes plus dans la légende ; c'est la nature qui parle ainsi. Ces personnages sont

---

(1) Livraison du 15 mai 1885.

vivants ; ils sentent, ils souffrent comme nous. Qui n'a connu la torture d'Eva? Comme on comprend le cri de soulagement qui lui échappe lorsqu'elle a ôté son soulier ! Walther paraît à ce moment. En voyant le cordonnier aux genoux, non, aux pieds de sa bien-aimée, le bon Walther comprend tout de suite. Aucun soupçon ne l'effleure; la posture de Sachs n'a rien que de professionnel. Ébloui par ce pied déchaussé, le chevalier s'exalte. Il reprend sa romance; Eva l'écoute en extase. Mais le bon cordonnier a forcé la bottine, Eva la remet sans peine, et quand le pauvre artisan lui demande si elle souffre encore, elle éclate en sanglots et se laisse tomber dans les bras de son cordonnier... Allégorie charmante, prétexte ingénieux d'Eva pour parler de son amour; de Sachs pour ménager une entrevue aux deux amants. Mais le prétexte est mal choisi; l'idée manque de grâce, au moins de grâce française. Nous ne pouvons admettre qu'on fasse ainsi du sentiment... à propos de bottes ».

Il faudrait tout citer de cet étonnant article, chef-d'œuvre de présomption et d'incompréhension esthétique. A propos du premier acte, par exemple, M. Bellaigue s'écrie : « Wagner, homme de théâtre ! Wagner, réformateur dramatique ! Mais ce premier acte entier est la négation du théâtre ! En l'écoutant on sent dans sa plénitude l'ennui wagnérien, l'inexorable ennui, comme disait Bossuet ! » Et ailleurs : « Une pièce plus qu'insipide, une musique souvent plus qu'ennuyeuse, qui parfois intéresse par sa valeur technique et son procédé merveilleux, mais qui n'émeut presque jamais par sa beauté pure ; telle a été sur nous l'impression générale des *Maîtres Chanteurs* ». Ou encore : « Wagner nous parle de vérité ; mais ses livrets sont des énigmes ou des niaiseries, ses héros des pantins. Et son héroïne, l'Eva des *Maîtres Chanteurs ?* Je ne crois pas qu'il existe pour une femme un rôle plus ingrat, plus dépourvu de grâce et de tendresse que celui de cette poupée de Nuremberg ».

Puis ceci : « Wagner raille, paraît-il, il raille finement la routine de l'école et le pédantisme classique. Mais le pédant c'est lui-même ; c'est lui qui nous écrase et nous assomme avec le pavé de l'ours ».

Combien d'autres passages d'un comique transcendant seraient à rappeler ! Scudo n'était qu'un écolier ; M. Bellaigue, qui l'a remplacé à la *Revue des Deux-Mondes*, le surpasse. En ce qui concerne la partition en particulier, il nous ouvre des aperçus piquants sur sa compréhension musicale. Par exemple, il s'intéresse aux premières mesures de la première scène : « l'orchestre et l'orgue se répondent ; les violoncelles gémissent et se passionnent tandis que le *plain-chant* continue ». Je cite textuellement. M. Bellaigue a entendu un *plain-chant* dans la première scène !

Quelques pages trouvent grâce à ses yeux : « l'air » de Walther au premier acte, la sérénade du deuxième, « charmante ainsi que le finale qui suit, traité de main de maître ». Seulement M. Bellaigue avait tout d'abord déclaré que, dans ce deuxième acte, « il y avait encore une heure de musique pénible ». Au troisième, il consent à découvrir une « superbe romance » du ténor ; le quintette le ravit. Mais « hélas! ajoute-t-il, après cet éclair passager (connaissez-vous des éclairs qui durent?) la nuit se fait plus obscure, le concours définitif est un de ces ensembles plus bruyants que puissants dont Wagner abuse ; une suite de chœurs et de marches. Orchestre sur la scène (?), défilés ; rien n'y manque... hormis le génie. Ce final au bout de cette œuvre fatigante, porte le dernier coup ».

Ainsi, dans ce prodigieux tableau populaire d'une si chaude coloration, d'un rythme si exubérant, rien, ni le majestueux choral de Sachs, ni la marche des maîtres, ni les refrains populaires, ni la valse, ni le *preislied* avec sa reprise chorale, ni le chant final de Sachs, rien n'a frappé le critique de la *Revue des Deux-Mondes!* « Il n'y manque que le génie ». Convenons que M. Bellaigue est un juge sévère... pour les autres.

Le comble, c'est qu'à plusieurs reprises, il insiste sur la « laideur » de la musique. « Cette musique n'est pas seulement ennuyeuse, elle est laide », dit-il textuellement. « Elle manque à toutes les lois du beau tel que nous le comprenons... Wagner a détruit plus que la formule : la forme elle-même. Deux choses capitales manquent à cette musique : le *rythme* et la *tonalité*. L'un et l'autre changent parfois à chaque mesure... Comme il est vrai que cette musique ne commence pas, qu'elle ne finit pas non plus, mais qu'elle dure ! Elle dure longtemps, longtemps, hélas ! Elle est impitoyable ; elle vous tient et vous tenaille... Il faut être patient avec cette musique parce qu'elle est éternelle, *patiens quia æterna* ».

Voilà comment se fait la critique dramatique et musicale dans la première revue de France !

La conclusion générale de notre Aristarque est une vue d'ensemble sur Wagner, et M. Bellaigue le prend de haut : « Envisageons Wagner en face. Aussi bien il y a longtemps que ces engouements nous fatiguent et que cette idolâtrie nous irrite... *Du génie! Eh! oui, il en a eu...* Comme le cavalier du chemin de Damas, il a été parfois terrassé par des clartés victorieuses ; il a entendu le cri de la Beauté éternelle : « Pourquoi me persécutes-tu ? » Parfois l'idée a jailli ; certaines pages de *Tannhœuser*, de *Lohengrin*... Mais les fanatiques déclarent que ce n'est point du vrai Wagner. Le vrai Wagner serait-il comme le vrai choléra, celui dont on meurt ? » La réponse à cette question, en ce qui concerne M. Bellaigue ne me semble guère douteuse : le vrai Wagner a toujours été fatal à certains critiques ; et je crois bien que M. Bellaigue en mourra, s'il n'est déjà décédé,... et enterré sans sa prose.

A part ces aberrations isolées dont le temps a fait bien promptement justice, la presse française, comme aussi la presse belge, fut à peu près unanime dans l'admiration. Mon rôle n'est pas de résumer ici les appréciations émises par les critiques des différents journaux. Ce travail a été fait excellemment en ce qui concerne l'histoire du wagnérisme en France par M. Georges Servières, et pour la Belgique par M. Edmond Evenepoel (1).

---

(1) Voir l'ouvrage déjà cité de M. G. Servières, *Wagner jugé en France*, et le *Wagnérisme hors d'Allemagne* de M. E. Evenepoel, Paris, Fischbacher, et Bruxelles, Schott frères.

Qu'il me suffise de signaler les études plus ou moins développées que MM. Adolphe Jullien, L. de Fourcaud, Henry Bauer, Léon Pillaut et Camille Benoit donnèrent respectivement au *Français*, au *Gaulois* et à la *Revue wagnérienne*, au *Réveil*, à la *Revue bleue*, enfin à la *Revue contemporaine* et au *Ménestrel*.

Notons seulement que cette dernière revue, qui se piquait d'impartialité en publiant simultanément l'article de M. Arthur Pougin et les notes dans un tout autre esprit de M. Camille Benoit (1), ne laissa point, par la suite, de publier des nouvelles manifestement fausses, et de s'efforcer de faire croire qu'en dépit de l'enthousiasme de commande des wagnériens, les recettes étaient déplorables et le succès médiocre. La vérité, ainsi qu'il résulte des comptes officiels du théâtre de la Monnaie, est que le produit des seize représentations des *Maîtres Chanteurs* données en l'espace de deux mois, du 7 mars, date de la première, au 30 avril, date de la clôture de la saison, demeura constamment supérieur de beaucoup à la moyenne des représentations d'autres ouvrages et que l'année théâtrale se clôtura par un bénéfice net de 56,237 francs, le plus élevé que l'on eût jamais constaté à ce théâtre.

L'interprétation de l'œuvre, sous la direction de M. Joseph Dupont, avait du reste été des plus remarquables, sauf quelques détails fâcheux de

---

(1) Dans les numéros des 1er, 8, 15, 22 février et 1er mars 1885, le *Ménestrel* avait publié une excellente étude historique et analytique sur les *Maîtres Chanteurs* de M. Camille Benoit, et dans ses numéros des 15 et 22 mars 1885 des notes du même sur la répétition générale et la première représentation, à Bruxelles.

mise en scène et quelques méprises au regard du caractère de l'œuvre, très excusables quand on songe à la difficulté et à la nouveauté de cette musique si différente de celle que les artistes français étaient jusqu'alors habitués à interprêter. Les noms de ces artistes sont à citer, et voici quelle était la distribution :

Hans Sachs, M. Seguin ; Walter de Stolzing, M. Jourdain; Sixtus Beckmesser, M. Soulacroix; Veit Pogner, M. Durat; David, M. Delaquerrière; Eva, Mme Rose Caron ; Madeleine, Mlle Blanche Deschamps; Kothner, M. Renaud.

Le plus remarquable de ces interprètes fut sans contredit M. Seguin, qui s'était très bien pénétré du caractère de son personnage et en traduisit avec bonheur la noble cordialité et le piquant humour. Le Beckmesser de M. Soulacroix était un peu poussé à la caricature; l'artiste avait fait du solennel greffier un petit vieux complètement chauve et ridicule, dont la drôlerie funambulesque dépassait évidemment les intentions satiriques de l'auteur; mais la verve du comédien sauva l'interprétation de toute vulgarité.

Mme Caron ne réussit guère dans le rôle d'Eva; elle n'avait rien de la coquetterie juvénile, de la grâce naïve, de la mutinerie caressante que demande le personnage. « Son beau masque tragique, comme le dit M. Evenepoel, souriait avec effort. » Dès la troisième représentation, elle fut remplacée par Mme Bosman qui, par tempérament, donna au rôle une physionomie incontestablement plus fidèle.

M. Delaquerrière en David, Mlle Blanche Deschamps en Madeleine, ainsi que M. Maurice Renaud, remarqué dans le rôle de Kothner, complétaient avec M. Jourdain, très médiocre malheureusement, un ensemble qui laissait peu à désirer.

L'orchestre et les chœurs, qui avaient été stylés par M. Léon Jehin, furent irréprochables et c'est au milieu d'ovations sans fin que se termina la première, non, toutefois, sans quelques protestations d'auditeurs stupéfiés après le grand ensemble de l'émeute populaire à la fin du deuxième acte.

En 1888, sous la direction de MM. Dupont et Lapissida, il y eut, au théâtre de la Monnaie, une reprise qui accentua encore le succès (1) et qui offre ceci d'intéressant que le rôle de Beckmesser y fut tenu par M. Maurice Renaud d'une façon absolument remarquable.

L'excellent artiste, au mois d'août, s'était rendu à Bayreuth en ma compagnie et nous assistâmes ensemble à l'exécution absolument idéale de l'œuvre sur la scène du Théâtre Wagner. M. Renaud y vit, dans le rôle de Beckmesser, M. Friedrichs, cet artiste que l'on a surnommé, non sans raison, un Coquelin lyrique et qui par son masque, par son jeu, par l'admirable clarté de sa diction, par le mordant de sa voix produisit une impression profonde. Avec une merveilleuse facilité, M. Renaud,

---

(1) Les *Maîtres Chanteurs* atteignirent le chiffre de trente représentations pendant cette seule saison. Voici quelle était la distribution : Hans Sachs, Seguin; Walter, Engel; Beckmesser, Renaud; Eva, Mlle Cagnart; Madeleine, Mme Rocher; Pogner, Gardoni; David, Gandubert; le veilleur : Isnardon.

bien qu'il n'eût assisté qu'à une seule représentation, s'en assimila si bien le geste, l'allure et même la voix, qu'on eût eu quelque peine à le distinguer de son modèle en les voyant tous les deux en même temps sur la scène.

Cette interprétation des *Maîtres Chanteurs* à Bayreuth (juillet-août 1888), demeurera un inoubliable souvenir pour tous ceux qui y assistèrent. C'est l'une des plus parfaites auxquelles il m'ait été donné d'assister sur ce théâtre unique.

Hans Sachs, c'était tantôt M. Reichmann de l'Opéra de Vienne, un peu maniéré dans son jeu, mais mettant une voix d'un beau timbre et un art remarquable de chanteur au service du personnage ; tantôt M. Planck, de l'Opéra de Carlsruhe, tout à fait délicieux de bonhomie, faisant ressortir admirablement le caractère si cordialement simple et bienveillant du poète-cordonnier ; Walther de Stolzing, c'était M. Gudehus, de Dresde, ténor guttural, mais vaillant et se soutenant jusqu'au bout sans défaillance ; Eva, la gracieuse et piquante Mlle Bettaque ; David, M. Hoffmüller, du théâtre de Darmstadt, un tenorino exquis ; Beckmesser, enfin, M. Friedrichs, incomparablement comique, sans grimace, par la gravité de ses attitudes, par l'importance boursouflée de son geste, par la fébrilité de ses mouvements, par l'éclat mordant d'une voix marquant avec un relief saisissant toutes les nuances de la jalousie et de l'envie sournoise. Tous les autres rôles étaient tenus dans la perfection, sans une disparate, par des artistes de mérite, empruntés aux meilleures scènes d'Allemagne.

Pas une mesure de coupée, par un vers supprimé; l'œuvre intégrale, merveilleusement mise en scène. Ce fut un enchantement d'un bout à l'autre. O le merveilleux tableau que le décor du deuxième acte, avec l'échoppe basse de Hans Sachs et, en face, l'opulente demeure de Pogner, ombragée par le tilleul aux senteurs enivrantes; entre les deux bâtiments, la petite rue étroite se profilant vers le fond et laissant voir la place publique noyée dans la demi-obscurité crépusculaire et plus tard vaguement illuminée par les rayons de la lune, se levant grave dans le ciel, entre les deux tours de l'Eglise Saint-Laurent. Les bons bourgeois de maîtres chanteurs, dodus, pansus et lourds à souhait! avec quelle conviction et quel sérieux ils remplissaient leur emploi de régents de l'art. Les beaux chœurs! avec quelle sûreté vocale et rythmique ils scandèrent le terrible ensemble fugué de la dispute au milieu d'un mouvement scénique du réalisme le plus pittoresque! Et ensuite le joyeux et vivant défilé des corporations et l'émouvant choral de Sachs entonné sur la pelouse aux bords de la Pegnitz, sous le panorama ensoleillé de Nuremberg! Avec cela, l'admirable orchestre, sous la direction de Hans Richter, détaillant avec une finesse exquise les délicates broderies instrumentales posées sur la large trame mélodique de l'œuvre! Jamais plus nous ne verrons si parfait ensemble, si harmonieuse et si complète unité de style.

En France, la première représentation des *Maîtres Chanteurs* eut lieu à Lyon, au Grand-Théâtre, sous la direction de M. Vizentini, avec une nouvelle version de M. Alfred Ernst, le

30 décembre 1896 ; la première en Italie se donna à la Scala de Milan, le 27 décembre 1889 (1).

Il ne semble pas que ces représentations, très acclamées, aient montré le public latin réfractaire à l'un des plus parfaits chefs-d'œuvre du génie germanique comme le prédisaient naguère certains critiques ; au contraire.

L'éclatant triomphe des *Maîtres Chanteurs* à l'Opéra de Paris, où ils furent donnés pour la première fois le 10 novembre 1897 (direction de MM. Bertrand et Gailhard), est venu confirmer cette impression. Je crois même que de toutes les œuvres de Wagner jusqu'ici données à Paris, *Tannhœuser*, *Lohengrin*, la *Walkyrie*, ce sont les *Maîtres Chanteurs* qui ont le plus profondément et le plus directement porté.

Il faut dire que l'œuvre avait été montée avec un souci vraiment louable de réaliser toutes les intentions de l'auteur et que, à part quelques détails moins heureux, l'ensemble de l'interprétation fut une exécution hautement artistique.

La première des *Maîtres Chanteurs* semble même destinée à demeurer une date dans l'histoire de la mise en scène sur les théâtres d'opéra français. Jamais jusqu'alors on n'avait vu les masses cho-

---

(1) Distribution à Lyon : Hans Sachs, M. Beyle ; Walther, M. Cossira ; Beckmesser, M. Delvoye ; Eva, Mlle Janssen ; David, M. Hyacinthe ; Pogner, M. Chalmier ; Kothner, M. Artus. Chef d'orchestre : M. Vizentini.

Distribution à la Scala de Milan : Hans Sachs, M. Seguin ; Walther, M. Nouvelli ; Beckmesser, M. Carbonetti ; Eva, Mme Adalgisa Gabhi ; David, M. Ramini. Chef d'orchestre : Faccio.

rales prendre une part aussi directe à l'action dramatique ; l'étonnement du public fut tel qu'à la fin du deuxième acte les spectateurs rappelèrent le chœur, et à la chute du rideau mêlèrent de nouveau les choristes dans leurs acclamations aux principaux interprètes.

Peut-être même, à certains égards, l'exécution chorale à Paris fut-elle supérieure à celle de Bayreuth, par l'ampleur et la distinction de la sonorité, par l'aisance des mouvements de chaque individualité. L'Allemand est toujours un peu gauche en scène, le geste du Français a plus de plastique et de naturel. A ce point de vue surtout les chœurs de Paris donnèrent un spectacle tout à fait intéressant et d'un cachet artistique remarquable : pas un geste faux, pas une attitude forcée ; tant dans la bagarre du deuxième acte que dans la grande scène populaire du quatrième tableau, la vivacité et la naturelle variété des expressions de tous les personnages en scène s'unirent en un tableau d'une animation singulièrement pittoresque.

Je me souviens, à ce propos, d'un procédé dont se servait le régisseur de la troupe célèbre de comédiens du duc de Meiningen, feu M. Chronegk, pour obtenir des « effets de foule ». On sait les intéressantes innovations en matière de mise en scène que les théâtres allemands et anglais doivent à ce remarquable spécialiste, tant dans le répertoire classique allemand que dans le répertoire shakespearien. Dans la *Jeanne d'Arc* de Schiller, par exemple, et dans le *Jules César* de Shakespeare, il arrivait à donner une intensité de vie extraordinaire aux scènes populaires en divisant la masse des figurants par groupes de quatre ou cinq auxquels il faisait exécuter à tel moment déterminé un geste expressif approprié, chaque groupe ayant un geste particulier ou une série de gestes et d'attitudes à réaliser, de même que dans un ballet les différents groupes de danseurs ou de ballerines exécutent chacun un pas ou un dessin distinct. Il obtenait de la sorte, par exemple dans la célèbre scène du forum de *Jules César*, et dans la scène de la cathédrale de *Jeanne d'Arc*, un groupement de lignes et une variété de mouvements qui donnait la sensation même de la vie en ses multiples manifestations.

D'autres fois, lorsque la foule par exemple n'intervenait pas directement dans l'action, qu'elle demeurait spectatrice, mais non indifférente, il commandait simplement aux figurants de parler entre eux, à voix basse, bien entendu, — et il obtenait ainsi une sorte de rumeur sourde, donnant une impression étrangement saisissante, et des attitudes infiniment curieuses, d'autant plus plastiques qu'elles étaient plus naturelles et plus sincères. Le procédé serait particulièrement à sa place dans l'opéra, où si souvent la masse chorale, inactive musicalement, devrait paraître s'intéresser à l'action et, cependant, demeure figée, immobile et plantée en rangs d'oignons formant le carré autour des protagonistes.

J'ai plaisir à constater qu'à Paris, dans la scène finale des *Maîtres Chanteurs*, à l'arrivée des corporations et des maîtres, quelque chose d'analogue avait été réalisé. Les gens du peuple se tournaient les uns vers les autres, paraissant échanger leurs impressions, se montraient du doigt tel ou tel personnage ; l'ensemble du tableau devenait par là remarquablement vivant et animé. Surtout au moment de l'arrivée des Maîtres, tandis que l'orchestre joue la marche, il serait à propos que l'on entendît un bruit de foule, cette sorte de rumeur vague que les figurants, dans les exécutions des *Meininger*, réalisaient si parfaitement en causant entre eux. Si mes souvenirs sont exacts, cela se faisait à Bayreuth.

Malheureusement, le tableau final des *Maîtres Chanteurs*, si bien réglé à Paris, se trouva déparé par une inconcevable et lourde faute de goût : la valse qui ne doit pas, qui ne peut pas avoir le caractère d'un *divertissement*, fut dansée par des ballerines en jupes courtes de satin plissé et corsages échancrés, avec maillot et chaussons ! Wagner a voulu que ce court ballet eût un caractère rigoureusement populaire, c'est-à-dire que les ballerines chargées de la danse fussent vêtues comme les filles du peuple qui assistent à la scène et qui s'y mêlent. Ce fut une erreur d'esthétique de la direction de l'Opéra que de n'avoir pas suivi cette indication essentielle. Tout le caractère naïf et la couleur pittoresque de cet épisode disparaissent quand on ne la suit pas à la lettre. A Bayreuth, on s'y était, cela va sans dire, conformé rigoureusement et ce ne fut pas au détriment de l'effet. A Bruxelles également, pareille erreur avait été commise lors de la première en 1885 : à la reprise de 1888, on eut le bon esprit de suivre la tradition des théâtres allemands et de Bayreuth, et l'on eut raison. C'est la seule bonne.

D'autres détails m'ont choqué à la représentation de Paris, dans l'ensemble si parfaite. Le décor du premier acte, fort beau d'ailleurs, n'était pas conforme du tout aux indications de Wagner. Il désigne spécialement l'église Sainte-Catherine, dont les murs, d'après les dessins et gravures du temps, étaient blancs et dépourvus d'ornements, ce qui est essentiellement l'aspect du temple protestant. Ce décor blanc et gris, d'impression froide, doit servir à *caractériser le milieu* où se développe l'action, car rien n'est indifférent chez Wagner. Le décor a un rôle dans ses conceptions dramatiques. Cette église glaciale et nue où se réunit l'école des Maîtres chanteurs doit donner au spectateur la sensation de quelque chose de rigide, de méthodique et de régulier comme l'esthétique des artisans-poètes ; le spectateur doit partager le malaise de Walther dans cette ambiance rébarbative. D'autant plus sensible ensuite sera le contraste lorsqu'on se retrouve au deuxième acte devant le tableau coloré et si intime de l'échoppe de Hans Sachs voisinant avec la riche demeure de Pogner, et plus tard avec le radieux tableau de la fête populaire sous les murs de Nuremberg. Il y a là une gradation voulue. J'ai peine à m'expliquer que ces considérations esthéthiques aient complètement échappé aux décorateurs et à la direction de l'Opéra.

M. Amable, au lieu de l'église Sainte-Catherine, avait reproduit, du reste très heureusement, l'intérieur de l'église Saint-Laurent dont le style gothique est beaucoup plus riche. Il avait poussé la conscience jusqu'à figurer dans le fond, adossé à l'un des piliers, le fameux tabernacle de Krafft qui orne cette église, et sur l'un des pans, l'une des douze stations du même maître (le Portement de croix). Le malheur est que, du temps de Sachs, ce chef-d'œuvre de sculpture se trouvait non dans l'église Saint-Laurent, mais en plein air, le long de la chaussée qui conduit de la ville au cimetière Saint-Jean !

Je n'insisterai pas sur les anachronismes que présentaient certains costumes. On avait cru mieux faire qu'à Bayreuth : on a fait plus mal ou à côté. Très harmonieux sans doute, très élégants, ces costumes; mais ils n'étaient pas exacts. Pour les costumiers et les décorateurs, le XVIe siècle, c'est toujours Charles IX ou Marie Stuart. Ils ne se doutent pas plus de l'Allemagne de 1550 à 1560 que si jamais Dürer et d'autres maîtres ne nous en avaient laissé des représentations graphiques ou picturales absolument authentiques et infiniment caractéristiques. .

Mais ce sont là détails qui ne frappent que les initiés. Si ces erreurs ne sont pas indifférentes, elles n'étaient pas du moins assez graves pour défigurer le sens de l'œuvre, et cette fois, il faut le dire, on s'était attaché à le respecter, à le traduire aussi fidèlement que possible.

L'exécution vocale surtout fut absolument remarquable [1].

---

[1] Voici la distribution complète :

Walther de Stolzing	MM. Alvarez
Hans Sachs	Delmas
Sixtus Beckmesser	Renaud
David	Vaguet
Veit Pogner	Gresse

Le personnage capital de Hans Sachs, en particulier, trouva en M. Delmas un interprète supérieur. Chanteur accompli, possédant cet art des nuances que l'école moderne du chant semble, en général, ne plus apprécier, maniant sa voix, admirablement timbrée, avec une souplesse parfaite, il varia avec infiniment de délicatesse l'expression de son chant; et, dans son jeu, il traduisit avec un rare bonheur les différents aspects du personnage, sa cordialité bienveillante, sa fine ironie, son mordant humour s'alliant à une énergie mâle et tranquille.

Beckmesser, c'était M. Maurice Renaud, qui avait affiné et fouillé encore son interprétation antérieure du rôle. Il fut d'un bout à l'autre admirable, ayant des inflexions surprenantes de diction, lançant le mot avec une sûreté et une justesse incomparables, se montrant hautain ou plat, agressif ou cauteleux tour à tour, et réalisant, au total, en grand artiste, cette grimaçante figure du pédant jaloux et malfaisant.

Fritz Kothner	MM. Bartet
Hermann Ortel	Delpouget
Hans Foltz	Paty
Konrad Nachtigall	Douaillier
Kunz Vogelgesang	Cabillot
Balthazar Zorn	Laurent
Augustin Moser	Gallois
Hans Schwarz	Denoyé
Ulrich Eisslinger	Dupiré
Un veilleur de nuit	Cancelier
Eva	Mmes Bréval
Madeleine	Grandjean

Chef d'orchestre, M. Taffanel; chef des chœurs, M. Claudius Blanc; régisseur général, M. Lapissida.

Du Walther de Stolzing de M. Alvarez, il me suffira de dire que bien certainement, depuis le créateur Nachbaur, personne n'a plus chanté ce rôle d'une voix plus séduisante et avec un charme aussi enveloppant.

Par la nature même de son tempérament, Mlle Bréval n'était peut-être pas l'interprète rêvée du rôle d'Eva, pas plus du reste que Mlle Grandjean ne convenait à celui de Madeleine ; à toutes les deux faisaient défaut le naturel, la simplicité, la naïveté de leurs personnages. Vocalement, en revanche, ces deux artistes furent irréprochables.

Quant au David de M. Vaguet, il fut excellent d'un bout à l'autre, de même que le Pogner de M. Gresse, qui traduisit fidèlement la solennité bourgeoise, la bonhomie et la franchise cordiale de l'orfèvre ; enfin, M. Bartet fit un Kothner d'une bien amusante sévérité, un gardien farouche des lois de la tabulature et des sacrosaintes traditions corporatives.

Ajoutez à cette réunion exceptionnelle de protagonistes, les petits rôles des Maîtres, confiés tous à des artistes de talent, le groupe charmant des apprentis, tout à fait supérieur par la qualité des voix et la vivacité de l'allure, puis le bel orchestre de l'Opéra, de sonorité si distinguée et si bien fondue ; tout cela vraiment, constituait un ensemble merveilleux et tel qu'après Bayreuth, Paris seul pouvait en offrir au monde.

Les *Maîtres Chanteurs* n'attendaient certes pas la consécration du Grand-Opéra, ils étaient dès longtemps classés. Mais cette dernière et triomphale étape de l'œuvre n'en est pas moins un événement qui a sa place désormais dans l'histoire de l'art et qui, glorieusement, vient clore la série des pacifiques victoires d'un chef-d'œuvre de l'esprit humain.

IV

APRÈS avoir exposé les circonstances morales et historiques de l'élaboration des *Maîtres Chanteurs*, passons à l'examen du poème.

Il paraît bien que, dans l'esquisse première, l'intention satirique était beaucoup plus accentuée qu'elle ne l'est dans la version définitive; c'est ce qui explique ce que dit Wagner, dans la *Communication à ses amis*, à propos de l'ironie avec laquelle il ne parvenait pas à satisfaire son sentiment (1).

Une légende prétend même que, dans la première esquisse, Wagner avait d'abord donné le nom du critique bien connu de la *Nouvelle Presse de Vienne*, Edouard Hanslick, au personnage grotesque de Beckmesser en qui se résume toute la cuistrerie pédante des gens fermés à la poésie et qui font de l'art un véritable métier. Suivant d'autres, il aurait réuni dans la personne du marqueur tout un ensemble de traits mordants et acérés, visant tout à la fois Hanslick et Ferdinand Hiller, l'ami de Mendelssohn, mort il y a quelque dix ans, directeur du Conservatoire de Cologne et qui

---

(1) Voir chap. II, page 37.

demeura jusqu'à la fin un adversaire irréconciliable de Wagner.

Par opposition à Beckmesser, Hans Sachs aurait personnifié Liszt, l'ami fidèle dont la foi artistique et la sympathie soutinrent Wagner si chevaleresquement dans les moments les plus cruels de doute et de désespérance.

Seulement, cette légende ne tient pas, car à l'époque où fut conçu le plan des *Meistersinger*, ni Hanslick, ni Hiller n'avaient eu l'occasion de prendre nettement parti contre Wagner. Bien mieux, Hanslick se rencontra avec Wagner, dont il était alors un admirateur fervent, pendant sa cure à Marienbad en 1845, et Wagner l'invita même à la première de *Tannhœuser* (1). C'est seulement beaucoup plus tard que Hanslick prit une attitude ouvertement hostile à l'égard du maître de Bayreuth.

Quant à Ferdinand Hiller, qui habitait Dresde à ce moment, Wagner était encore en si bons termes avec lui, qu'il lui communiqua le poème de *Lohengrin* avant de le composer. Détail amusant, Hiller en aurait été très séduit, il le trouvait très beau, et il n'aurait pas caché son admiration à ses amis; seulement il aurait exprimé le regret de ce que ce poème allait être mis en musique par Wagner !

En ce qui concerne Liszt, enfin, ses rapports avec Wagner n'avaient encore été que très lointains et très vagues. C'est seulement après 1849, lors de la fuite à Weimar, que les deux grands

---

(1) Voir la belle biographie de Wagner par Glasenapp, deuxième édition, vol. II, page 98.

hommes apprirent à se mieux connaître et que se noua entre eux la profonde et admirable sympathie qui ne devait prendre fin qu'avec leur mort.

D'autre part, dans le premier scénario, au témoignage de M. A. Heintz, alors que les noms de presque tous les autres personnages sont identiques à ceux de l'œuvre définitive, — Wagner les avait empruntés à la vieille chronique de Wagenseil, — seul le marqueur n'avait pas encore de désignation nominale.

Il faut donc écarter ces intentions de critique ou de gratitude personnelles. Ce qui n'empêche pas, cela va sans dire, que dans le développement ultérieur de l'œuvre, certains traits satiriques aient pu être suggérés par l'hostilité et l'incompréhension de ses adversaires.

Au témoignage de M. Gœllerich, l'un des commentateurs allemands de Wagner, dans la liste des personnages du manuscrit de 1862 (?), le marqueur avait reçu le nom de Hans Lick. Mais l'allusion parut sans doute trop directe à Wagner et il y substitua ensuite le nom historique de Sixtus Beckmesser qui est demeuré définitivement (1).

Raillant le pédantisme sous toutes ses formes, il est tout naturel qu'il ait songé à ceux qui lui faisaient si dure guerre au nom des principes

---

(1) La bibliothèque de Berlin possède un recueil manuscrit de *Meistergesænge* copiés par Hans Sachs et dans lequel se trouve un *lied* de Sixtus Beckmesser. Hans Sachs orthographie Peckmesser, selon le dialecte de Nuremberg. Ce maître chanteur avait inventé plusieurs airs ou tons très en honneur de son temps, notamment le *ton doré*, le ton long, le « nouveau ton ». On trouvera plus loin la notation musicale de cet air.

sacro-saints du classicisme musical. Seulement, cette raillerie reste impersonnelle, si vive que soit la satire.

Le dessein satirique est d'ailleurs ce qui, dans la pensée de Wagner, devait faire l'originalité de sa comédie, la distinguer des pièces antérieures à la sienne et qui développaient une donnée analogue. Car il est à remarquer que, bien avant lui, Hans Sachs et son entourage de Maîtres chanteurs avaient tenté les poètes dramatiques. C'est évidemment dans l'intention d'appuyer sur le caractère particulier de sa conception du personnage principal et de toute son époque, qu'il déclare dans la *Communication à ses amis*, avoir voulu représenter Hans Sachs « comme la dernière incarnation de la productivité *artistique du génie populaire*, par opposition à la corporation des *boutiquiers maîtres chanteurs*, dont le pédantisme poétique si drôle se trouvait personnifié tout spécialement dans la figure du *marqueur* ».

Cette opposition, ce contraste fortement accentué, c'était sa façon à lui de comprendre le sujet. Elle avait complètement échappé à ses prédécesseurs, en particulier au dramaturge autrichien J. L. Deinhardstein qui avait, le 4 octobre 1827, donné, à Vienne, une sorte de drame-comédie, intitulé *Hans Sachs*, dont, quelques années plus tard, un librettiste de Leipzig tira un livret d'opéra-comique pour Lortzing (1).

---

(1) L'auteur de *Tsar et Charpentier*, de *le Vampyre*, de *der Wildschütz* (l'Arquebusier), d'*Ondine*, de *der Waffenschmied* (l'Armurier), ouvrages de demi-caractère demeurés jusqu'aujourd'hui au répertoire des théâtres d'outre-Rhin.

Dans l'un et l'autre, on voit paraître le poète-cordonnier, les marqueurs, la corporation des maîtres, mais sans physionomie, sans caractère, sans animation, sans vérité. Chez Wagner, au contraire, un relief puissant résulte de l'introduction dans l'action dramatique de ces pures abstractions opposées l'une à l'autre : routine et spontanéité, pédantisme et libre inspiration! Tout en découle et s'en dégage sans effort : le conflit des passions, le caractère des figures, la vérité et l'animation du tableau ; et l'intention satirique y ajoute la saveur comique.

Il ne me paraît pas sans intérêt de comparer ces diverses adaptations d'un sujet presque identique. Il y a toujours une leçon à en tirer ; c'est, en somme, la vraie et la seule manière de faire de bonne esthétique : mettre les œuvres médiocres en face de celles du génie.

Une fois de plus, se confirme, à ce propos, cette vérité : que le génie crée rarement de toutes pièces ; il améliore plutôt, et il achève, ce qui est l'essentiel (1).

Le sujet des *Maîtres Chanteurs* était véritablement dans l'air, lorsque Wagner s'en éprit. Hans Sachs et son époque étaient depuis longtemps l'objet d'études assidues : Gœthe, le grand Gœthe, avait remis à la mode l'artisan-poète en appelant sur lui l'attention par son poème sur la *Mission*

---

(1) Tel est le cas de Shakespeare, de Molière, de Corneille, de Racine, de Victor Hugo, sans parler des tragiques grecs, des dramatistes espagnols. Tous ils ont repris, remanié, achevé des sujets déjà traités. Dans l'œuvre de Wagner, un seul drame n'a pas de prototype : c'est *Parsifal*.

poétique de Hans Sachs (1). Aussitôt les philologues et les lettrés se plurent à relire le vieux poète. On tira de la poussière des rayons les lourds volumes contenant ses fables, ses contes, ses allégories, ses poèmes divers. Les frères Grimm publièrent des travaux intéressants sur son œuvre et sur l'époque des Maîtres chanteurs. Le conteur Hoffman, dans plus d'un de ses récits, rappela des souvenirs de Hans Sachs et retraça le tableau animé de la vie artistique et bourgeoise, à Nuremberg, au XVIᵉ siècle.

En 1828, Gœthe, heureux de voir si bien germer la graine qu'il avait semée, payait encore de sa personne en l'honneur du grand Maître chanteur. A l'occasion de la première représentation à Berlin du *Hans Sachs* de Deinhardstein, il composa un prologue dans lequel se trouvait intercalé son poème sur la *Mission poétique de Sachs*.

Successivement, plusieurs rééditions des œuvres de Sachs, complètes ou choisies, conformes au texte du XVIᵉ siècle ou adaptées en allemand moderne, le rendirent familier, non seulement aux lettrés, mais aussi au grand public.

Bref, après deux siècles d'oubli presque total, le poète-cordonnier n'était plus un inconnu. Nulle figure n'était mieux faite pour intéresser et toucher un public allemand, au moment où éclatait le

---

(1) Ce poème, publié dans les poésies variées de Gœthe, est intitulé : *Explication d'une ancienne vignette sur bois représentant la mission poétique de Hans Sachs*. On en trouvera une excellente traduction à l'appendice de la petite brochure *sur les motifs typiques des Maîtres Chanteurs*, publié en 1885 par M. Camille Benoit. Paris, Schott, éditeur.

mouvement du romantisme dans la littérature et dans les arts.

Mais voyez l'infortune des talents de second ordre ! On eût beau évoquer la figure de Hans Sachs dans le roman, à la scène, dans la peinture et la sculpture ; elle ne revint pas à la vie. Le *Hans Sachs* de Deinhardstein serait complètement oublié si l'attention n'avait été rappelée sur ce drame par l'œuvre de Wagner ; celui de Lortzing n'aurait pas eu un meilleur sort. Des autres adaptations littéraires ou dramatiques bien peu de chose se serait conservé dans le souvenir (1).

Paraissent les *Maîtres Chanteurs* de Wagner, aussitôt c'est un véritable renouveau. D'un bout à l'autre de l'Allemagne, ce n'est qu'un cri d'admiration parmi la foule et les artistes ; Hans Sachs, le conteur charmant et naïf, le poète au bon sens robuste, à la verve mordante, à la foi solide, au sentiment profond, l'ami de Luther et d'Albert Dürer, le voilà tout entier, bien ressemblant, bien « nature ». De ce jour, le grand poète de la Renaissance allemande, depuis deux siècles oublié, redevint une figure populaire et pour ainsi dire contemporaine. Voilà le prodige accompli par Wagner !

S'il place au centre de sa composition la belle figure de Hans Sachs, il n'en fait pas cependant, comme ses prédécesseurs, le person-

---

(1) Il suffit de citer l'opéra-comique de Gyrowetz, *Hans Sachs*, qui précéda celui de Lortzing ; le *Hans Haïdekukuk* de Henri Schlæger, le *Hans Sachs* de M. Frey, paru à Augsbourg en 1866, et combien d'autres œuvres, poèmes, contes, écrits de tout genre qui ne parvinrent pas à intéresser ni à remuer les masses profondes.

nage unique ; le sujet de sa comédie, ce sont les
« Maîtres chanteurs » et les plaisantes compétitions que provoquent leurs traditionnels concours de chant et de poésie. De là le titre de l'œuvre. C'est autour de l'un de ces concours que roule toute la fable, et le tableau est puissamment étoffé, par tout un ensemble de figures et d'incidents qui se rattachent intimement à l'histoire du *Meistergesang*.

L'action se passe à Nuremberg aux environs de 1560, c'est-à-dire pendant la période du veuvage de Hans Sachs. Les personnages essentiels sont au nombre de sept : Hans Sachs ; un chevalier aspirant-maître chanteur, Walther de Stolzing ; le greffier de Nuremberg, Sixtus Beckmesser, qui remplit l'office de *Merker* (marqueur) dans la corporation des maîtres ; Eva, la jeune fille du riche orfèvre Veit Pogner ; enfin un couple secondaire d'amoureux, David, apprenti de Sachs, et Madeleine, suivante d'Eva.

C'est l'avant-veille de la Saint-Jean, fête consacrée traditionnellement à la réunion solennelle de la corporation des Maîtres chanteurs et au concours public qui en est l'objet. Afin de rehausser l'éclat de celui qui se prépare, Veit Pogner, doyen de la corporation, a résolu de donner la main de sa fille à un maître qui aura remporté le prix. Le pédant Sixtus Beckmesser se croit des titres à cette récompense enviable. Infatué de lui-même, bien que très marqué et d'ailleurs grotesque, il s'est déjà posé en prétendant lorsqu'il rencontre un rival inattendu dans la personne du jeune chevalier Walther de Stolzing, qui, transporté par la lecture des vieilles chroniques héroïques et des poèmes des Minnesinger, est descendu du château délabré de ses ancêtres pour aller à Nuremberg apprendre l'art des Maîtres chanteurs. Walther de Stolzing a rencontré la jeune Eva, il s'en éprend passionnément et, bien entendu, plaît à celle-ci infiniment mieux que le vieux greffier. Apprenant qu'un « maître » seul peut aspirer à sa main, il se présente pour être reçu dans la corporation, se soumet aux épreuves qui lui sont imposées, chante un hymne enflammé au printemps, mais ne réussit guère. Son lyrisme enflammé scandalise au plus haut point les Maîtres chanteurs et froisse leur amour de l'ordre et de la régularité. Beckmesser, en particulier, qui devine en lui le rival redoutable, ne lui fait grâce, en sa qualité de marqueur, ni d'une rime insuffisante ni d'une licence poétique. Si bien que le jeune chevalier se voit en quelque sorte éconduit d'avance puisqu'il est refusé au concours. Seul Hans Sachs, qui est un vrai poète, un complet artiste, se laisse séduire par l'inspiration prime-sautière et chaleureuse du postulant. Tandis que les maîtres le condamnent sans rémission, lui le soutient et l'encourage. Il s'institue son conseiller, son guide et finit même par le sauver de lui-même lorsqu'un peu plus tard, son ardeur juvénile est sur le point de lui faire commettre un acte dangereux, l'enlèvement nocturne de celle qu'il aime.

La rencontre d'Eva et de Walther, la réunion des maîtres, la présentation du jeune chevalier comme aspirant, son concours et son échec, voilà tout le premier acte.

Lorsque commence le deuxième, la nouvelle de

l'échec du chevalier s'est déjà répandue par la ville et elle est ainsi revenue aux oreilles d'Eva. Désespérée, ne sachant au juste ce qu'elle doit craindre et ce qu'elle peut encore espérer, elle se glisse, le soir, dans l'atelier de Sachs qui, pense-t-elle, pourra la renseigner mieux que personne, puisqu'il a assisté le matin à la fatale épreuve.

Sachs apprend ainsi quels sont les véritables sentiments de la fille de Pogner. La situation est d'autant plus délicate pour lui que la jeune fille n'était pas sans lui inspirer des sentiments plus que paternels et qu'Eva, de son côté, ne semblait pas éloigné de nourrir à l'égard de Sachs plus que de l'attachement, malgré la différence d'âge qui les sépare.

Sachs, en homme sage, n'hésite pas ; du moment que le cœur de la jeune fille a parlé, du moment qu'elle a rencontré celui qu'elle devait aimer, il renonce à ce qui était un rêve trop beau pour lui; il fera le bonheur de ces enfants qui se conviennent si parfaitement. Seulement, ce n'est point là une tâche facile. Comment faire revenir les maîtres sur leur jugement précipité ? Et puis, il y a Beckmesser le marqueur, qui sera d'autant plus sévère qu'il se doute bien que Walther est son rival.

Heureusement, les circonstances viennent le servir à souhait. Sachs ne fait rien pour les provoquer ; elles se présentent d'elles-mêmes ; mais il en tire parti avec une admirable souplesse. C'est ainsi qu'il est partout dans l'action et qu'il la conduit sans que son initiative suscite aucun des événements.

Tandis qu'il ferme sa boutique et s'installe à son

établi pour terminer les chaussures que Beckmesser lui a commandées dans l'espoir, sans doute, de se le rendre favorable, Sachs découvre que les deux jeunes gens se sont donné rendez-vous sous le balcon de la maison de Pogner qui fait vis-à-vis à la sienne. Il surprend ainsi leur conversation. Désespéré de l'échec subi, ne voyant aucune issue, le chevalier, en véritable fils d'anciens preux, ne songe à rien moins qu'à enlever la jeune fille qui consentirait à tout. Mais au moment de fuir, les amants sont arrêtés par l'arrivée inattendue de Beckmesser. Armé d'un luth, il s'est mis en tête de venir chanter sous les fenêtres de la belle, en manière de sérénade, le *lied* qu'il comptait présenter le lendemain au concours. Contrarié de voir Sachs encore debout, Beckmesser feint d'être venu lui demander conseil au sujet de son *lied*. Sachs consent à l'écouter, mais comme il tient à terminer les chaussures commandées, il le prévient qu'il marquera sur les semelles les fautes qu'il relèvera. Trait délicieux d'humour : à marqueur, marqueur et demi ! Tandis que le greffier gratte son luth et roucoule sa romance, Sachs frappe à coups redoublés sur la forme, tant il y a de solécismes, de rimes fausses, d'erreurs de tout genre! Au moment où l'autre termine sa sérénade, Sachs brandit triomphalement sa paire de souliers complètement terminée.

L'idée est vraiment ingénieuse et la scène du meilleur comique; c'est la contrepartie humoristique de la solennelle assemblée du matin où Beckmesser, en sa qualité de marqueur, fut si dur à l'égard de Walther de Stolzing.

Cependant Sachs n'a pas perdu de vue les deux amoureux. Tant que Beckmesser chante dans la ruelle, Walther et Eva ne peuvent faire un mouvement; blottis derrière le tilleul devant la maison de Pogner, ils n'osent prendre la fuite. C'est ce que Sachs voulait, et c'est dans ce but qu'il s'était prêté à la comédie jouée par Beckmesser.

Alors commence une scène admirablement conduite, qui, par l'agencement des épisodes et la progression des effets, est digne de la fameuse scène de la salle des Maronniers dans le *Mariage de Figaro*.

Au bruit de la sérénade de Beckmesser, les habitants de Nuremberg se réveillent; les voici qui paraissent à leurs fenêtres; l'apprenti de Sachs, croyant que Beckmesser en veut à sa Madeleine, ne fait qu'un bond dans la rue et tombe à coups de gourdin sur le malheureux greffier. Aux hurlements poussés par celui-ci, les bourgeois se précipitent à leur tour sur la place; ils s'interrogent, s'accusent mutuellement d'être les auteurs de ce tapage nocturne; ils se narguent, se provoquent; les poings et les gourdins se mettent de la partie; bref, c'est un formidable charivari, une mêlée générale qui finirait mal si la corne du veilleur de nuit, faisant sa ronde, ne venait mettre les batailleurs en fuite. Sachs profite de ce moment pour faire rentrer Eva chez son père et attirer chez lui le chevalier ahuri. Alors, tandis que le gardien de la paix publique achève sa ronde, la lune, ironique comme un masque de pierrot, se lève entre les tours de l'église Saint-Laurent, illuminant de ses rayons clairs les vieux pignons qui semblent tout étonnés du trouble apporté au calme d'ordinaire si profond de la vieille cité. Cette fin d'acte est un délice.

Le lendemain, — ici commence le troisième acte, — comme Sachs rêve en son atelier, le chevalier Walther descend de son appartement. Il a fait un rêve merveilleux. Sachs l'invite à prendre ce rêve pour sujet de son poème de concours. Walther s'exécute, improvise un chant au sujet duquel Sachs lui donne quelques conseils, tout en transcrivant le texte sous la dictée du chanteur. Puis les deux hommes se retirent pour se préparer en vue de la fête qui, dans quelques instants, va réunir sous les murs de la ville, dans une prairie au bord de la Pegnitz, tout le peuple de Nuremberg.

A ce moment, Beckmesser s'introduit dans l'atelier et qu'aperçoit-il sur la table? le poème que Sachs était en train d'écrire; évidemment, il l'a composé en vue du concours. Aussi quand Sachs reparaît, Beckmesser l'accuse-t-il de vouloir le supplanter auprès de la belle Eva; et la preuve, c'est le papier écrit de sa main que le cuistre vient de voler. Sachs se défend de toute intention matrimoniale; pour bien convaincre le pédant qu'il ne songe pas à concourir, il n'hésite pas à lui laisser le manuscrit; il l'autorise même à s'en servir au concours, certain d'avance que Beckmesser n'en saura tirer aucun parti. Le vaniteux greffier se sent tout à fait rassuré : « Des vers de Sachs!», le voilà certain de la victoire. Sachs l'avertit ironiquement d'adapter à la poésie une mélodie qui lui convienne; mais Beckmesser, dans son infatuation, n'entend rien à ce conseil malicieux. Ne se

croit-il pas le premier chanteur de Nuremberg?
Et il s'en va, bien décidé à chanter tout à l'heure et
à s'attribuer ces vers qui ne sont pas de lui et qu'il
croit être de Sachs.

A peine Beckmesser est-il sorti qu'Eva, plus
inquiète que jamais, se présente chez Sachs. déjà
revêtue de ses habits de fête. Que vient-elle faire?
Elle se plaint à Sachs que ses souliers lui vont
mal; mais Sachs comprend bien que ce n'est pas
le soulier seul qui la blesse. Tandis qu'il feint de
remettre la chaussure défectueuse sur la forme,
voici justement Walther qui reparaît dans un
brillant costume d'apparat. Quelle apparition!
Immobile, dans une attitude de contemplation
extatique, Eva écoute, ravie, le chevalier qui
improvise, à sa vue, la strophe finale de son chant.

C'est le point culminant du drame, où s'affirment toutes les situations, où se concentrent tous les sentiments. L'aveu d'amour échappe aux lèvres des deux amants; le renoncement au rêve vaguement caressé, rassérène le cœur de Sachs, heureux du bonheur des autres. Justement voici l'apprenti David qui paraît, suivi de Madeleine; Sachs fera leur bonheur aussi; il élève David au rang de compagnon, ce qui lui permettra de s'unir tantôt à Madeleine. Ainsi son œuvre de bonté s'achève. Il ne lui reste plus qu'à préparer le triomphe final.

Le décor change; nous voici hors les murs de
la ville, dans la prairie de la Pegnitz d'où l'on
aperçoit, étagés dans le fond, les toits rouges et
les flèches des églises étincelant aux ardeurs d'un
radieux soleil. C'est là que va se faire le concours
définitif et public pour la maîtrise. Le peuple

accourt, criant, chantant, dansant ; puis apparaît le cortège solennel des Maîtres chanteurs précédés de leur drapeau et de leurs emblèmes corporatifs. Sur l'estrade enguirlandée de fleurs et empanachée de banderoles, Sachs prend place le dernier. Les acclamations éclatent à sa vue. N'est-il pas le poète populaire? Bien mieux, la foule tout d'une voix, entonne pour l'honorer son célèbre cantique luthérien du *Rossignol de Wittemberg*. C'est un moment profondément émouvant et qui met une gravité solennelle sur cette assemblée populaire frémissante d'allégresse.

Le silence rétabli, le concours est ouvert. Qui tentera la fortune de l'épreuve? Ne cherchez pas : c'est Beckmesser. Rien n'arrête le cuistre. Il a tous les aplombs. Il chante. Les plus indulgents se regardent avec stupeur. Est-ce bien un chant? A la poésie de Walther, complètement défigurée, Beckmesser associe la mélodie de sa sérénade du deuxième acte. L'ironie de ce trait est vraiment bien piquante.

Bientôt les rires, d'abord contenus, éclatent de toutes parts ; la foule ne peut plus se retenir ; elle hue, elle bafoue le malencontreux chanteur. Exaspéré, Beckmesser a l'audace alors d'accuser Sachs de l'avoir indignement joué. Les Maîtres sont atterrés d'un pareil scandale. Mais Sachs s'est avancé : il appelle en témoignage le jeune chevalier, l'encourage à chanter son *lied*, et Walther s'en acquitte si bien que d'une voix unanime les maîtres et le peuple l'applaudissent. On le proclame vainqueur ; Eva lui pose sur les épaules la chaîne aux trois médailles, insigne de la victoire, et dans un élan de reconnaissance couronne Sachs du laurier destiné au poète vainqueur. Ainsi l'amour et l'art triomphent simultanément, et le rideau tombe sur une immense acclamation du peuple entier.

Telle est la charpente de la comédie. L'intrigue, on le voit, est extrêmement simple. C'est l'histoire souvent mise au théâtre et tout aussi fréquemment traitée en nouvelle, d'un artiste inconnu qui s'éprend d'une jeune fille, mais rencontre un rival ridicule en belle position et qui se flatte de l'emporter grâce à la supériorité qu'il s'attribue. D'une manière ou d'une autre, le vrai talent finit par se faire apprécier et, sous les yeux de son rival confus, le jeune artiste reçoit le prix qui lui revient.

Cette intrigue est presque banale, et là n'est pas l'intérêt. Il est tout entier dans le développement donné par Wagner aux différents éléments qui entrent dans sa composition : d'abord l'esprit étroit des Maîtres chanteurs avec leur code poétique si mesquin et si bourgeois, leurs rivalités, leur esprit prudhommesque s'opposant d'un côté au bon sens solide, au sentiment artistique élevé et délicat de Hans Sachs, de l'autre, à l'exubérante fantaisie du jeune poète d'origine noble ; ensuite, la clairvoyante bonté d'âme, la sagesse résignée de Hans Sachs qui, sans hésitation, sacrifie une illusion tendre qu'il caressait, afin d'assurer le bonheur d'Eva en lui donnant celui qu'elle aime ; comme contrepartie, la cuistrerie du marqueur, du prétendant ridicule, allant jusqu'à admettre le vol et le plagiat pour arriver à ses fins ; enfin, comme élément accessoire, la piquante et naïve intrigue amoureuse du petit apprenti de Sachs avec la suivante d'Eva, amenant tout un cortège joyeux, rieur, follement bruyant et tapageur, d'écoliers, de gens du peuple, de bons bourgeois de Nuremberg, qui évoluent autour des personnages principaux sans prendre part directement à l'action, et y entrent, cependant, avec un naturel qui est l'image même de la réalité vécue.

Voyons maintenant ce que nous offrent les autres adaptations inspirées des mêmes personnages, de la même époque, des mêmes mœurs. J'examinerai d'abord le *Hans Sachs* de J. L. Deinhardtstein.

Ce drame, en quatre actes et en vers, fut joué pour la première fois, le 4 octobre 1827, à Vienne. Il faut croire qu'il parut remarquable aux amateurs de l'époque, puisque Gœthe ne dédaigna pas de composer un prologue pour la première représentation à Berlin. C'est sans doute à cette circonstance que cette œuvre doit de n'être pas tombée dans un oubli complet. On est nécessairement curieux de relire un ouvrage pour lequel le maître de Weimar avait écrit un prologue; mais je dois dire que cette curiosité est médiocrement récompensée. Un court résumé de la pièce en fera mieux saisir le côté banal.

Le drame s'ouvre par un monologue de Hans Sachs. Le poète-cordonnier, — notons cette première différence avec le poème wagnérien, — est jeune encore, et nous dévoile tout de suite le secret de son cœur; il est amoureux, il aime Cunégonde, la fille du riche orfèvre de Nuremberg, Maître Etienne. La jeune fille le paye de retour, mais le père ne favorise pas du tout cet amour. Maître Etienne est un bourgeois têtu, vaniteux, fier de la richesse acquise par son travail. Il ne veut pas entendre parler, cela va sans dire, du mariage de sa fille avec un simple artisan, un cordonnier. C'est ce que nous apprend une scène où Sachs se montre un amoureux très épris, très passionné, mais intransigeant, lui aussi, sur la question de l'honneur professionnel. Un métier qui nourrit son homme, n'est pas un sot métier, et s'il a, lui, quelque fierté d'être apprécié comme poète, il n'en a pas moins d'être un honnête et habile artisan. Voilà toute sa philosophie. Elle est simple, elle est droite ; rien de plus. Survient un jeune conseiller de la ville d'Augsbourg, type d'amoureux ridicule, qui a toutes les préférences de Maître Etienne et qui reçoit la promesse de la main de Cunégonde. Ce rival de Sachs, qui porte le nom de Eoban Runge, arrive à point nommé pour surprendre un rendez-vous de Sachs avec sa bienaimée, ce qui provoque une scène assez vive de reproches auxquels Sachs répond très vertement. Voilà le premier acte.

Au deuxième, le grotesque Eoban Runge, ayant besoin d'une paire de chaussures, apprend que Sachs est un cordonnier. Cette découverte le remplit de joie. Il se fait un jeu facile de perdre complètement son rival dans l'esprit du vaniteux orfèvre en insistant constamment sur la bassesse du métier auquel Sachs est asservi. Il lasse à ce point Cunégonde elle-même, que celle-ci a recours au mensonge pour se sauver de lui et jure d'abandonner Sachs si l'on parvient à lui prouver qu'il n'est qu'un savetier; elle se flattait d'amener Sachs, dans l'intervalle, à renoncer à la poix. Bien entendu, quand elle entame le poète sur ce chapitre, elle subit un échec lamentable. Sachs brise même avec elle, et dans son désespoir, se résout à quitter Nuremberg.

En chemin, il rencontre, sans le connaître, l'empereur Maximilien, qui depuis longtemps l'apprécie comme poète. Sachs le conduit à Nuremberg, sans se douter de quel personnage important il se fait le cicerone complaisant. Quand ils arrivent, Maître Etienne vient d'être élu bourgmestre de la ville impériale, et il attribue son élection à l'influence du fâcheux conseiller de la ville d'Augsbourg, dont il se toque naturellement de plus en plus, au point de l'imposer comme mari à sa fille. Celle-ci dont l'amour réel pour Sachs s'est accru par l'absence, refuse net. L'empereur Maximilien et Sachs arrivent juste à temps pour assister à la scène brutale du nouveau bourgmestre voulant marier de force son enfant à ce prétendant qu'elle n'a jamais aimé et qui lui est devenu odieux. Sachs s'interpose, prend la jeune fille sous sa protection et refuse obéissance aux injonctions du magistrat municipal. Le conflit est grave!

Mais le bon empereur a tout vu, tout entendu. Au quatrième acte, il dénoue la situation en relevant Sachs de la peine encourue pour sa désobéissance au bourgmestre. Tout s'arrange, Eoban Runge est éconduit, Cunégonde tombe dans les bras de Sachs et les deux amants reçoivent à la satisfaction générale la double bénédiction paternelle et impériale.

Telle est en peu de mots l'analyse de cette pièce très plate, où il n'y a ni caractères suivis, ni mœurs bien conduites. Rien n'y manque des vieux artifices du drame bourgeois : la jeune fille entre deux rivaux qui se la disputent, l'un sympathique, l'autre ridicule; un père nanti de tous les défauts nécessaires pour rendre sa fille malheureuse; tout, jusqu'au bon empereur qui intervient comme le *deus ex machina* au moment psychologique.

On ne s'expliquerait guère le succès de cet ouvrage et l'attention qu'y donna Gœthe, si l'on n'y rencontrait quelques vers bien frappés et des tirades sentimentales tout à fait dans le goût du temps. Mais tout cela est absolument factice; il n'y a pas une péripétie du drame qui ne soit artificiellement amenée; quant aux caractères des personnages, ils sont aussi superficiels que tout le reste. Qu'il y a loin de ce *Hans Sachs* aux tableaux si vivants et si animés qui se succèdent dans les *Maîtres Chanteurs*, et combien paraît dénuée d'intérêt cette intrigue laborieuse auprès de la simple et limpide histoire qui sert de trame à la comédie wagnérienne!

Avec le *Hans Sachs* de Lortzing, nous nous acheminons sensiblement vers l'œuvre de Wagner. Il y a déjà un souffle plus vivant et une tendance très marquée à donner plus de naturel au jeu des passions.

Quoique le livret soit tiré du drame de Deinhardtstein, il en diffère assez sensiblement; il nous intéresse particulièrement en ce qu'il renferme plusieurs traits qui ont évidemment inspiré l'auteur des *Maîtres Chanteurs*, à la façon bien entendu dont une œuvre médiocre peut inspirer une œuvre de génie.

Il est certain que Wagner n'ignora point cet opéra-comique d'un musicien de talent, dont la nature aimable et sympathique, le naturel naïf et le caractère éminemment populaire avaient attiré son attention au temps où il était étudiant à Leipzig. L'influence que Lortzing a pu exercer sur lui est très minime et ne peut être comparée, par exemple, à la profonde impression que firent sur sa jeune intelligence Beethoven et surtout Weber. Cette influence n'en a pas moins existé ; elle est sensible, par exemple, dans les *Fées* dont la partition est, à cet égard, très curieuse à étudier. On en pourrait même retrouver des traces dans les parties comiques du *Vaisseau-Fantôme*. Wagner se souvint d'ailleurs de Lortzing et il le cite quelque part comme un « homme habile dans son genre ». Ses premiers essais dramatiques à lui, la *Novice de Palerme*, l'*Heureuse famille d'Ours*, *Défense d'aimer*, dont la musique ne nous est point parvenue, semblent, tout au moins par leur sujet très voisins du « genre Lortzing ». Lorsque plus tard Wagner s'aperçut avec terreur « qu'il en était encore à écrire de la musique *à la Adam* », peut-être aurait-il pu ajouter « et *à la Lortzing* ».

Wagner entendit-il à la scène le *Hans Sachs* de Lortzing ? Nous l'ignorons. L'œuvre fut jouée pour la première fois à Leipzig en 1840. Wagner était à ce moment à Paris, d'où il ne revint qu'au printemps de 1842, pour devenir chef d'orchestre de l'Opéra de Dresde. Mais il a pu l'entendre dans cette ville, ou à Leipzig, car ce *Hans Sachs*, complètement oublié aujourd'hui, se maintint pendant un certain temps à la scène. Quoi qu'il en soit, il est certain, de toutes façons, que l'ouvrage ne resta pas inconnu de lui.

Le librettiste de Lortzing, le poète leipsicois Reger, à l'exemple de Deinhardtstein, fait de Hans Sachs un homme encore jeune. Sachs est aussi l'amoureux de la pièce; il aime la fille du maître joaillier Etienne, et il a pour rival, comme dans le drame du poète viennois, un conseiller de la ville d'Augsbourg, qui s'appelle ici Eoban Hesse.

L'intrigue se développe d'une façon identique : Cunégonde ne veut pas du conseiller d'Augsbourg, que Maître Etienne lui impose pour mari, et c'est l'empereur Maximilien qui, à la fin de la pièce, arrange les choses en faveur de Sachs. Seulement un détail nouveau modifie profondément le caractère de l'intrigue. Ici le conseiller d'Augsbourg, rival de Sachs, se pose lui aussi en poète; il vient à Nuremberg, pour se faire recevoir dans la confrérie des Maîtres chanteurs; et le père de Cunégonde, qui compte sur l'influence de son futur gendre pour se faire nommer bourgmestre, s'arrange avec les *Marqueurs* et les Maîtres pour le faire proclamer vainqueur au concours poétique, après quoi il annonce solennellement qu'il donnera la main de sa fille à celui qui dira le plus beau poème, certain d'avance de la décision de la Corporation.

Au deuxième acte, Eoban Hesse prend part, en effet, au concours et il est proclamé vainqueur, de préférence à Sachs, qui n'obtient pas le prix bien que le peuple l'acclame. Ce succès du conseiller n'empêche pas la jeune fille de lui préférer Hans Sachs et de regimber vivement contre un mariage forcé. Comme dans la pièce de Deinhardtstein, Hans Sachs et la jeune fille se donnent un rendez-vous dans la prairie devant les portes de Nuremberg, où ils sont surpris par le père et le rival, ce qui amène l'exil de Sachs. Cet exil est levé ensuite, grâce à l'intervention de l'empereur Maximilien.

Mais voici qui est caractéristique : toute l'intrigue roule autour d'une pièce de vers de Hans Sachs, dont le manuscrit lui a été dérobé au premier acte, par son apprenti, le petit Gœrg, véritable prototype du David des *Maîtres Chanteurs*. Ce brave petit apprenti, épousant la cause de son maître, ne sait quelles niches inventer pour évincer le conseiller d'Augsbourg.

Il est lui-même amoureux d'une cousine de Cunégonde, la petite Cordula, à qui il remet, comme un poème de sa façon, une pièce de vers qu'il a trouvée un jour dans les papiers de Sachs.

Cette pièce de vers arrive à la connaissance de l'empereur Maximilien, qui l'ayant entendu réciter, demande à en connaître l'auteur. L'apprenti n'ose dire que c'est lui, ce qui amène la péripétie capitale. Eoban Hesse propose aux Maîtres de se déclarer, lui, l'auteur du poème : « La pièce a plu à l'empereur, dit-il, qu'importe quel en est l'auteur ; c'est un enfantillage, je dirai qu'elle est de moi. » L'empereur demande à Hesse de lui réciter la pièce ; le conseiller se trouble, perd la mémoire, dit le poème tout de travers en y mêlant des vers d'un poème absurde sur *la Mort d'Absalon*, avec lequel il a remporté, au premier acte, le prix sur Hans Sachs. La scène est d'un très bon comique. Au milieu de la confusion générale, l'apprenti avoue finalement qu'il avait dérobé à son maître la pièce de vers contestée, et cet aveu amène le dénouement.

On voit tout de suite qu'il y a là plusieurs traits que Wagner a utilisés : d'abord l'idée de faire des deux rivaux, Sachs et le conseiller d'Augsbourg, deux concurrents en poésie, comme Beckmesser et Walther; puis l'idée de la main de la jeune fille d'un riche bourgeois promise au vainqueur; ensuite la pièce de vers dérobée à Sachs, qui joue, dans l'opéra de Lortzing, un rôle analogue au chant de Walther que dérobe Beckmesser et qui amène dans les deux pièces le dénouement favorable aux amoureux; enfin, l'œuvre de Wagner et celle de Lortzing mettent toutes deux en scène un concours de chant devant la corporation des Maîtres chanteurs.

Dans le drame de Deinhardtstein, il n'y a guère que deux traits qu'on retrouve également chez Wagner : l'un est l'allusion que fait Sachs à un rêve dans lequel il a vu la Muse de la poésie venir à lui, le couronner de lauriers; l'idée-mère paraît être empruntée au poème de Gœthe sur la *Mission poétique de Sachs;* l'autre est un trait du caractère de Sachs en qui Deinhardtstein nous montre déjà un poète indépendant et fier, qui tient en médiocre estime les doctrines poétiques des Maîtres et les lois de la tabulature.

Ces ressemblances, ces analogies sont trop frappantes pour être fortuites ; Wagner, au moment où il esquissa son plan de drame satirique, aura dû se souvenir de ces œuvres de ses prédécesseurs ; il y a même toute vraisemblance qu'il s'y sera reporté de propos délibéré. Le génie sait tirer parti de tout, même des inventions les plus puériles d'autrui.

Ainsi, il n'est pas moins certain que le conteur Hoffmann, qui fut de tout temps un des auteurs favoris de Wagner est aussi pour quelque chose dans les *Maîtres Chanteurs de Nuremberg*. C'est certainement de ce conteur que Wagner a reçu tout d'abord une *Anregung*, comme disent les Allemands, une « impulsion » relativement au *Tannhæuser* ; il y avait rencontré l'idée du *Combat des Chanteurs à la Wartburg*. C'est là également, dans une petite nouvelle intitulée *Maître Martin le tonnelier et ses compagnons*, qu'il se sera très probablement familiarisé pour la première fois avec les coutumes et les mœurs de la Nuremberg du XVIe siècle.

Hoffmann, comme tous les poètes de l'école romantique, dont il fut l'un des premiers, s'était passionné pour les vieilles chroniques ; il y avait abondamment puisé. Parmi les vieux in-folio parcourus par lui se trouvait le grand ouvrage descriptif de Wagenseil sur Nuremberg, avec son curieux chapitre sur l'art et l'organisation des Maîtres chanteurs. Il avait tiré un ingénieux parti des renseignements rencontrés là, pour retracer un tableau animé et très pittoresque de la vie bourgeoise dans l'antique cité impériale.

Il y a, du reste, dans la fable de *Maître Martin et ses compagnons*, une intrigue analogue à celle que nous venons de voir dans le drame de Deinhardtstein et dans l'opéra-comique de Lortzing.

Maître Martin, bourgeois cossu, tient sa profession en si haute estime qu'il s'est juré de ne donner sa fille qu'à un tonnelier.

Une chanson d'aïeule, dans le caractère des *Meistergesänge*, que la jeune fille chante souvent, lui prédit qu'elle n'appartiendra jamais qu'à un « maître ». Le vieux tonnelier interprète cette prophétie dans un sens étroit; le « maître », le fiancé attendu est nécessairement pour lui un « maître tonnelier ». Mais ce n'est pas ainsi que les choses se passent. Celui qui obtient la main de la jeune fille, après avoir évincé un peintre et un nobilion, est un habile orfèvre, maître en l'art du chant et qui s'est introduit dans la maison à la faveur d'un subterfuge : il s'était fait apprenti tonnelier par amour (1).

---

(1) Le thème de cette nouvelle a servi à plus d'un essai dramatique et il est même possible qu'elle ait donné à Deinhardtstein et Lortzing l'idée première de leurs pièces. En Allemagne, la nouvelle de Hoffmann a été mise plusieurs fois à la scène, notamment par Wendelin Weissheimer qui fut lié avec Wagner. Il y a aussi un *Tonnelier de Nuremberg* de Louis Lacombe. Plus récemment, un opéra français en quatre actes, *Maître Martin*, paroles d'Eugène Landoy, musique de Jan Blockx, a été joué au théâtre de la Monnaie, à Bruxelles, en 1892. Citons enfin un petit opéra-comique, l'*Elève de Presbourg*, paroles de Vial et Th. Muret, musique de Luce, joué à l'Opéra-Comique de Paris, le 24 avril 1840, et que MM. Soubies et Charles Malherbe (*Guide Musical*, 1er-8 novembre 1888 et *Mélanges sur R. Wagner*) ont signalé comme une origine possible du livret des *Maîtres Chanteurs*. Mais ce rapprochement me semble un peu forcé. Il n'y a aucune parenté entre le sujet de l'*Elève de Presbourg* et celui des *Maîtres Chanteurs*, il n'y a qu'une analogie. Il y est question d'une rivalité entre le jeune Haydn et un pédant italien du nom de Rondonelli, tous deux épris de la

Cette jolie nouvelle de Hoffmann est, selon toute probabilité, la première source de Wagner ; c'est là, certainement, qu'il a trouvé la mention de l'ouvrage de Wagenseil dans lequel il a lui-même puisé par la suite.

Il faut mentionner encore les recherches de Jakob Grimm sur les « Maîtres chanteurs » parues à Gottingue en 1811. Wagner n'a rien ignoré de tous ces travaux et de toutes ces tentatives. En quête de sujets dramatiques, il était nécessairement attentif à tout ce qui paraissait alors de nouveau au sujet du moyen âge qui le captivait si vivement.

Ce n'est point diminuer le maître de Bayreuth, comme le pensent quelques commentateurs — plus royalistes que le roi, — que de constater ces influences étrangères, disons ces emprunts involontaires ou conscients. Au contraire ; rien ne fait mieux ressortir la supériorité du génie, rien ne met mieux en relief son infinie souplesse de touche, sa délicatesse de dessin, sa sûreté de composition, sa profondeur de sentiment, que cette comparaison d'un chef-d'œuvre avec des œuvrages secondaires ou médiocres. Qu'importe qu'avant Holbein, nous

---

fille de Kreisler, maître de chapelle de l'empereur d'Autriche. Naturellement, cette lutte entre un artiste et un pédant amène quelques similitudes curieuses, dont certaine scène entre Haydn et Rondonelli qui rappelle quelques traits de la rivalité entre Sachs et Beckmesser. Mais ce sont là de pures rencontres. Rondonelli et Beckmesser sont deux pédants ; il était naturel qu'ils eussent des façons de parler analogues. Il n'est pas besoin de supposer un lien quelconque entre les deux œuvres pour les expliquer.

trouvions chez les maîtres de l'école de Souabe des procédés analogues, des conceptions similaires à celles du maître de Bâle. Holbein n'en reste pas moins unique ; il n'y a que lui pour traiter la figure humaine avec cette recherche pénétrante de la vérité et tout le reste s'effondre auprès de son incomparable maîtrise à ce point de vue.

Le nom de Holbein vient tout naturellement sous la plume quand on parle des *Maîtres Chanteurs* de Wagner. Sans vouloir établir un parallèle entre le peintre et le musicien-poète, on peut néanmoins constater comme un sentiment identique de la nature, et dans les procédés, d'ailleurs si différents des deux arts, une similitude singulière et frappante. C'est, chez l'un et chez l'autre, la même étude consciencieuse et méticuleuse, pourrait-on dire, de chaque figure du tableau. Toutes, dans les *Maîtres Chanteurs*, sont dessinées et fouillées avec un souci pareil de vérité, avec une recherche égale du trait caractéristique ; et comme chez Holbein, c'est par une accumulation inouïe de détails infiniment délicats rendus avec une fécondité merveilleuse de ressources, sans une sécheresse, sans une petitesse de facture, malgré la ténuité de ces détails, que Wagner arrive à donner, avec une intensité extraordinaire, le sens de la vie et du caractère individuel.

A ce point de vue, il est particulièrement intéressant de noter le soin avec lequel il a recueilli tout ce qui chez ses prédécesseurs constituait une attitude exactement notée, un geste expressif. Avec une admirable justesse de coup d'œil, il a élagué ce qui était secondaire ou banal pour ne retenir que les traits vraiment essentiels. C'est merveille de voir comment quelquefois une même idée, une même expression, un même mouvement, repris, mais transposés et remis en leur vraie place, deviennent profonds et caractéristiques dans sa comédie, alors que chez les autres tout cela demeurait sans relief.

Ainsi dans la nouvelle de Hoffmann dont je viens de parler, il y a deux personnages qui se trouvent vis-à-vis de la fille de maître Martin, exactement dans la situation de Hans Sachs et de Walther vis-à-vis de la fille de Pogner : Le jeune peintre et le jeune artisan orfèvre, tous deux amoureux de Rosa. Seulement ils ont à peu près le même âge; ce sont d'aimables et d'honnêtes jeunes gens. La même idée leur est venue, celle de se faire apprentis tonneliers pour pouvoir mieux faire leur cour à la belle. Celle-ci ne tarde pas à se prononcer plutôt pour le jeune orfèvre. L'autre alors, philosophiquement, stoïquement, sans une révolte, se retire et renonce; il ne songe même pas un instant à en vouloir à son rival plus heureux. Il disparaît mélancoliquement, en se promettant de confier à son pinceau la tristesse qui l'accable.

Le thème est joli, et Hoffmann en tire un très heureux parti, mais la figure de ce peintre n'en demeure pas moins un peu molle, tout l'épisode est plutôt conventionnel. On ne peut pas dire que la situation soit fausse; elle est seulement d'un sentiment un peu fade.

Avec Wagner, le conflit identique prend une toute autre allure, il s'élève tout de suite à une haute signification morale, Hans Sachs n'est plus, à proprement parler, le rival de Walther, mais

Wagner nous le montre très tendrement épris de la belle Eva ; il l'a bercée tout enfant, il l'a vue grandir et s'épanouir en une merveilleuse fleur de grâce féminine. Son cœur ne reste pas insensible à tant de charme. Mais c'est à peine si ce penchant s'indique, très discrètement, d'abord dans la scène nocturne (deuxième acte) où nous voyons Eva venir le consulter, inquiète du sort de son chevalier ; ce n'est même pas Sachs en personne qui nous révèle le tendre sentiment qu'il éprouve ; c'est Eva, mordue par l'inquiétude amoureuse, qui y fait allusion et qui éclaire ainsi Sachs sur sa propre âme. Plus tard, dans la scène exquise qui nous montre Eva accourant de nouveau aux nouvelles, sous prétexte que ses souliers ne vont pas (troisième acte, scène III), Sachs lui-même raille délicatement ses illusions. S'il aime, il n'entre pas un seul instant en lutte avec Walther. Du moment qu'il a compris qu'Eva était éprise du chevalier, il renonce volontairement, sans arrière-pensée, à ce dernier bonheur que pouvait lui réserver la vie : la main de l'adorable enfant. Son âge, sa sympathie pour le jeune homme, l'affection même qu'il porte à Eva, tout lui commande ce sacrifice ; il l'accomplit simplement, non sans quelque serrement de cœur, mais avec fermeté, en esprit sage, maître de lui, qui a le courage de vaincre ses propres illusions.

De la sorte ce thème de la rivalité prend une physionomie toute autre, singulièrement profonde ; le personnage de Sachs se hausse à la taille d'une sorte de héros de la vie bourgeoise infiniment sympathique et touchant.

Ce même Sachs que, dans les drames de Deinhardtstein et de Reger-Lortzing nous voyons rivaliser avec le personnage grotesque du conseiller aulique d'Augsbourg, — ce qui le diminue, — chez Wagner est constamment supérieur à tout son entourage. Il taquine Beckmesser, il le tarabuste de mille façons, mais pour se jouer de lui plutôt, et sans méchanceté. C'est seulement tout à la fin de la pièce, quand le cuistre va jusqu'au vol, jusqu'au plagiat avoué et conscient, que Sachs se décide à le compromettre et à le perdre définitivement ; mais encore n'est-ce pas dans un intérêt personnel, c'est pour l'amour des deux jeunes gens dont sa bienveillante bonhomie a juré de faire le bonheur.

Ainsi Wagner grandit moralement son personnage sans quitter un seul instant la nature ; car Sachs agit en tout avec la plus absolue sincérité ; il est généreux, loyal, bienfaisant avec simplicité, sans affectation. Ses actions sont si bien préparées, toutes les circonstances imaginées par le poète pour les faire naître sont si habilement combinées qu'on ne peut imaginer qu'elles se produisent autrement. Elles sont nécessaires, elles sont inévitables. Elles touchent à la fois l'artiste et l'homme. L'artiste dans Sachs s'est épris de la juvénile ardeur poétique de Walther ; l'homme suit l'artiste. Le large sentiment de bienveillance qui distingue Sachs comme poète se prolonge et s'étend sur tout l'ensemble de ses résolutions ; toutes, elles découlent de cette primordiale sympathie pour le chevalier poète. C'est ce qui fait l'admirable unité de cette figure et sa beauté morale. Sachs n'est pas un personnage idéal ; il n'y a en lui rien d'excessif, rien de heurté, il est simplement la raison sans sécheresse, le bon sens éclairé, le sentiment sans mièvrerie, avec une belle solidité et une admirable pondération de tout l'être. Tour à tour grave et railleur, bon enfant et sarcastique, tendre et ferme, il a l'humeur facile et la bienveillance naturelle aux cœurs d'élite, avec la simplicité souriante d'un philosophe et d'un penseur. Malheur seulement à qui se montre plat et vulgaire devant lui : son verbe devient alors mordant, son allure hautaine et cassante. En ses multiples nuances, ce caractère est admirablement étudié et développé. On l'a dit avec raison, le Sachs des *Maîtres Chanteurs* est l'une des figures d'hommes les plus parfaites qui jamais aient paru au théâtre.

Je pourrais poursuivre de la sorte, montrer, par exemple, comment Wagner transforme une autre idée de Deinhardtstein et de Hoffmann. Ceux-ci nous font voir l'art, au service de l'amour, triomphant d'un préjugé de caste. Dans les *Maîtres Chanteurs*, l'art libre, indépendant (Walther et Sachs), triomphe du pédantisme étroit et mesquin. Le conflit est le même, mais il est déplacé, ce qui en élève immédiatement la portée. Avec Wagner nous sommes sur le terrain de l'universalité, puisque constamment et dans tous les domaines cette lutte se renouvelle et se perpétue.

Voyez encore quel surprenant parti il a su tirer de l'idée du concours pour la maîtrise. Celle-ci se trouve déjà utilisée dramatiquement dans le *Hans Sachs* de Reger-Lortzing. Dans cet opéra-comique, le concours joue aussi un rôle important, il remplit toute une fin d'acte ; seulement il n'est qu'une simple péripétie. L'action se développerait d'une façon normale si cet épisode était supprimé ou se passait à la cantonade. Que Sachs échoue ou triomphe de son ridicule concurrent et rival, la pièce n'en continue pas moins : l'intrigue où il est mèlé n'est point rompue, ni suspendue.

Dans les *Maîtres Chanteurs* de Wagner, au contraire, le concours est le ressort essentiel de l'action ; il est la péripétie autour de laquelle tous les autres incidents viennent se grouper et se rattacher directement. Il soutient toute la charpente dramatique.

Supprimez-le, il n'y a plus de pièce. Tous les personnages sont intéressés à l'issue de l'épreuve : Hans Sachs par son enthousiaste admiration pour le talent du chevalier Walther et par les sentiments d'affection qui l'unissent à la fille de Pogner ; Eva et Walther, par leur rêve d'amour dont la réalisation dépend du résultat du concours ; Beckmesser, par tous les sentiments de haine, de colère, d'envie qu'éveillent en lui la supériorité de Sachs et la rivalité inattendue du chevalier ; Pogner, par les ambitions secrètes qui l'absorbent, par les préoccupations paternelles qui le saisissent à l'idée que Beckmesser pourrait être le vainqueur ; David et Madeleine, par le naturel intérêt qu'ils ont de voir s'unir Walther et Eva, ce qui facilitera leur propre union ; les Maîtres chanteurs, enfin, par la passion étroite et si plaisante qu'ils mettent à défendre leurs usages, leurs règles et leur code de lois poétiques, contre les hardiesses de l'esprit nouveau ; tous les personnages, en un mot, tournent autour de ce point central, le concours ; toute l'action est suspendue à cet unique problème : quel sera le vainqueur ?

Notons enfin l'extraordinaire souci d'exactitude historique qui distingue Wagner de ses prédécesseurs. Ceux-ci paraissent, auprès de lui, singulièrement timides et bien embarrassés d'utiliser les matériaux de tout genre qui s'offrent à eux. Ils ne savent quel parti tirer des informations de Wagenseil ; ils n'en comprennent ni la saveur comique, ni la valeur pittoresque.

Wagner, au contraire, n'omet aucun détail ; avec une scrupuleuse fidélité il reproduit toutes les particularités que le vieux chroniqueur nous fait connaître quant à l'organisation de la confrérie, à la poétique des maîtres, à leurs assemblées, à leurs concours. Sauf quelques modifications nécessitées par l'optique de la scène, il suit à la lettre la description que Wagenseil nous donne du cérémonial d'une réunion et d'une épreuve ; il lui emprunte même les noms de ses personnages, tous parfaitement historiques sauf celui de Walther de Stolzing, le jeune chevalier. La plaisante énumération des tons et des modes qu'au premier acte l'écolier de Sachs essaie de faire comprendre au chevalier, est une transcription presque textuelle du vieil auteur, de même que le texte des *leges tabulaturæ* dont l'un des maîtres fait gravement la lecture à l'aspirant, avant que celui-ci ne chante son morceau d'essai. Les explications que Sachs lui-même donne plus tard au jeune poète (troisième acte) au sujet de la façon dont il doit composer son poème, sont absolument conformes à celles de Wagenseil. S'il ne nous montre qu'*un seul* marqueur au lieu des *quatre* qu'il eût fallu pour l'absolue fidélité historique (ils sont quatre effectivement dans le *Hans Sachs* de Reger-Lortzing), c'est là une licence qu'il s'est permise dans l'intérêt même de l'action scénique. Il suffit, du reste, de se reporter aux renseignements donnés au début de ce livre sur les us et coutumes des Maîtres chanteurs pour se convaincre de la fidélité absolue de Wagner. Il va jusqu'à reproduire des tournures de phrases, des expressions, des mots techniques de la langue du XVIe siècle et plus particulièrement affectionnés par les Maîtres chanteurs ; il se crée ainsi une langue suffisamment archaïque pour donner l'impression du suranné sans cesser d'être parfaitement intelligible pour le spectateur illettré.

Ce souci d'exactitude historique eût pu aisément paraître pédantesque ; Wagner évite heureusement cet écueil par le tact extrêmement fin et la souplesse de plume avec lesquels il introduit cet archaïsme dans son poème. Il y a là un phénomène d'assimilation vraiment admirable ; il réussit à reconstituer de la façon la plus véridique le plaisant tableau des mesquines jalousies, des petites passions de ce monde artistique et littéraire d'autrefois — si pareil au nôtre — et jusqu'au ton des disputes pédantes des bons artistes bourgeois du XVIe siècle.

Et avec quel art sont dessinées toutes ces figures, chacune demeurant à son plan, mais aussi complètes, aussi étudiées que celle de Hans Sachs.

Autour de celui-ci, un peu en retrait, se range le groupe des graves et solennels Maîtres chanteurs. Chacun d'eux a sa physionomie et son caractère propres.

Tout près de Sachs, avec des analogies frappantes de nature et d'aspirations, il faut placer Pogner, le riche orfèvre, le père d'Eva. Il est instruit, il exerce un grand ascendant sur ses collègues, il est riche et sa fortune lui permet d'avoir des façons de grand seigneur. C'est ce qui le rend de prime abord sympathique au chevalier Walther. Il ne partage pas, à l'égard de ce jeune homme de noble origine, les méfiances jalouses, les préjugés de Kothner, de Nachtigal, de Beckmesser, des autres maîtres en qui se trouve personnifié l'esprit timide et méfiant du bourgeois. Il lui fait bon accueil; il est tout heureux de le voir aspirer au titre de membre de la corporation, se porte garant de lui; il l'encourage de la parole, du geste et du regard.

Au fond il ne serait pas fâché que le noble chevalier jetât les yeux sur sa chère Eva. Pourquoi l'a-t-il promise au vainqueur du concours? Il avait d'abord pensé, peut-être à Sachs. Mais voilà Beckmesser qui se pose en concurrent. Complication inattendue! Le bon Pogner cherche alors à se tirer de la situation par une subtilité : il donnera sa fille non pas au vainqueur du concours annoncé, mais à un maître. Eva choisira, mais elle ne pourra choisir qu'un poète et chanteur ayant régulièrement obtenu la maîtrise. Ah! si le jeune chevalier était un maître, quel beau parti ce serait pour Eva! Stolzing, il est vrai, a demandé à prendre part au concours, mais réussira-t-il ? Quelle présomption ! Et s'il échoue ? Pogner se prend à réfléchir. Se serait-il trop avancé ? Il y a l'engagement pris le matin en présence de tous les maîtres ! Comment se dégager ? Voilà les pensées qui l'agitent, voilà ce qui le trouble si profondément, lorsqu'il revient le soir de la promenade et qu'il a surpris les secrètes espérances de sa fille adorée. Toutes ces nuances du sentiment paternel sont délicatement analysées et notées en traits sobres, extrêmement fins.

Plus en dehors, plus poussée naturellement, est la figure de Beckmesser, le marqueur. Le comique, en est énorme ; elle touche au grotesque. Elle n'est pas cependant caricaturale, elle reste vraie malgré les intentions satiriques très prononcées qui guidèrent Wagner quand il la conçut. Toute la silhouette du personnage est d'une justesse de dessin et d'accent sans pareilles.

Dès son entrée, les premiers mots qu'il prononce révèlent sa nature basse ; il est obséquieux avec Pogner, autant qu'il sera tout à l'heure insolent et dédaigneux avec Walther. Avec Sachs, il est tour à tour agressif et cauteleux. L'envie l'aigrit chaque fois que Sachs prononce une parole ; il est jaloux de la gloire du maître populaire ; il est bas et plat avec lui, dans l'espoir de l'évincer. Beckmesser a toutes les peurs et toutes les audaces. Il tremble à la seule pensée que le nouveau venu pourrait être un rival, mieux doué, plus inspiré que lui ; et cependant il a toute confiance dans sa maîtrise. Il ira jusqu'à donner des conseils à son bon ami Sachs, à le prendre en pitié : « Cher Sachs, vous tournez bien les vers, mais pour le chant et la musique, convenez que personne ne me surpasse ».

C'est d'une drôlerie charmante.

Puis, lorsqu'il se voit presque évincé, qu'il se sent perdu, il ne recule plus devant l'action la plus vile, il a recours au plagiat, au vol pour se tirer d'affaire! Que lui importe, pourvu qu'il obtienne la main d'Eva et que la foule croie à son génie.

Son génie! Il y croit lui-même, il a l'air tout au moins d'y croire. C'est le comble de la sottise, et ce trait achève de peindre le personnage. Il est complet. N'est-ce pas, dans son effrayante nullité, le cuistre littéraire, le pion jaloux du talent des autres, le bourgeois égaré dans l'art, qui juge souverainement artistes et auteurs au nom de principes qu'il tient pour immuables, le pédant vaniteux qui ne jure que par la rhétorique et ramène toute la littérature aux théories d'un La Harpe, ce coq d'Inde, comme dit Victor Hugo.

O le rire homérique, le rire fou, bienfaisant, lorsque la trique s'abat sur son crâne chauve et nu, lorsque la foule le poursuit de ses quolibets et de ses huées! C'est une joie féroce si l'on veut, mais combien nécessaire! Ce type ridicule est si vrai, si ressemblant, si exactement observé dans sa laideur comique que ses mésaventures sur la scène nous semblent une satisfaction et une délivrance. Elles nous vengent de tous les Beckmesser dont notre vie artistique est sans cesse menacée et contrariée.

Beckmesser n'est pas l'unique création comique de Wagner. Dans l'*Anneau des Nibelungen*, il y a un personnage qui offre beaucoup de ressemblance avec lui, c'est le nain Mime. Mime est à Siegfried ce que Beckmesser est à Sachs. Siegfried c'est le courage, la force, la santé, la jeunesse dans toute l'expansion de leur triomphante exubérance et de leur allégresse militante; Mime, la laideur physique unie à la laideur morale. L'un est beau, superbe, grand, généreux; l'autre contrefait, envieux, haineux, sans cesse inquiet. Et tandis que Siegfried promène à travers le monde ses étonnements naïfs d'enfant, les tendresses exquises de son cœur vierge, l'heureuse insouciance de ses aspirations victorieuses, Mime réfléchit, combine, calcule, il se consume et s'épuise en efforts stériles pour reforger l'épée brisée de Wotan et conquérir l'or, cet or du Rhin qui lui donnera l'empire du monde, objet de toutes ses convoitises, à lui, le nain hideux, poilu et boiteux, qui tremble et qui louche!

Même opposition entre Sachs et Beckmesser; toutes les vertus de Sachs, sa beauté morale, sa largeur d'esprit, sa bienveillance tranquille et réfléchie, son bon sens solide ont leur contrepartie dans la vulgarité d'âme de Beckmesser, dans sa jalousie haineuse, dans son étroitesse de cœur, dans sa minutie procédurière, dans sa fébrilité inquiète et envieuse.

Mime cependant n'est pas comique dans le même sens que Beckmesser. Il y a plus d'amertume et comme une fatalité tragique sur ses traits. Il est douloureux; il inspire une sorte de pitié. Beckmesser, au contraire, n'arrête pas un seul instant notre compassion. Sa chute nous plaît; elle satisfait notre naturelle sympathie pour la jeunesse, pour le talent naïf et sincère, elle nous paraît un juste châtiment et moins cruel que la mort de Mime, victime, fatale et sacrifiée d'avance, d'une force supérieure contre laquelle il lutte vainement. Et puis, Beckmesser est agressif, tandis que Mime est plutôt passif, et se tient sur la défensive. Enfin, la lutte est ici fondamentale, il s'agit de la vie et de la mort, tandis que dans les *Maîtres Chanteurs* nous nous trouvons en présence d'un conflit purement moral, dont l'issue fâcheuse pour Beckmesser n'entraîne que l'abaissement d'une infatuation ridicule.

Beckmesser, au demeurant, résume en lui tout ce qu'il y a d'étroit, de pédantesque, de routinier, de mesquin dans les Maîtres chanteurs, dans ces artisans qui veulent retrouver dans l'art la régularité et l'ordonnance symétrique de leur vie bourgeoise. Il est l'expression absolue, quintessenciée de leurs tendances essentielles, ennemies de la libre fantaisie, de toute vie exubérante.

Seulement s'ils participent tous du comique qui s'attache aux travers de Beckmesser, ils n'ont pas tous sa vilaine âme. Une bonhomie nullement désagréable se mêle à leur gravité pesante ; si leur compréhension est médiocre, leur intelligence n'est pas réfractaire à toute notion d'art. Ils s'effrayent de la nouveauté, sans cependant y être hostiles foncièrement. Ils sont de bons bourgeois qui n'aiment pas à sortir de leurs habitudes, qui redoutent l'insécurité des innovations, mais ne demandent pas mieux que de s'habituer, à la longue. Il ne faut pas trop les presser ; au fond, ils sont capables de sympathie ; seulement, ce sentiment doit avoir le temps de se formuler. Ils ont des étonnements naïfs qui décèlent leur nature timorée. La venue d'un jeune poète qui n'a pas eu de maître pris dans la corporation, qui prétend s'être formé seul, leur paraît un phénomène anormal ; ses inspirations spontanées dérangent leur conception de l'art, leur art tout en classification, conforme en tout point à leurs habitudes méthodiques, mais elles ne les laissent pas indifférents tout à fait.

Le boulanger Kothner, ce type accompli non du pédant mais du doctrinaire, du bourgeois fermement et inébranlablement attaché aux seules idées qu'il connaît, aux doctrines qu'il a apprises, ce défenseur rigide des coutumes et des usages de la corporation, observateur si étroit des règles qu'il s'allie avec Beckmesser contre Sachs lorsque celui-ci parle de faire appel au jugement du peuple, Kothner n'est pas au fond hostile à Walther, il l'accueillerait même avec moins de rigueur, n'étaient ces règles qui lui paraissent le commencement et la fin de tout. La venue de ce nobilion l'étonne, mais elle pique sa curiosité : *merkwürdiger Fall*, cas singulier. Et il ne sera pas le dernier, à la fin, à se soumettre et à acclamer le vainqueur.

Son voisin Kunz Vogelgesang, le pelletier, n'est pas sans trouver quelque mérite aux premières strophes du chant de Walther. Les autres sont hésitants, incertains, méfiants, mais sans malveillance. Peut-être même seraient-ils tous d'accord, sauf Beckmesser, pour admettre le jeune audacieux, si celui-ci n'affectait le mépris des règles sacrosaintes. Cela, c'est la faute irrémédiable ! L'esprit d'indépendance, l'esprit de révolte, le bourgeois ne peut le souffrir ! Il n'en faut pas plus pour que Walther échoue radicalement auprès d'eux. Tout cela est d'une observation pénétrante, d'une vérité éternelle.

Avec ce groupe compassé des Maîtres chanteurs contraste plaisamment la troupe bruyante et tumultueuse des apprentis. L'espièglerie de ces écoliers, candides et insouciants, dociles et malins, terrorisés par les règles et cependant prêts à les enfreindre en toute occasion, est prise sur le vif. C'est bien la gaieté brouillonne, l'entrain turbulent de la jeunesse inconsciente et naïve.

David, en particulier, est une figure d'un naturel charmant. Qu'il est plaisant lorsque, recevant Walther, il lui explique les difficultés du « métier de poète » et se donne toute l'importance d'un initié révélant au profane les terribles secrets de la doctrine ! Il n'a pas de haine, mais il ne peut souffrir Beckmesser parce qu'il perçoit en lui l'envieux, jaloux de la renommée de son maître. Aussi avec quel entrain son gourdin s'abat-il sur Beckmesser, lorsqu'il croit s'apercevoir que le greffier en veut à sa Madeleine. Dans son attachement pour Sachs, son maître, « le maître », il serait capable de toutes les folies. Son empressement à lui offrir les gourmandises qu'il tient de la générosité de Madeleine, lorsqu'il s'aperçoit qu'il allait oublier la fête patronymique de Sachs est un trait délicieux de simplicité familiale et populaire.

David, en un mot, synthétise admirablement l'allègre insouciance, la vivacité enjouée, la spontanéité exubérante de l'adolescence qui jouit de la vie avec un reste de candeur et d'inconscience.

Et voici le peuple, sincère et simple lui aussi, — pris dans son ensemble, — avec ses contentements ingénus, ses passions véhémentes, sa compréhension à la fois étroite et large de la vie. Les mêmes jalousies qui excitent dans la classe supérieure les individualités les unes contre les autres, dans le peuple animent des groupes entiers. Voyez la bagarre qui clôt le deuxième acte : c'est un piquant tableau des petites animosités populaires. Tailleurs, épiciers, cordonniers, boulangers, tisserands, tanneurs, etc., se querellent *corporativement*. Ils ne se connaissent pas, mais ils se jettent à la face leurs traditionnelles moqueries de métier à métier ; ils s'injurient et se prennent aux cheveux tout uniment parce qu'ils ne sont pas de la « même partie ». Trait fondamental, éternel, noté avec un humour délicieux par Wagner, observateur toujours profond de la nature humaine.

L'art, pour le peuple, n'est qu'une des multiples manifestations de la vie même. Aussi, quand sortent les maîtres, en corps, bannières au vent, c'est pour lui le jour radieux, impatiemment attendu, de l'expansion large de toutes ses forces vives ; c'est le jour des franches lippées, des goinfreries énormes, des chansons lancées au ciel, des rondes dansées sous le clapotement des banderoles dans les prairies grasses que baigne la Pegnitz ; c'est aussi le jour des enthousiasmes généreux, des acclamations chaudes à celui qui a su lui parler, lui révéler ses sentiments et ses aspirations, c'est le moment psychologique où l'âme des foules se manifeste et, dans une identique impression, subit l'ascendant des supériorités.

Cet ensemble de notations justes et profondes, forme un cadre puissamment coloré et mouvementé autour de l'idylle amoureuse, l'éternelle idylle, qui se développe souriante et fraîche, nécessaire et toujours pareille au milieu de toutes ces agitations vaines.

Dans tout l'œuvre de Wagner il y a peu de personnages qui s'enveloppent d'autant de charme poétique et de séduction familière que Walther et Eva. Abandonnant le ton épique de *Lohengrin*, de *Tristan*, des *Nibelungen*, le poète-musicien reprend avec eux le style facile et enjoué de la comédie. Le dialogue des amoureux est simple, naturel, d'une grâce appropriée et d'une vivacité bien juvénile.

En Walther, il y a comme une double personnalité fondue en une seule, l'amoureux et le poète; le poète qui s'exalte, s'échauffe, s'irrite des sottes résistances des maîtres, qui ne connaît que la libre spontanéité de la création artistique; l'amoureux qui, dès le premier obstacle, pousse à l'extrême et rêve de conquérir la bien-aimée de haute lutte, fût-ce par un enlèvement. Le poète et l'amoureux en Walther ont le même désir d'indépendance, ils sont saisis d'un sentiment identique de révolte, en présence des convenances et des nécessités de la vie réelle. Walther est un peu, comme Siegfried, un enfant de la nature, bien qu'il soit d'origine aristocratique; il obéit à ses instincts, insoucieux des conventions humaines et se révolte contre elles dès qu'elles le froissent. C'est pourquoi, jusqu'au bout, il reste indifférent à l'art des Maîtres chanteurs ; car cet art lui apparaît tout en conventions et dès lors il se soucie médiocrement de la maîtrise et du collier qu'il a mérités par son chant. Walther est un poète absolu, il l'est par destination ; on nous le montre occupant sa jeunesse encore oisive à la lecture des vieux récits héroïques et des poèmes des *Minnesinger*, errant pensif sous les grands arbres et prêtant l'oreille au chant de la nature en fête. Qu'est-ce cela, sinon le premier éveil du sens poétique ? Si l'amour accentue ensuite ce sens et le pousse à se manifester, c'est qu'ainsi le veut la nature. Mais Walther est poète avant Eva. Il personnifie le génie librement épanoui, l'inspiration sincère et naturelle, qui lutte avec la science pédante, avec l'art factice émané de la routine. Il a la sainte horreur des lois et des règles ; il voudrait tout bouleverser dans l'esthétique comme dans la société. Mais ce n'est là qu'un excès de tempérament ; il rentre dans l'ordre dès que la haute et bienveillante raison de Sachs lui fait voir les écueils de l'irrégularité et de la trop grande indépendance en toutes choses. Walther est ainsi un type moyen, malgré ses envolées lyriques, véritablement pris dans la vie réelle et d'une composition très observée.

Tel est aussi l'esprit et la tendance de l'exquis personnage d'Eva. C'est un rôle de demi-caractère et par là, il est une véritable exception dans l'œuvre du maître de Bayreuth. C'est le seul type de jeune fille bourgeoise qu'il ait composé. Nous voilà loin d'*Elsa*, de *Brunnhilde*, d'*Isolde*, de *Kundry*. Eva l'adorable rouée, comme l'appelle ingénieusement M. de Fourcaud, n'a rien de commun avec ces figures surhumaines. C'est l'Agnès de l'ancienne comédie française, la jeune fille gaie, enjouée, tous les sens éveillés, candide par la pureté du cœur, mais admirablement fine, sachant très bien et très nettement ce qu'elle veut, l'obtenant par la hardiesse piquante de l'esprit et l'irrésistible grâce qu'elle met dans tous ses caprices. Wagner lui a départi tout juste le sentimentalisme qu'il fallait pour en faire une figure bien germanique sans tomber dans la passion fade qui décolore tant de types féminins du théâtre allemand. Elle est, à ce point de vue, proche parente de la Gretchen de Gœthe qui a un sort plus tragique, mais qui n'a pas plus de grâce naturelle et de séduction. Comme elle se joue du pauvre vieux Sachs qu'elle aime cependant sincèrement et profondément! comme elle caresse et flatte son brave et noble père! et quel abandon lorsqu'elle se sent dans les bras de celui qu'elle n'ose aimer encore de toute son âme, mais qu'elle désire, qu'elle appelle, qu'elle attend avec une joie folle! Le rôle, en ses délicates nuances, sa grâce souriante, son émotion tempérée, est un des plus charmants qu'il y ait au théâtre.

A l'idylle d'amour de ces deux enfants tout en grâce délicate et chaste, Wagner oppose une contrepartie comique : c'est l'intrigue entre Madeleine et David. Sur les théâtres français elle est totalement défigurée et profondément altérée par l'incompréhension des interprètes et des régisseurs. Madeleine ne peut pas être du même âge que

David ; c'est un rôle de duègne. Madeleine a été la nourrice d'Eva, elle touche donc tout au moins à la quarantaine ; elle est une personne déjà mûre et peut être même un peu marquée. La différence d'âge entre elle et David doit être sensible ; voilà d'où résulte le comique de la situation. Madeleine doit se montrer très éprise de l'apprenti, très jalouse aussi et fiévreusement empressée auprès de lui, de peur qu'il ne lui échappe. David, au contraire, est beaucoup plus détaché. Ce qui l'attire auprès de la matrone, ce n'est pas une passion de cœur, c'est une sorte d'égoïsme naïf et bon enfant. Wagner disait un jour de David que sa liaison avec Madeleine était une relation stomacale, *ein Fressverhältniss*. Le mot est d'une justesse piquante. David n'en tient pour Madeleine que parce qu'elle le cajole de mille manières et le bourre de friandises, ce dont s'accommode sa gloutonnerie fondamentale. Il ne pense qu'à manger. Au deuxième acte, quand il rencontre Madeleine, c'est bien plutôt à son panier et au contenu de celui-ci qu'à elle-même qu'il s'intéresse. Lorsqu'au troisième acte il se présente devant Sachs et qu'il redoute une verte semonce pour ses frasques de la veille, sa première pensée est d'amadouer le patron en lui offrant le saucisson qu'il tient de la générosité de la nourrice. Quand Madeleine n'est pas là, au moment de la fête populaire, il ne se gêne pas pour lutiner les jolies filles de Fürth. Tous ces traits sont à retenir, ils définissent le personnage. Wagner, dans ces amours ancillaires, a voulu nettement nous donner l'envers de l'aristocratique passion de Walther et d'Eva. Ce sont des amours très réelles, très pratiques, très vulgaires, que relève seulement leur naturel et leur bonhomie. C'est un fragment de vie populaire opposé au sentiment noblement chaste et réservé qu'il nous montre d'autre part.

Ainsi dans l'œuvre toutes les parties se répondent et contrastent les unes avec les autres. J'ai déjà indiqué la correspondance parodique de la scène de Sachs jouant au marqueur vis-à-vis de Beckmesser, avec la scène sérieuse du premier acte entre le Marqueur et Walther. Le contraste entre les deux couples d'amoureux n'est pas moins saillant et intentionnel, de même que l'exubérance espiègle du groupe des apprentis, leur jeunesse, leur entrain et leur gaîté, opposées à la gravité pesante des Maîtres chanteurs. Il y a là un artifice de composition profondément intéressant et dont on a fort à propos relevé la concordance avec la disposition en quelque sorte symétrique des scènes dans les chefs-d'œuvre du théâtre grec (1).

De quelque côté, en somme, qu'on l'examine, ce poème est souverainement intéressant, et plus on l'étudie, plus on le pénètre, plus on est étonné et captivé par la profusion des idées, la variété des sentiments, la justesse des observations qui y sont répandues. Les deux monologues que Wagner donne à Sachs sont en particulier profondément significatifs. Toute la philosophie de l'œuvre s'y exprime avec un relief admirable. On ne se

---

(1) M. Louis-Pilate de Brinn'Gaubast, dans les notes philologiques qui accompagnent sa très fidèle traduction en prose des *Maîtres Chanteurs* (p. 186 et 199). Paris. Dentu.

tromperait pas en y reconnaissant plus d'une allusion de Wagner à sa propre existence si contrariée, si remplie de vicissitudes, d'amertumes, de hautes aspirations combattues, de douleurs secrètement souffertes et subies avec la résignation d'un saint. Il n'est point nécessaire ici de se reporter à Schopenhauer et de chercher dans les écrits du philosophe de Francfort l'explication de certaines idées. La philosophie de Hans Sachs est celle qu'enseigne la vie même aux âmes d'élite : bienveillance à tout ce qui est sincère et naturel ; résistance résolue à l'égoïsme aveugle, brutal ou dissimulé ; résignation tranquille et fermeté d'âme en face des désillusions. C'est aussi la philosophie de Wagner.

Dans ce sens, on peut dire que Hans Sachs est un personnage absolument autobiographique. Les adversaires de Wagner ne manquèrent pas à l'apparition de l'œuvre, de l'accuser d'y avoir tenté une apologie de soi-même. Ce n'est pas ainsi qu'il faut envisager les choses. Il n'y a dans les *Maîtres Chanteurs* aucune tendance de glorification personnelle ; mais il est exact que le poème reflète d'un bout à l'autre les pensées, les sentiments et les aspirations même de Wagner.

En réalité, c'est lui qui parle constamment par la bouche de son héros. Toutes les réflexions que Sachs est amené à formuler dans les diverses situations du drame, se rapportent soit à l'esthétique, soit aux idées sociologiques, soit à la philosophie générale de Wagner ; et ces réflexions nous les retrouvons toutes, disséminées, dans ses divers écrits.

Depuis sa jeunesse jusqu'à la veille de sa mort, il ne cessa de rêver d'une sorte de régénération sociale par la communion esthétique, d'une réconciliation du peuple et de l'aristocratie réalisée par l'art. C'est l'idée fondamentale de son fameux discours révolutionnaire de 1848, qui se retrouve dans l'*Art de l'avenir,* dans *Art et politique* et qui persiste jusque dans les derniers écrits philosophiques contemporains de *Parsifal*. C'est elle aussi qui est le symbole le plus apparent et le plus général des *Maîtres Chanteurs* : l'alliance du peuple et de la noblesse, la fusion de l'art aristocratique et de l'art populaire réalisés par l'union de Walther et d'Eva et par l'entrée du chevalier de Stolzing dans la confrérie des humbles artisans poètes.

En matière d'art, malgré la réputation d'iconoclaste et de révolutionnaire qu'on lui fit, Wagner se proclama toujours un « classique », un partisan résolu des règles et du métier, tout en revendiquant hautement les droits primordiaux du sentiment, c'est-à-dire de ce qui est l'essence même de l'inspiration d'après quoi la technique, la forme extérieure doit se modeler. C'est exactement toute l'esthétique que Sachs développe au premier acte devant les maîtres : « Dieu me préserve de rien demander qui ne soit conforme à nos règles. Je les connais. Que la corporation les garde précieusement.... La tabulature est nécessaire, mais ceux-là seuls qui n'en savent rien (le peuple) peuvent nous dire si en l'observant toujours telle quelle, vous restez sur le véritable droit chemin, celui de la Nature ». Voilà le grand principe! Connaissez les règles, mais contrôlez-les constamment et suivez avant tout la nature. C'est l'idée fondamentale que l'on trouve identiquement exprimée dans *Opéra et Drame* : « Le génie du peuple a toujours été la source fécondante de tout art, aussi longtemps que, libre de tout calcul (réflexion), il a pu s'élever à l'œuvre en sa naturelle expansion de croissance ». Le calcul, la réflexion, c'est l'obéissance factice aux lois écrites, aux codes poétiques, indispensables appuis des esprits non créateurs. Le génie, lui, retourne à la nature par dessus les codes (1).

---

(1) Il n'est pas sans intérêt de rappeler ici une belle parole d'Albert Dürer, le grand peintre et l'ami de Sachs, qui rencontre d'une façon vraiment frappante les idées mêmes de Wagner. « L'art, disait-il, est vraiment caché dans la nature ; celui qui peut l'en tirer le possède... Plus la forme de ton œuvre est semblable à la forme vivante, plus ton œuvre paraît bonne. Cela est certain. N'aie donc jamais la pensée de faire quelque chose de meilleur que ce que Dieu a fait, car ta puissance est un pur néant en face de l'activité créatrice de Dieu... L'art n'est plus uniquement le produit du sentiment individuel ; transmis et appris, il se féconde lui-même ; le mystérieux trésor amassé au fond du cœur se répand au moyen des œuvres, au moyen de la nouvelle créature que l'on tire de son sein en lui donnant une forme sensible. Peu d'hommes parviennent à comprendre ainsi les choses, mais toute la vérité est là. »
Dans un article du *Journal des Débats* (9 novembre 1897), M. André Michel a rappelé très opportunément quelques traits de ce grand moment de l'histoire de l'art qu'évoque l'œuvre de Wagner. C'est à cet article que j'emprunte la citation de Dürer. M. André Michel ajoute très à propos : « Vasari et tous ceux qui, à la suite des académies italiennes, ont voulu ramener l'art à une contemplation ou à une science purement « formaliste », auront beau répéter à l'envi le mot assez arbitrairement attribué à Raphaël : « Si Dürer avait pu étudier l'antique, il nous aurait surpassés tous... », quiconque a dans le cœur « un trésor mysté-

Lorsque plus tard, Sachs rêve, le soir, dans son échoppe à ce chant printanier qu'il a entendu, qu'il ne peut ni retenir, ni oublier, il dira encore : « Cela ne rentrait dans aucune règle et, cependant, c'était sans faute. Cela semblait si ancien et c'était pourtant si nouveau, comme le chant des oiseaux, au doux mois de mai ! » Sa dernière parole sera cette sévère admonestation au jeune poète trop indépendant : « Ne dédaignez pas les maîtres et respectez leur art... ils sont vos bons génies ! » Ainsi, la nature d'un côté, la tradition de l'autre, et, sur la base de celle-ci, la nouveauté. Tout Hans Sachs est la paraphrase de ce mot précieux que Wagner, au témoignage de M. de Wolzogen (1), ne cessait de répéter aux jeunes artistes qui venaient le consulter : « Etudiez les choses anciennes, mais faites des choses nouvelles ».

Quand enfin, au lendemain de la bagarre, Sachs fait un retour sur lui-même et repasse en son esprit les péripéties de l'aventure où il se trouve

---

rieux » peut se passer de l'antique. Il n'en restera pas moins humble devant la nature et même devant les vrais maîtres autant qu'indépendant et indifférent devant les pédants et les cuistres. *Si tu reçois les enseignements de la tradition, tu éviteras beaucoup de défauts*, écrit souvent Dürer. Il faut savoir son métier et le savoir à fond pour n'en pas être esclave et le faire servir à l'interprétation et à la révélation de l'esprit ». Albert Dürer et Wagner-Sachs aboutissent ainsi à la même conclusion. Il y a certainement plus qu'une rencontre fortuite dans cette concordance absolue d'idées et de sentiments. Deux grandes âmes d'artiste aussi profondes, aussi réfléchies que Wagner et Dürer ne pouvaient différer sur l'essence de l'art.

(1) *Erinnerungen an Richard Wagner*, par H. de Wolzogen, Leipzig, Reclam.

mêlé sans y être pour rien, il énonce encore des idées absolument identiques à celles que Wagner exprime ailleurs dans ses écrits et ses lettres : « L'illusion ! le rêve ! toujours en tout et partout ! Tourments stériles, inutiles querelles, efforts vains ! A quoi bon tout cela ! Quel nom y donner ? N'est-ce pas l'éternelle illusion qui nous fait agir, qui nous entraîne, sans laquelle rien ne se fait dans le monde, rien n'arrive, ni ne subsiste, ne recule ou n'avance ? » C'est bien le ressort inconnu, la raison inexpliquée, la force ou la volonté immesurable qui contraint les sens des hommes, les domine et les guide, la loi aveugle qui donne naissance aux changements perpétuels, aux renouveaux incessants dont il parlait si souvent à Rœckel et qu'il nous avait montrée dans les *Nibelungen*, aboutissant au bouleversement de tout un monde.

Toutes ces idées, précisées et développées dans les écrits théoriques, dans les articles de polémiques, dans les confessions à Liszt et aux autres grands amis, Wesendonck, Mme Wille, Rœckel, Uhlig, nous les retrouvons dans Sachs, mais condensées dans le sentiment du héros, quintessenciées dans sa physionomie morale ; il en est en quelque sorte l'émanation artistique. Et c'est pourquoi ce personnage est si vrai, si profond, si parfaitement et si complètement humain. Il est l'âme chantante de Wagner.

Quiconque voudra lire et relire ce radieux poème des *Maîtres Chanteurs* y découvrira chaque fois des beautés nouvelles. Songez au nombre de motifs qui s'y combinent, s'y croisent, s'y mêlent, s'y confondent : idylle d'amour, querelles d'esthétique, étude de mœurs, souvenirs d'histoire; passions de tête et passions de cœur ; intérêts mesquins, bas calculs, désirs frivoles, aspirations profondes, gaîté, sentiment, ironie, charme, humour, gravité ; on reste étonné, en y réfléchissant, de la clarté harmonieuse et de la facilité avec laquelle des éléments si divers s'unissent dans l'œuvre d'art.

Est-ce une comédie? est-ce un drame ? On ne sait. Elle tient de l'un et de l'autre ; joyeuse et grave tour à tour, familière et tendre, allant de l'extrême limite de l'allégresse expansive à la concentration la plus intense du sentiment, mêlant une fantaisie comique exubérante à l'observation la plus pénétrante, elle est une création dramatique d'un ordre inconnu, qui ne relève d'aucun genre déterminé dans laquelle le génie du maître en belle humeur s'épanche avec une liberté et une variété d'accent inattendues. D'une scène à l'autre, tout y change et tout s'y confond ; on passe du large rire à l'attendrissement profond, du charme intime à l'allégresse bruyante. Les contrastes s'opposent d'un bout à l'autre et, cependant, quelle logique abondante dans la succession des épisodes, qui constituent l'ensemble. L'action tantôt se précipite, tantôt s'arrête, comme en un rêve. L'intrigue est à la fois la plus simple et la plus touffue qui se puisse imaginer. Suivant le point de vue où l'on se place, c'est une idylle d'amour toute de grâce ingénue et de mâle tendresse ; ou c'est un profond poème dans lequel, sur un fond composite, se détache la mélancolie des renoncements nécessaires et des sacrifices inévitables. Rapprochez Hans Sachs de Wotan, de Parsifal et de la tragique figure du roi Marke dans *Tristan et Iseult*: la même idée philosophique se symbolise en ces diverses figures.

Au point de vue de l'art pur, songez à la sûreté avec laquelle se noue, se complique et se dénoue l'intrigue; à la clarté avec laquelle une scène se déduit de l'autre, à la logique des complications qui mêle tant de personnages et les conduit tous par des chemins différents au même but; à la force des situations dont pas une n'est indifférente; à la progression ininterrompue de l'intérêt jusqu'à la conclusion; de quelque point de vue qu'on l'envisage, le poème des *Maîtres Chanteurs* est un chef-d'œuvre au sens le plus absolu, et ceux qui pensent qu'on les pourrait jouer sans musique, et que cela ferait une comédie délicieuse, n'ont peut-être pas tort.

A l'issue de la première représentation à l'Opéra de Paris, au milieu des impressions diverses échangées par les spectateurs, j'entendis l'un de ceux-ci parler de la scène du troisième acte, entre Beckmesser et Hans Sachs : « C'est admirablement serré, disait-il, et digne tout à fait de Molière ».

Eh oui! Et il n'y a pas que cette scène qui soit digne du grand comique français; il y en a d'autres qui sont dignes aussi de Shakespeare, de Calderon, de Beaumarchais, de Plaute, d'Aristophane, des plus grands maîtres du théâtre de tous les temps et de tous les pays. Depuis le *Songe d'une nuit d'été* et de *Comme vous voudrez*, depuis *Amphytrion*, l'*Avare*, *Tartuffe*, le *Bourgeois gentilhomme*, depuis le *Mariage de Figaro*, quelle œuvre du théâtre comique pourrait-on citer qui égalât les *Maîtres Chanteurs* de Richard Wagner, pour la justesse et la profondeur de l'observation, pour la netteté des caractères, pour le charme poétique et la richesse du verbe, pour l'absolue et incomparable maîtrise de la mise en œuvre?

Cherchez!

Pour ma part, je ne la connaîs point.

V

FAUT-IL faire remarquer qu'écrivant une comédie musicale, Wagner, dans les *Maîtres Chanteurs*, s'est très sensiblement écarté de son style habituel? L'observation en a été faite très justement par plus d'un commentateur. Mais il me semble que jusqu'ici on se soit plu à noter de préférence les particularités linguistiques qui frappent dans le poème. Elles sont très importantes, en effet.

Non seulement Wagner a rencontré dans le dialogue le ton familier et léger qui convenait au sujet, il a merveilleusement adapté la langue d'ordinaire très recherchée et expressive dont il se sert dans ses grands drames légendaires ou héroïques, aux nécessités d'une action très simple, qui se déroule dans un milieu essentiellement populaire; mais encore il s'est ingénié, avec une habileté et un tact qui n'appartiennent qu'au génie, à reproduire dans son texte des locutions proverbiales, des expressions pittoresques, des mots vieillis, des tournures archaïques empruntées directement aux œuvres de Hans Sachs et à la langue du XVIᵉ siècle allemand. Il ne va pas cependant jusqu'au pastiche, tel par exemple que celui des *Contes drôlatiques* de Balzac, reconstituant à son usage la langue de Rabelais et de Villon. C'eût été dépasser le but. Le dialogue d'une comédie destinée à la représentation doit rester constamment intelligible pour le spectateur même illettré. L'archaïsme de la langue des *Maîtres Chanteurs* demeure dans de justes limites ; il est suffisant pour donner l'impression du parler d'autrefois sans que la clarté du texte, la limpidité de la phrase et la vivacité des répliques aient à en souffrir.

Au point de vue de la versification, Wagner abandonne ici le vers allitéré qu'il avait restitué à son usage dans les *Nibelungen* et en partie dans *Tristan et Iseult*. Il se sert en général du vers si facile et si léger de huit ou de dix syllabes, avec rimes plates ou croisées et quelquefois avec rimes simplement assonancées. Dans les parties purement lyriques, il procède tout à fait librement, mêlant les vers de toute forme et de toute mesure selon les besoins de la variété du rythme et des sonorités.

Littérairement, le poème des *Maîtres Chanteurs* est ainsi une œuvre extrêmement intéressante, d'une merveilleuse souplesse de langue et de style. Depuis Gœthe et Lessing, on ne s'était plus, en Allemagne, élevé à cette hauteur et les *Meistersinger* demeureront le chef-d'œuvre du théâtre comique allemand au XIXᵉ siècle. Mais cela n'intéresse que très secondairement le public français.

L'archaïsme *musical* de l'œuvre, en revanche, est accessible à tous les publics et il n'est certainement pas sans intérêt de nous y arrêter.

Wagner, cela va sans dire, reste fidèle à son principe du *leitmotiv* dans l'ensemble de la composition. Il ne procède pas autrement dans les *Mcistersinger* que dans *Tristan*, les *Nibelungen* et *Parsifal*. Ses thèmes, toujours très expressifs et très parlants, sont combinés exactement de la même manière qu'en ses autres grandes partitions. Ses procédés harmoniques et contrapontiques n'ont pas changé.

Cependant, au premier examen, on est frappé de la physionomie particulière des *Maîtres Chanteurs*. C'est bien de la musique de Wagner, et sur ce point il ne peut y avoir le moindre doute un seul instant; dès les premières mesures de l'ouverture on est fixé, la griffe du lion s'y marque avec puissance. Seulement, à mesure que la musique se développe, il semble qu'elle ait un accent nouveau et insoupçonné. Aux auditeurs de la première, à Munich, il avait semblé que Wagner faisait « un retour vers la mélodie », ainsi que le constatèrent plusieurs critiques; l'on parla même de « concessions faites au public ». Il n'y a dans les *Maîtres Chanteurs* ni retour à la mélodie, ni concession d'aucune sorte; mais cette impression, erronée dans son expression, ne traduit pas moins une observation juste.

En effet, l'un des caractères saillants de la partition, c'est la prédominance de l'élément lyrique, et tout spécialement des formes et des procédés du *lied* allemand.

Par *lied*, j'entends non seulement le type toujours très accusé de la chanson populaire, mais encore celui non moins caractéristique de la romance, de la mélodie allemande telle qu'elle a été constituée au commencement du siècle par les grands maîtres d'outre-Rhin, Beethoven, Schubert, Weber, Schumann, etc.

Qu'on le remarque bien, le *lied* est une création originale, une forme musicale nouvelle que nous devons à l'Allemagne, qui lui appartient en propre et dont nous n'avons l'équivalent absolu ni dans la *canzone* des Italiens, ni dans la *chanson* ou la *romance* de France. Il n'est pas une émanation directe et spontanée du génie populaire, comme la *chanson*; le *lied* est essentiellement une œuvre d'art. Il est le produit d'une combinaison savante des ressources de la musique expressive moderne et de la libre inspiration lyrique. C'est ce qui fait son caractère *sui generis*. Ce qui le distingue de la romance, c'est qu'il ne s'astreint à aucune coupe déterminée, qu'il ne se compose pas de périodes symétriquement opposées les unes aux autres et se répétant dans un ordre convenu. Le *lied* n'a pas de forme propre, ou plutôt sa forme est infiniment souple et variable, elle change constamment au gré de l'inspiration du musicien-poète. Elle se compose tantôt de phrases chantantes symétriquement juxtaposées, tantôt de périodes mélodiques qui se développent librement; elle admet à côté de toutes les formes de l'*air*, celles du *récitatif* et de l'*arioso*; et ces parties en apparence disparates sont cimentées en quelque sorte par un accompagnement instrumental continu qui établit l'unité du poème.

C'est à Franz Schubert que nous devons cette forme ou si l'on préfère, ce genre nouveau de « poème chanté ». Dans la collection des six cents et quelques mélodies qu'il nous a laissées, on trouve encore fréquemment, il est vrai, des pièces en forme de romance ou de chanson à couplets, et même de chanson à refrain, conformes de tout point au type populaire; mais dans ses plus belles et ses plus dramatiques compositions, la mélodie, très chantante, se dégage tout à fait de tout *schema* préconçu.

L'inspiration lyrique se formule en larges périodes, indépendantes les unes des autres, sans autre lien entre elles que l'unité ou le contraste des sentiments qu'elles ont à exprimer. La mélodie se subdivise en groupes rythmiques distincts, elle se constitue de phrases variées, ajoutées les unes aux autres, qui se répètent quelquefois entièrement ou par fragments, mais ne se répondent plus méthodiquement et suivant un ordre déterminé, tout extérieur. Leur rythme est intérieur, il résulte de la correspondance des périodes qui s'opposent ou se suivent selon la donnée expressive du poème.

Concurremment à cette évolution mélodique très importante, c'est avec Schubert que s'est développé d'une façon inattendue l'art de colorer le chant par un accompagnement approprié. Déjà dans les quelques *lieder* que nous a laissés Mozart, dans les merveilleux airs des oratorios de Haydn, véritables *lieder* où l'orchestre joue un rôle descriptif très saillant, puis dans les *lieder* de Beethoven, l'accompagnement instrumental avait été, dans une certaine mesure, appelé à contribuer à l'expression.

Avec Schubert, s'il n'est pas l'élément essentiel de l'expression, il y concourt à l'égal de la voix au point d'en devenir quelquefois le facteur le plus puissant. Cette tendance s'accentue de plus en plus dans l'œuvre lyrique si émouvant de Robert Schumann. Chez celui-ci, le plus souvent, la mélodie n'est même plus un élément distinct de la composition ; elle se confond avec l'accompagnement. La voix chante ou récite, l'accompagnement complète et achève l'idée. Les deux parties sont désormais inséparables ; on ne peut concevoir l'une sans l'autre ; elles ne sembleraient que fragmentaires. Il est impossible de chanter certains mélodies de Schumann pour elles-mêmes et sans que l'oreille complète de mémoire les dessins ou les harmonies expressives qu'y ajoute le piano.

Eh bien, ce genre nouveau a joué dans la transformation du style dramatique, surtout depuis Weber, un rôle considérable. C'est en introduisant dans la langue musicale du théâtre les procédés et le ton du *lied* allemand que Weber dans *Preciosa*, *Freyschütz*, *Euryanthe*, *Obéron*, est arrivé à briser le moule traditionnel de l'*aria*, telle que l'avaient constituée les grands maîtres de l'oratorio et du drame lyrique italien, au XVIIe et au XVIIIe siècles, telle que nous la retrouvons encore dans les compositeurs dramatiques du commencement de notre siècle avec sa constitution tripartite, ses subdivisions rythmiques nettement déterminées et toujours pareilles : récitatif d'entrée, période lyrique initiale, seconde période d'un mouvement différent, période finale ramenant le mouvement initial pour aboutir à la strette (1).

Déjà dans l'œuvre dramatique de Mozart l'évolution s'indique; il assouplit cette forme d'une façon remarquable à sa mélodie encore très italienne mais déjà sensiblement influencée par les rythmes et le ton particulier de l'air populaire allemand.

Dans l'œuvre de Weber, la transformation est déjà plus profonde : le style est nettement celui du *lied* dans la plupart des airs dramatiques.

Avec Wagner l'évolution arrive à son complet aboutissement. Chez lui, la forme de l'*aria* italienne a complètement disparu. Les morceaux purement lyriques, — et ils sont nombreux dans tous ses ouvrages quoiqu'en pense une critique fermée à toute compréhension esthétique, — ne se soumettent plus à l'ancienne subdivision ternaire, ni à l'opposition symétrique des périodes et des mouvements, ou au retour de certains fragments mélodiques. Ils se développent, — non pas arbitrairement mais librement,—suivant le sens du texte, adaptant leurs rythmes et leurs périodes au sentiment qu'il s'agit d'exprimer. C'est exactement le procédé que nous devons à Schubert.

---

(1) Cette division tripartite joue un grand rôle dans l'histoire de la musique, surtout de la musique *instrumentale*. Nous la retrouvons dans la *sonate*, dans le *concerto*, dans la musique de chambre, trios, quatuors, finalement dans la symphonie. Bien entendu, pas plus dans la musique instrumentale que dans la musique vocale, cette division n'est absolue, mais elle est typique de tous les genres arrivés à l'apogée de leur développement.

De même que chez Schubert, et plus tard chez Schumann, la mélodie se fragmente, se partage entre la voix et le piano, ainsi chez Wagner la phrase mélodique, parfaitement claire et saillante, se divise entre la voix et l'orchestre, devenus des éléments complémentaires l'un de l'autre et qui n'ont, pas plus l'un que l'autre, une vie propre, absolue et indépendante. C'est là la véritable, la plus grande nouveauté du style de Wagner; il a fait passer dans la langue musicale du drame les procédés des grands maîtres lyriques.

Au fond, cette évolution si intéressante, mais qui a jusqu'ici échappé à la critique et n'a été entrevue que par quelques rares historiens de la musique, est un développement et une conséquence de l'évolution de la musique instrumentale commencée avec Haydn, continuée par Mozart pour aboutir dans la symphonie de Beethoven. Ce que Wagner disait de Beethoven pour la symphonie, on peut l'appliquer à lui-même pour la musique vocale. Dans la symphonie beethovenienne il nous montrait désagrégées les formes symétriques et mesurées de ce qu'il appelait d'un mot impropre, mais caractéristique, « la mélodie de l'air à danser »; ainsi dans ses drames à lui, nous voyons se dissoudre les formes artificielles de la musique vocale. Plus l'ombre de morceaux concertants : ni *aria*, ni *arioso*, ni *cavatine;* c'est désormais le procédé libre, infiniment souple et expressif du *lied* qui domine.

La partition des *Maîtres Chanteurs* est particulièrement caractéristique à cet égard. On remarquera tout d'abord l'abondance des morceaux proprement lyriques, tels que les *Chants de présentation* et *d'épreuve* de Walther, au premier acte; puis les nombreuses chansons d'allure populaire, ronde des apprentis, couplets de David et de Sachs; ensuite les fragments du *Chant de concours* de Walther, apparaissant au premier tableau du troisième acte; enfin, le *Preislied* développé; autant de morceaux d'un caractère mélodique très accusé, conçus dans la forme de la chanson populaire et de la romance.

A côté de ces morceaux, on remarque une série de pages qui, sans appartenir à un type aussi caractérisé, ne peuvent se rattacher à aucune des formes antérieures du style dramatique, qui participent en revanche très sensiblement de la nature et du style du *lied*.

Telle est, par exemple, l'allocution de Pogner au premier acte. Ce n'est ni un *récit*, ni un *air*, ni une *cavatine;* c'est autre chose encore qu'une *romance*. Le style est celui des pièces récitantes de Schubert et de Schumann dont le chant posé se développe librement sur un accompagnement continu auquel il emprunte certains dessins tout en ayant sa ligne mélodique distincte.

Tel est encore le cas des deux monologues de Sachs, au début du deuxième et du troisième actes. Ils forment chacun un morceau complet en soi; la partie vocale tantôt nettement chantante, tantôt récitante et presque parlée, s'enveloppe constamment de la riche harmonie d'un accompagnement orchestral très expressif, étroitement lié au sens des paroles. La partie vocale n'a pas une ligne mélodique continue; celle-ci se prolonge et s'achève dans l'orchestre en ajoutant des inflexions extrêmement délicates et subtiles aux développements confiés aux instruments; ou bien inversément, c'est de l'orchestre que jaillit la phrase mélodique que la voix reprend et développe à son tour. Les deux éléments se prêtent un mutuel appui et demeurent si parfaitement unis, si nécessaires l'un à l'autre qu'on ne peut les concevoir séparés.

La rêverie du deuxième acte est particulièrement intéressante à ce point de vue. La voix sur le doux accompagnement balancé des cors dessine la première phrase mélodique qui se développe ensuite *simultanément* dans la voix et à l'orchestre, pour aboutir à l'explosion, cette fois dans l'orchestre *seul*, d'un thème significatif (*thème du Printemps*); puis la voix, soutenue seulement par de brefs accords, commence une nouvelle phrase très chantante, mais coupée en récitatif, qui aboutit à l'apparition dans l'orchestre d'un second thème significatif (*thème du Métier*) largement développé et qui conduit à une nouvelle reprise par l'orchestre seul du premier *leitmotiv*. Celui-ci se développe alors entièrement à l'orchestre et domine pendant une vingtaine de mesures, tandis que la voix, tantôt en manière de récit, tantôt en style mélodique, brode librement sur cette trame instrumentale; finalement, la voix reprend à son tour ce thème considérablement élargi; puis, après un court épisode récité sur une nouvelle phrase mélodique à l'orchestre (empruntée à l'un des chants de Walther), la voix termine le morceau par une large période mélodique de style tout à fait populaire dont l'orchestre suit la ligne à l'unisson en l'enrichissant de ses harmonies.

Le morceau, en somme, se subdivise en quatre parties bien distinctes; une introduction en style chantant, coupé de brefs récitatifs (*moderato molto, dolcissimo* 2/2); un récit proprement dit, se développant sur un large chant de l'orchestre (3/2 et 2/2 et *molto sostenuto*); un chant vocal et orchestral tout ensemble (9/8 *moderato*); enfin une conclusion d'allure très mélodique (3/4 *moderato*). Seulement s'il y a un parallélisme entre ces diverses périodes, il n'y a ni reprise ni ordonnance symétrique. Elles s'ajoutent, se développent l'une de l'autre, mais ne se répètent pas identiques.

Imaginez le même texte confié à Mozart, à Gluck, même à un maître plus moderne, Meyerbeer, ou Gounod par exemple; le morceau aurait une toute autre physionomie. Ce serait d'un bout à l'autre une mélodie nettement vocale, soulignée par des détails d'instrumentation expressifs, coupée peut-être de parties en récitatif, mais qui bien certainement ne ressemblerait en rien, au point de vue de la forme s'entend, au morceau tel que le conçoit Wagner.

Supposons, au contraire, ce texte confié à Schubert ou à Schumann; indubitablement, avec Schumann surtout, nous aurions une réalisation musicale plus voisine, sinon complètement analogue. C'est qu'en réalité Wagner applique ici les procédés même des maîtres du *lied*, avec son originalité propre et en tenant compte, cela va sans dire, des nécessités du style dramatique. Ajoutons qu'à la scène ce monologue et les dessins, soit vocaux, soit d'accompagnement qui y sont utilisés, acquièrent une signification doublement expressive par les allusions psychologiques qu'ils contiennent.

Il est une autre page importante sur laquelle je crois devoir appeler l'attention parce qu'elle est plus caractéristique encore de la manière de Wagner : le grand dialogue entre Sachs et Walther au troisième acte. C'est de tout point un *lied* à deux voix se développant sur une trame instrumentale constituée au moyen de trois ou quatre thèmes qui s'enjambent, se rejoignent, se quittent, se reprennent pour revenir toujours à l'idée initiale, c'est-à-dire au thème *de la bienveillance de Sachs*. Tantôt la voix se développe en parties récitées, tantôt elle chante une mélodie bien caractérisée, comme par exemple, toute la période qui suit la réplique de Walther :

> Comment encore après l'échec
> Vous espérez la victoire,

et plus loin celle qui commence au *moderato* :

> Ami, au doux avril des ans, etc.

Remarquons encore à la conclusion de toute la scène (au moment où Sachs et Walther se retirent dans leur chambre pour revêtir leurs habits de fête), le délicieux intermède symphonique où Wagner ramasse en quelques mesures les principaux thèmes apparus au cours de toute la scène. Le procédé est tout pareil à celui des poétiques postludes que Schumann place à la fin de ses *lieder* et dans lesquels, quelquefois en deux ou trois mesures, il condense toute la substance mélodique et expressive du poème entier.

Les *Maîtres Chanteurs* ne sont pas seuls à nous offrir l'exemple de parties entières traitées de la sorte en manière de *lied* : la belle scène d'Iseult au début du premier acte de *Tristan*, par exemple, est conçue tout à fait dans le même esprit. De même encore la scène célèbre des *Murmures de la forêt*, dans *Siegfried*, et les *Chants de la forge* du même ouvrage. Dans *Lohengrin*, dont l'inspiration reste assez weberienne, le *lied* apparaît plus saillant encore, et sans parler de « morceaux » tels que la prière d'Elsa, et la rêverie de celle-ci au deuxième acte, la scène d'amour entre Elsa et Lohengrin, au troisième, est tout entière traitée dans le style et le caractère d'un *lied* à deux voix. Est-il nécessaire de rappeler le finale du premier acte de la *Walkyrie* et l'admirable chant d'adieu de Wotan à sa fille? Ce sont de véritables *lieder* dramatiques, de même que l'émouvante scène de la mort de Brunnhilde à la fin du *Crépuscule des Dieux*.

Reportons-nous à certains des grands *lieder* de Schubert : *Gruppe aus dem Tartarus* (groupe du Tartare), *Die Allmacht* (la Toute puissance), *Vater Chronos* (le vieux Chronos), *Der Aufenthalt* (la retraite), etc. (1), ils nous offrent, dans un cadre

---

(1) Ces pièces admirables sont, malheureusement, tout à fait inconnues de la génération actuelle. Ce n'est pas qu'il manque de chanteurs capables de les dire, mais nos virtuoses du gosier sont à ce point ignorants qu'ils ne savent même pas, la plupart, que Schubert a existé et qu'il leur a laissé un trésor de plus de six cents mélodies dont la moitié au moins sont de pures merveilles.

restreint, ce que, dans le drame de Wagner, nous retrouvons agrandi, amplifié et adapté aux nécessités du théâtre.

Non moins frappante, dans les *Meistersinger*, est l'abondance des ensembles à deux, trois, quatre et même cinq voix, sans parler des chœurs proprement dits. Dès la première scène, indépendamment du choral initial, nous rencontrons un véritable *trio*, assez court, il est vrai, mais néanmoins bien caractérisé, au moment où Eva et Madeleine quittent l'église. La *ronde des apprentis*, à la deuxième scène, est à trois voix, en manière de chanson avec refrain; dans la troisième scène, toujours au premier acte, à plusieurs reprises les voix des maîtres s'unissent en de brefs ensembles ; la fin de l'acte est un véritable chœur.

Au deuxième acte, nous rencontrons, dès le rideau levé, un nouvel ensemble des apprentis, puis différentes phrases à deux, trois et même quatre voix dans le dialogue entre Eva, Walther, Sachs et Beckmesser; enfin, la seconde moitié de l'acte constitue un seul et même ensemble de prodigieuse sonorité, où la masse chorale intervient finalement associée à toutes les voix des solistes.

Au troisième acte, le premier tableau se termine par un quintette; et le second tableau tout entier n'est qu'une vaste scène chorale où nous relevons d'abord une série de chansons chorales populaires qui se combinent entre elles, puis un *choral*, divers ensembles animant et coupant le dialogue, enfin le grand ensemble qui se développe sur le thème du *Chant de Walther* et se termine par la reprise générale du *thème des Maîtres*.

On n'a pas manqué de s'égayer à ce propos, de railler les prétendues contradictions de Wagner, affirmant en théorie des principes auxquels, en pratique, il était tout le premier à ne pas se conformer. Ce reproche, que l'on retrouve encore aujourd'hui sous la plume de critiques qui se prennent au sérieux, n'est fondé que sur une incompréhension profonde de la réforme proclamée et voulue par Wagner. Il n'a jamais proscrit d'une façon absolue les ensembles ; il n'est pas une de ses œuvres où l'on n'en rencontre plusieurs.

Il y a des chœurs et des ensembles dans *Tristan et Iseult*, deux *trios* dans le *Rheingold*, un duo (premier acte) et un ensemble de neuf voix (la Chevauchée), dans la *Walkyrie*, un véritable duo dans *Siegfried* (final du troisième acte), des trios, des duos et des chœurs dans le *Crépuscule des Dieux*, des chœurs et divers ensembles dans *Parsifal*.

J'omets intentionnellement les œuvres de début, *Vaisseau-Fantôme*, *Tannhæuser*, *Lohengrin*, où nous rencontrons encore de nombreux vestiges des formules de l'ancien opéra.

Seulement, si Wagner admet les ensembles, il n'entend pas qu'on les emploie selon la tradition de l'opéra, où il suffisait que plusieurs personnages fussent en scène au même moment pour que le compositeur se crût obligé de composer en leur honneur une *cantata di camera*, suspendant l'action et introduite là comme un véritable hors-d'œuvre. Partout où des ensembles paraissent dans le drame wagnérien, c'est que la situation dramatique le comporte ; voilà le principe fondamental. Quant à la forme, — et c'est là le point essentiel de la réforme wagnérienne — ces ensembles sont conçus et traités musicalement d'une façon absolument nouvelle. Wagner écrit ses chœurs dans le style dramatique. Ici, il prend exactement le contrepied de la transformation opérée par lui dans la forme et le style des monodies. Pour les airs, il va du *drame vers le lyrisme ;* pour les ensembles et les chœurs, au contraire, il va du *lyrisme vers le drame.* Les chœurs jusqu'à lui avaient toujours été traités dans le *style concertant,* dont l'oratorio et la cantate avaient fourni le modèle, c'est-à-dire dans une forme relevant essentiellement du style *lyrique.* Chez lui, au contraire, l'emploi résolument poursuivi de la *polyphonie vocale* crée un style choral nouveau, étroitement adapté aux exigences du genre et qui n'a plus rien de commun avec le style concertant (lyrique) de l'oratorio et de la cantate. Les chœurs et ensembles ne sont plus des *chants* à plusieurs voix, ils sont de la *musique agissante,* ils sont une *action sonore.*

Cette fondamentale réforme s'était déjà annoncée dans le merveilleux chœur de l'annonce du cygne dans *Lohengrin* ; elle est arrivée à maturité dans l'admirable polyphonie de la chevauchée des Walkyries ; elle atteint son point culminant dans les grands finales qui forment la conclusion des trois actes des *Maîtres Chanteurs.*

Si nouvelle que soit cette manière de traiter le chœur et les ensembles de voix dans le style dramatique, elle n'est pas cependant sans précédent, et si Wagner innove, il ne crée pas de toutes pièces. La polyphonie vocale des *Maîtres Chanteurs* dérive en droite ligne de celle de Bach et il suffit de se reporter à certaines pages de la *Passion selon saint Mathieu* pour retrouver le prototype de la disposition chorale de Wagner. Bach traite les différents groupes de voix comme autant d'individualités, et cela, dans toutes les parties de la *Passion* où le peuple intervient. Dès le premier chœur d'entrée, voyez quelle puissance dramatique ont les interjections du second chœur, coupant le grand ensemble du premier chœur sur lequel se pose la lente mélodie du choral, chanté par le *soprano ripieno*! Et plus loin, quel admirable mouvement dans les répliques chorales du peuple à la déploration de la fille de Sion, et dans le grand chœur qui clôt la première partie! Je me borne à citer ces deux exemples; il y en a d'autres.

Au fond, c'est à très peu de chose près le procédé de Wagner. Dans le finale du premier acte, la ronde des apprentis superpose son rythme déterminé (en 6/4) aux répliques entrecoupées du chœur des Maîtres chanteurs (en 2/2), tandis que la voix de Walther, indépendante, évolue librement (en 4/4); nous avons là une disposition de tout point analogue à celle du premier chœur de la *Passion*. Dans le grand finale du deuxième, le thème de la sérénade de Beckmesser forme une espèce de *cantus firmus* sur lequel viennent se grouper en dessins infiniment variés les appels et les interjections distinctes de chaque groupe de voix. Dans le finale du troisième acte enfin, le chœur reprend des fragments de la mélodie de Walther, tandis que les voix des maîtres dessinent, en phrases coupées, des contrepoints intermédiaires. Partout Wagner sauvegarde l'individualité des groupes vocaux. Si le procédé n'est pas nouveau et se rencontre fréquemment, en dehors de Bach, chez les grands maîtres de l'oratorio, il est d'application nouvelle dans le genre opéra et tout à fait caractéristique chez Wagner par la rigueur avec laquelle il est poursuivi.

C'est dans le même esprit qu'est conçu le *quintette* du troisième tableau. Quoi qu'en disent certains critiques, il n'a rien de commun avec les ensembles de style italien. Ce n'est pas un morceau surajouté, un *pezzo concertante* n'ayant aucun lien direct avec l'action ; il en est, au contraire, l'émanation fatale et nécessaire de l'action. La scène qu'il termine est le point d'aboutissement du drame *intérieur ;* le quintette arrive tout naturellement, il s'impose véritablement, comme la conclusion lyrique de l'intrigue, enfin dénouée. Eva et Walther viennent de s'unir moralement ; Sachs, complètement maître de lui et désormais détaché de tout rêve illusoire à l'égard d'Eva, est certain, dès à présent, de la victoire finale, de la solution régulière et satisfaisante du problème ; David et Madeleine, enfin, sont assurés de pouvoir s'unir, depuis que David a passé compagnon. Ainsi tous les fils de la fable se dénouent à ce moment, un même sentiment anime tous les personnages et l'expression de ce sentiment identique ne pouvait avoir qu'une forme lyrique simultanée. Le quintette est donc *dramatiquement* d'une logique absolue ; il était une nécessité esthétique *musicalement.* Wagner le traite non à l'italienne, mais suivant son système rigoureusement dramatique, c'est-à-dire qu'il laisse à chaque voix son individualité. Eva et Walther entonnent seuls la mélodie d'amour qui leur appartient en propre ; la voix de Sachs dessine des contrepoints d'accompagnement ; Madeleine et David n'ont que des phrases incidentes sans ligne mélodique déterminée ; à la fin seulement, les cinq voix reprennent alternativement le dessin de la première phrase du soprano dans laquelle s'exprime le *sentiment de félicité* commun à tous. Quiconque voudra lire attentivement le *quintette*, se convaincra qu'il n'est pas italien, au contraire, mais bien dans le style habituel de Wagner. Aussi le maitre n'a t-il pu le considérer comme un hors-d'œuvre. C'est assez dire qu'on ne peut attacher aucune importance à la légende d'après laquelle il aurait voulu le déchirer et ne l'aurait conservé que sur les instances de Mme Wagner.

Une autre particularité très saillante de la musique des *Maîtres Chanteurs*, c'est son caractère nettement archaïque, correspondant au caractère archaïque du poème ; et cependant nulle partition n'est plus moderne, plus avancée si l'on peut ainsi dire. On pourrait répéter, à propos d'elle, ce que Sachs dit au deuxième acte en parlant du chant de Walther : *Es klang so alt und war doch so neu* (cela semblait si ancien et c'était pourtant si nouveau). Une fois de plus, le génie manifeste ici toute sa supériorité par l'art véritablement merveilleux avec lequel les deux éléments, l'accent ancien et l'accent nouveau, se trouvent fusionnés.

L'archaïsme, en matière musicale, n'est pas une nouveauté ; il a été abondamment pratiqué, depuis un siècle, par les ordinaires faiseurs d'opéra. Mais voyez comment s'y prennent ceux-ci ! Il suffit que l'action du drame, sérieux ou comique, se passe à la Cour de France du XVIᵉ au XVIIIᵉ siècle, pour qu'immédiatement le musicien nous gratifie d'une série de *menuets*, de *pavanes*, de *gavottes* ; ou bien ce sont des *gigues* et des *allemandes*, si c'est à la Cour des Stuarts ou de Frédéric II que le sujet nous transporte. Rien de plus facile que ce genre d'archaïsme : c'est ce qu'on appelle le pastiche. Que ce soit en matière littéraire ou musicale, c'est là un simple exercice de rhétorique, une habileté de métier qui s'acquiert assez aisément. Nous avons même d'un aimable compositeur, qui eût été probablement incapable d'inventer une mélodie viable, une série de petites partitions d'opéra-comique, très adroitement écrites d'ailleurs, où tout se dit et se chante sur le rythme alangui des anciens « airs à danser ».

Ailleurs, des pastiches de ce genre, et non moins réussis, se trouvent accolés à des récits ou à des airs d'allure et de forme toute moderne, et nous les voyons alterner avec des pages instrumentales où les harmonies les plus dissonantes se trouvent péniblement résolues par les plus astucieux artifices de l'écriture actuelle. La critique se pâme et ne s'aperçoit pas de la monstrueuse incohérence qui résulte de cette juxtaposition de deux styles profondément différents ; elle applaudit et elle appelle cela : respecter la couleur locale, voire la couleur *historique* !

L'archaïsme de Wagner n'a rien de commun avec cet art de seconde main. Wagner ne pastiche pas. Il s'est véritablement créé une langue musicale à lui, dans laquelle, par un prodige unique d'assimilation et d'habileté, il parvient à unir sans effort les deux manières d'écriture, l'ancienne et la nouvelle, sans qu'un seul moment le goût soit blessé par la contradiction des styles. Nulle part, il n'emploie d'une façon absolue les formes de la musique ancienne ; il les enchasse en quelque sorte dans le travail polyphonique de son orchestre.

Voyez, par exemple, avec quel art il se sert du *fugato*, des *imitations*, des dessins stéréotypés de la musique scolastique ! Il en tire des effets du comique musical le plus savoureux. Remarquons aussi l'emploi fréquent des progressions et des marches d'harmonie par quartes qui donnent je ne sais quel air vieillot à certaines pages ; c'est une des particularités les plus curieuses de la partition.

Ailleurs, surtout dans les chants dévolus à David et à Kothner, ou encore dans la chanson de Sachs au deuxième acte, Wagner s'est ingénié à reconstituer la carrure rythmique propre à certaines chansons populaires, en particulier aux chansons de métiers.

Le plus curieux est assurément l'emploi de la *psalmodie* et des *fioritures* qui donnent une si plaisante allure, par exemple, à l'énoncé des règles de la tabulature par Kothner, au premier acte, et plus tard, au récitatif de Sachs dans l'épisode du baptême de la mélodie de Walther. Là Wagner s'inspire des sources musicales anciennes que le livre de Wagenseil, déjà cité, lui avait mis sous les yeux. Mais avec quel tact et quelle prudence il procède !

Un autre n'eût pas manqué d'emprunter directement à Wagenseil quelques-unes des mélodies des *Meistergesänge* que cet auteur a recueillies et qu'il reproduit à titre d'exemples dans son chapitre sur l'Art des Maîtres chanteurs. Wagner, lui, n'y a puisé qu'un seul de ses thèmes et, pour le reste, s'est borné à imiter, mais d'une façon très libre, l'allure générale de ces chants anciens.

Pour que l'on puisse bien se rendre compte du procédé, je crois intéressant de reproduire ici quelques spécimens de ces mélodies, qui donneront en même temps une idée de ce qu'étaient en réalité le *Meistergesang* et le *Meisterlied*.

Je citerai d'abord en entier l'un des tons couronnés (*gekrönter Ton*) qui servaient de modèles aux maîtres et qu'ils considéraient comme les types parfaits dont il ne fallait pas s'écarter. Ce « ton couronné » est le mode long de Henri Mügling (XVᵉ siècle) et c'est à ce mode que Wagner a fait deux emprunts. Des notes initiales (*a*), il a pris le dessin mélodique pour en faire le thème dit de la Guilde :

Des notes finales de la première période (*b*), il a tiré le dessin si caractéristique de la *Marche des maîtres* et que l'on entend dès les premières mesures de l'ouverture :

Voici donc le ton long de Henri Mügling.

1. Ge-ne-sis am neunundzwanzig-sten uns be-richt,
2. Als er sich jetzt ge-ne-het hat her an der Stadt,

wie Ja-cob floh, vor sein Bru-der E-sau ent-wicht.
es daselbst drey grosse Heer-de der Scha-fe hat.

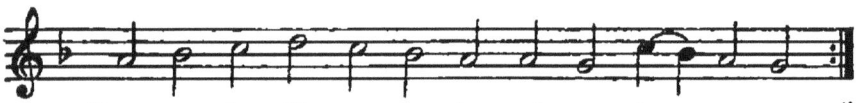

Dass er in Me-so-po-ta-mi-am kom-men.
Ja-cob fragt um Bericht, als er ein-ge-nommen.

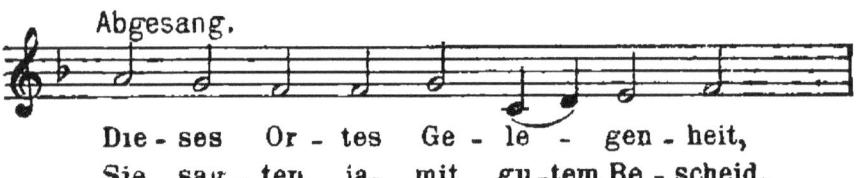

Die-ses Or-tes Ge-le-gen-heit,
Sie sag-ten ja, mit gu-tem Be-scheid.

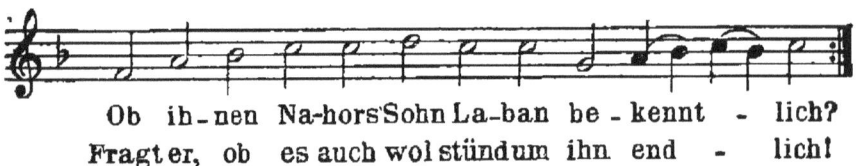

Ob ih-nen Na-hors'Sohn La-ban be-kennt-lich?
Fragt er, ob es auch wol stünd um ihn end-lich!

Und sie be-kräftig-ten dies ———— ;

Trieb ih-re Schaaf daher Ra-hel an-mu- - -thig.

Ainsi que je l'ai dit plus haut (1), ces mélodies psalmodiées et sans mesure étaient scandées d'après la prosodie du texte, sans mesure régulière, mais avec une respiration à la fin de chaque vers ou période, exactement comme dans le chant ecclésiastique. L'élément le plus curieux de ces chants, ce sont les ornements qui y apparaissent. Ils étaient, appelés *Coloraturen* ou *Blumen* (fleurs, — en italien *fioritura*) et se plaçaient tantôt au

---

(1) Chap. I, page 23 et 24.

début tantôt à la fin de chaque période mélodique. Il en est de si étranges que, pour la curiosité, on me saura gré d'en reproduire quelques spécimens.

Voici par exemple un *Meisterlied* de Hans Sachs lui-même, de caractère religieux, qui débute par une *fleur* sur la première syllabe du vers. Ce lied est dans le « *ton d'argent (Silberweis)* » de Hans Sachs (1513) :

Dans le même goût est le début du nouveau ton (*Neuer Ton*) du Sixtus Beckmesser authentique où la première syllabe du nom de l'apôtre Jean (*Johannes*) s'orne d'un dessin du plus délicieux comique :

Plus singulière encore est la fioriture initiale sur le pronom *ich* (je), au début de la *Hohe Bergweis* (air montagnard), un autre ton inventé par Hans Sachs (1516) et qui ne manque pas de fraîcheur. Voici la première phrase de ce lied :

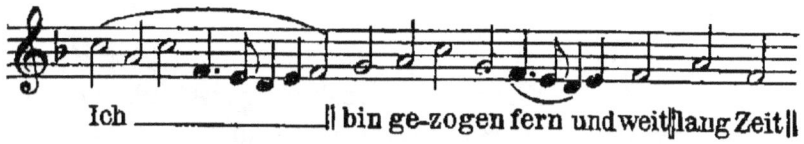

D'autres fois, le début mélodique est très franc et ce n'est qu'au milieu et à la fin des périodes qu'apparaissent les « fleurs ». Voici, par exemple, le début du *ton des roses* (*Rosenton*) de Hans Sachs :

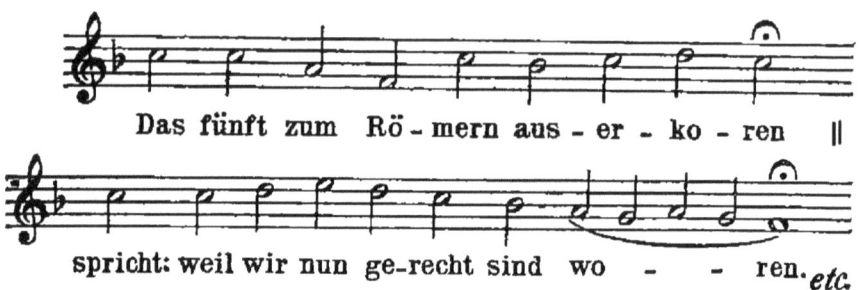

L'exemple suivant, l'*Abgesang* de la *Spruchweis* (ton parlé) de Hans Sachs est curieux par l'alternance de fioritures développées avec des ornements plus discrets à la fin de chaque vers :

Citons enfin l'*Abendton* (*chant du soir*) de maître Nachtigall, d'un très joli caractère chantant et qui se rapproche de la chanson populaire :

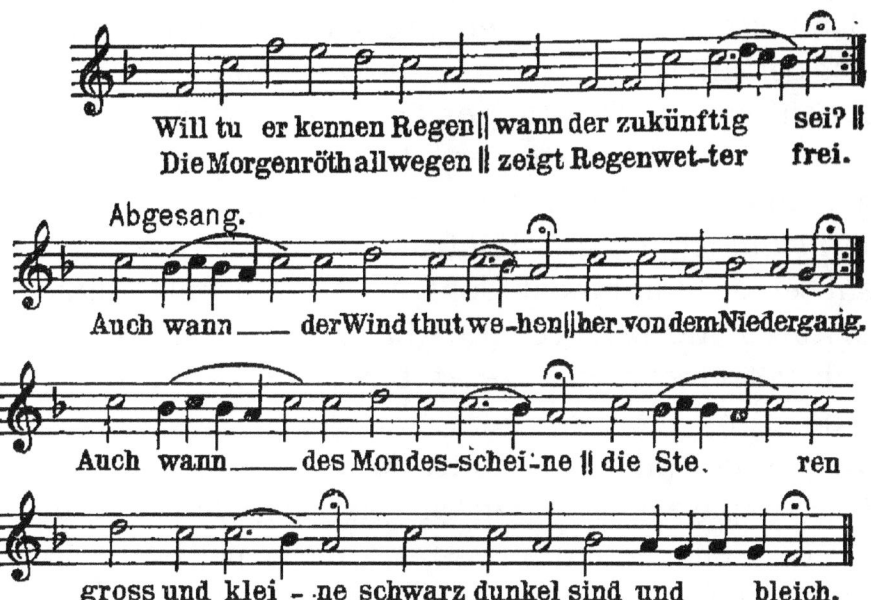

Ces monodies, si voisines encore de la psalmodie, sans ligne mélodique articulée, sans mesure et sans rythme, n'offrent qu'une médiocre substance musicale; on ne peut autrement s'étonner que Wagner n'ait pas trouvé à en tirer parti. Le seul élément mélodique qu'elles renferment, ce sont, en somme, les fioritures, et c'est justement cet élément que Wagner n'a pas manqué de retenir. D'un bout à l'autre de sa partition, on en retrouve partout, tantôt dans les voix, tantôt à l'orchestre, employées avec un à-propos merveilleux. Les ornements fleuris, les dessins se prolongeant sur une même syllabe, les cadences mélodiques les plus empanachées y sont véritablement prodiguées ; et ce qui est incomparable, c'est l'habileté avec laquelle le maître sait à l'occasion tirer des développements thématiques importants de ces simples broderies.

La page la plus surprenante à ce point de vue, c'est certainement le *finale* du deuxième acte, bâti tout entier sur les étranges arabesques dont s'orne le chant de Beckmesser. Dans ce prodigieux ensemble choral et instrumental, traité en manière de *fugato*, les dessins contrapontiques qui s'opposent et se combinent sont tous empruntés aux fioritures de la sérénade du greffier. C'est un enchevêtrement étrange et bizarre de voix, plein d'une ironie et d'un humour irrésistibles. Je ne sais pas ce qui, dans toute la musique, pourrait être comparé à cette page magistrale, pour l'intensité de l'effet comique, si ce n'est peut-être la savoureuse partition du *Défi de Phœbus et de Pan* ou la Cantate en l'honneur du *Café* de Jean-Sébastien Bach. C'est le même genre d'esprit parodique, et ce sont les mêmes procédés. Wagner, connut-il ces curieux spécimens de la verve satirique du vieux Kantor de Leipzig? Je l'ignore. Il est tout au moins curieux de noter la parenté du sens comique musical des deux maîtres; le rire de Wagner dans les *Maîtres Chanteurs*, c'est le rire de J.-S. Bach, dans ses cantates dramatiques bouffes.

Ne croyez pas que Wagner, en faisant chanter à Beckmesser des broderies si extravagantes, ait exagéré, qu'il ait poussé à la charge. Il n'en est rien; il n'est pas allé un seul instant au delà de l'absolue vérité et je n'en veux pour preuve que les deux exemples suivants que je cueille au hasard dans des partitions non pas de simples Maîtres chanteurs cette fois, mais de compositeurs en renom qui ont leur place dans l'histoire de la musique en Allemagne. Le premier est un fragment d'une cantate pour voix et instruments composée en l'honneur de la ville de Kœnigsberg par Henri Albert (1538) :

L'ornement final n'est-il pas vraiment d'un comique achevé ?

Le second exemple est un fragment d'une cantate dramatique, *Diane amoureuse*, de Reinhard Keyser, un maître estimé qui vécut au XVIIe siècle. Voici, choisi entre beaucoup d'autres, l'un des traits qu'il impose à la voix de sa cantatrice :

Wagner n'a certainement pas connu cet invraisemblable modèle de l'ancien style vocal allemand. La cantate de Reinhard Keyser, d'où il est tiré, n'est pas imprimée et elle a été publiée pour la première fois en 1884, dans les *Monatshefte für Musikgeschichte*. Il aurait pu, il est vrai, rencontrer ailleurs des traits analogues au cours de ses recherches, car Reinhard Keyser n'est certainement pas le seul maître de ce temps qui ait écrit de ce style.

Quoi qu'il en soit, que les vocalises de Beckmesser aient été inventées par Wagner ou qu'il les ait puisées dans quelque vieil auteur, il m'a paru utile d'appeler l'attention sur ce curieux détail, ne fût-ce que pour éviter aux Bellaigue et aux Pougin de l'avenir la peine de lui reprocher des lourdeurs et des exagérations caricaturales qui offensent leur délicatesse de goût, mais dont il ne s'est pas rendu coupable.

Remarquons enfin l'emploi très caractéristique que Wagner fait du *choral*, cette forme essentielle de l'hymnodie de l'église réformée. Toute la partition des *Maîtres Chanteurs* est comme imprégnée de la substance musicale de ces chants larges, solennels et profonds.

Le choral protestant est destiné, on le sait, à être chanté par la communauté des fidèles. Les thèmes mélodiques sont, par conséquent, très simples. Ils sont généralement empruntés à des airs populaires, quelques-uns même aux hymnes et aux chants liturgiques de l'église catholique. Chaque verset, correspondant à une période mélodique distincte, est marqué par un long arrêt. Primitivement conçu comme chant monodique, le choral, déjà du temps de Luther, commença à être traité à plusieurs parties vocales ou instrumentales (orgue) par les maîtres polyphonistes du XVIe siècle. Au XVIIIe siècle, avec J.-Sébastien Bach, il atteint l'apogée de son développement et reçoit la forme définitive qu'il a conservée jusqu'aujourd'hui.

Rien ne peut donner une idée de la majesté de ces chants religieux au rythme grave et lent, à l'ample ligne mélodique, quand ils résonnent sous la voûte du temple, entonnés par la masse des croyants soutenus par les puissants accords de l'orgue. C'est une saisissante, une inoubliable impression. Plus d'une fois, bien certainement, aux jours sombres de désespérance et d'angoisse à Paris, l'âme profondément religieuse de Wagner dut se reporter avec attendrissement vers ces cantiques émouvants, entendus autrefois à Leipzig ou à Dresde, et dans l'atmosphère desquels son enfance avait été élevée. Les souvenirs ne nous charment et ne nous saisissent jamais d'une étreinte plus caressante qu'aux heures de doute et d'accablement, loin du pays natal.

Tout naturellement, nécessairement en quelque sorte, au moment où il reprit l'idée des *Maîtres Chanteurs*, l'écho lointain de ces beaux chants dut bourdonner dans sa mémoire et se préciser à mesure que le poème se développait. L'histoire des Maîtres chanteurs est d'ailleurs intimement liée, tout au moins à Nuremberg, à celle de la Réformation. J'ai dit le rôle capital joué par Hans Sachs dans ce mouvement; grâce en partie à lui, dans aucune autre ville de l'Allemagne du Sud, Luther ne rencontra autant d'adhérents et d'aussi sincères ; pendant tout le XVIe siècle, on mena véritablement à Nuremberg une vie très chrétienne. L'évocation de la vie bourgeoise de ce temps serait incomplète si l'on omettait de noter cette tendance très particulière des esprits. Musicalement rien n'était plus propre à la caractériser que précisément le *choral* : c'est dans ce chant que se synthétise le sentiment esthétique de la Réforme. Ce point n'a pas échappé à la pénétrante observation de Wagner ; et celle-ci s'est trouvée d'accord avec ses sentiments les plus intimes.

Ainsi s'explique la place importante que le *choral* proprement dit et les développements qui en dérivent occupent dans les *Maîtres Chanteurs*. Dès la première scène, nous rencontrons un *choral* complètement développé, et la scène finale s'ouvre encore par le merveilleux choral que Wagner a composé sur le texte même du poème de Hans Sachs en l'honneur de Luther. L'introduction du troisième acte, se développe en partie sur la mélodie de ce choral et nous retrouvons encore un écho du choral du premier acte (*Quand vers toi, le maître vint*) dans la scène du baptême de la mélodie de Walther, où Wagner, avec des fragments mélodiques de ce choral, compose les délicats interludes d'orchestre qui coupent le chant psalmodié de Sachs. Notons encore la chanson de David (au troisième acte) : *Saint Jean dans l'onde du Jourdain*, traitée dans le style du choral.

Ainsi à travers toute la partition se répercute l'écho des chants religieux de la Réforme. Dans ce sens, on pourrait dire que les *Maîtres*

Chanteurs sont une partition protestante. Les formes du choral y sont tout ensemble un élément pittoresque qui concourt puissamment à lui donner son caractère propre, et un élément musical qui correspond aux plus secrètes et profondes aspirations de l'âme de Wagner. Lorsqu'à la vue de Sachs, le peuple, au quatrième tableau, entonne en l'honneur de son poète favori le choral du *Rossignol de Wittemberg*, soyez persuadé que Wagner se mêle secrètement à la foule et que nul dans le chœur ne chante d'une voix plus émue et plus vibrante, avec une conviction et une foi plus sincères, cet hymne magnifique à la rénovation religieuse triomphante. Ce chœur est un acte de foi en même temps qu'un *credo* esthétique : *Art* et *Religion;* Wagner n'a jamais séparé l'une de l'autre, et c'est un trait intéressant que de retrouver implicitement l'affirmation de ses idées à ce sujet jusqu'en cette œuvre comique.

Dans le chapitre suivant, j'examinerai plus en détail la partition, je n'y insiste donc pas ici. Mais avant de passer à l'analyse de la musique des *Maîtres Chanteurs*, je prie le lecteur de jeter encore avec moi un rapide coup d'œil sur la partition du *Hans Sachs* de Lortzing.

Ce n'est pas qu'une comparaison soit possible entre cette œuvre d'un homme de talent et l'admirable ouvrage du plus puissant génie musical de ce siècle fécond en artistes supérieurs. Quelques détails cependant méritent de fixer l'attention et ne seront pas, je crois, sans intéresser le lecteur musicien.

La partition de Lortzing (1), après tout, n'est pas sans quelque mérite. Elle est écrite dans le style de l'opéra-comique de l'an trente, et il n'est pas besoin d'en dire davantage pour faire comprendre combien est profond l'abîme qui la sépare de celle de Wagner. Les morceaux détachés qui la composent sont séparés par le dialogue parlé, suivant la forme consacrée du genre.

Le premier acte, après une introduction assez développée, d'un caractère absolument banal, comprend : un *lied* (ténor) avec chœur, une scène et air (baryton), un trio (deux ténors et basse), une cavatine (soprano), un quatuor et un finale très développé, entrecoupé de récits dialogués et de parties chantantes reprises par le chœur.

Au deuxième acte, après une courte introduction instrumentale qui se termine en chœur, nous trouvons de nouveau un *lied*, un chœur suivi d'une danse, un *lied* sur la cordonnerie avec refrain en chœur, un duo (soprano et ténor), enfin un finale pour soli et chœur.

Un court interlude nous conduit au troisième acte, qui contient un air et duo pour deux sopranos, un ballet et pantomime, enfin un ensemble et chœur final.

Il serait tout à fait inutile de chercher dans cette partition de 171 pages (réduction pour piano et chant) l'ombre d'une inspiration caractéristique.

---

(1) Elle a été publiée en 1840, chez Breitkopf et Hærtel, à Leipzig, en réduction pour piano et chant. L'édition est complètement épuisée. J'ai pu, néanmoins, m'en procurer un exemplaire après de longues recherches.

Les airs sont de pures romances; le début du premier *air* de Sachs en donnera une l'idée :

Les chœurs sont généralement bien écrits, à quatre parties, d'allure très mélodique et très francs de rythme. Ils sont certainement ce qu'il y a de mieux dans la partition. Dans l'un de ces chœurs (finale du deuxième acte) je recueille le thème que voici :

qu'il n'est pas sans intérêt de rapprocher de la chanson des compagnons tailleurs au début du quatrième tableau des *Maîtres Chanteurs*. Lortzing était un compositeur essentiellement populaire, c'est par le caractère simple et naïf de ses mélodies, par l'allure très rythmique de ses chœurs que ses œuvres portèrent sur le grand public et exercent encore aujourd'hui une certaine action.

Les différents *lieder* que contient son *Hans Sachs* sont à cet égard des exemples tout à fait typiques. Ils sont bien dans le ton de la chanson populaire allemande et c'est leur principal mérite. On en jugera par les deux exemples suivants.

L'un est le *lied* du premier acte que chante

l'apprenti de Sachs sur des paroles de son maître :

Le second est une ronde que chantent au troisième acte les apprentis cordonniers. C'est un *lied* avec refrain :

Ces deux spécimens ne sont certainement pas sans intérêt. Qu'on les compare avec les *lieder* dans le style populaire que Wagner donne à David et à Sachs, on n'y trouvera certes aucune ressemblance il y a cependant un certain air de famille, et ceci prouve avec quelle justesse d'accent le maître de Bayreuth a su trouver et reproduire le ton populaire. La chanson de Kurwenal dans *Tristan*

et Iseult (premier acte) a la même allure franchement rythmique et mélodique.

Ce qui manque à Lortzing, c'est l'originalité de l'invention mélodique ; il reproduit servilement les formes de l'air populaire allemand. On trouvera aisément dans les volumineux recueils du *folklore* d'outre-Rhin des tournures mélodiques et des rythmes identiques aux siens. Wagner, lui, crée à nouveau : ses chansons ont un accent particulier, bien personnel, immédiatement reconnaissable, tout en demeurant fidèles au type national.

Avant de quitter Lortzing, je veux citer un dernier exemple. Au premier acte de son ouvrage, il y a une situation assez voisine de celle que nous rencontrons au deuxième acte des *Maîtres Chanteurs*. Sachs est dans son atelier et rêve : il songe au concours auquel il veut prendre part et compose le *lied* qu'il se propose de chanter. Chose curieuse, Lortzing et son librettiste passent à côté de ce motif très musical. Sachs *déclame* simplement le texte de son poème, tout en le rédigeant ; mais il s'arrête, se reprend, et son *parlé* est coupé de courts interludes d'orchestre dont voici le thème :

Chaque fois que Sachs s'interrompt pour réfléchir et écrire, ce gracieux motif, tout à fait dans le caractère de Weber, résonne à l'orchestre soit en entier, soit fragmentairement. Il se répète de la sorte quatre fois de suite, avec de délicates inflexions.

Cet épisode est vraiment joli, d'un charme doux et fin qui ne manque pas de saveur poétique. Le merveilleux thème de Wagner : *Lenzes Gebot! ô süsse Noth!* (Vœu du printemps, ô douce loi), a, certes, un accent autrement intense. Mais ne vous semble-t-il pas qu'il y a dans ces quelques mesures de Lortzing une analogie intéressante et d'inspiration et de sentiment ?

VI

LORSQUE, le 22 mai 1862, il écrivait de Biebrich à son jeune ami Wendelin Weissheimer, qu'il savait maintenant avec certitude que les *Meistersinger* seraient son chef-d'œuvre, Richard Wagner ne se trompait guère. Il n'en était encore à ce moment qu'aux premières pages de la partition, — car, chose curieuse, celle-ci fut commencée par le commencement, c'est-à-dire par l'ouverture, — mais déjà l'œuvre tout entière était arrêtée et mûre dans son esprit; il suffit qu'il se trouvât, quelques années plus tard, dans une atmosphère favorable, pour qu'il la réalisât d'un bout à l'autre, telle qu'il l'avait rêvée.

La partition des *Meistersinger* est la plus parfaite, la plus achevée qu'il nous ait laissée. Elle est sans défaut; elle est l'œuvre de maîtrise absolue. Ailleurs, il a pu nous saisir plus puissamment par la hardiesse et la grandeur de ses conceptions, nous subjuguer par la plastique expressive de ses thèmes et de son orchestration; ici il nous charme, il nous convainc irrésistiblement par l'abondance de son invention mélodique, par la richesse et l'incomparable sûreté de la forme. Nulle part il n'a été aussi heureux dans la transformation successive de ses thèmes fondamentaux. Il en nuance l'expression avec un art plus délicat que partout ailleurs; par d'infinies et délicates inflexions, il en varie incessamment la signification de la façon la plus ingénieuse, les enfle, les diminue, les combine les uns avec les autres, avec une fécondité de moyens qui est à chaque lecture une source de nouvelles jouissances esthétiques. Le miracle de cette partition, c'est qu'en dépit d'un travail en apparence si méticuleux et si précieux, l'ensemble demeure d'une franchise d'inspiration, d'une fermeté d'allure, d'une unité de forme, d'une clarté de développement qui font penser à Bach et à Beethoven dans leurs plus purs chefs-d'œuvre.

L'OUVERTURE

La partition s'ouvre par une page instrumentale d'amples proportions qui nous met tout de suite en présence des thèmes fondamentaux de l'œuvre. Wagner l'intitule modestement *Vorspiel*, prélude; mais cette symphonie est, en réalité, une ouverture largement développée, dans la forme classique. Elle se divise en quatre parties distinctes bien qu'étroitement unies :

1) une période initiale *moderato*, en forme de marche, qui se développe sur quatre thèmes principaux combinés de différentes façons où le ton d'*ut majeur* n'est quitté qu'accessoirement;

2) une seconde période en *mi* majeur, d'allure

franchement lyrique, amplement développée et qui forme, en quelque sorte, le centre du morceau ;

3) un épisode intermédiaire, en manière de *scherzo*, développé sur le thème initial, traité en diminution et en style fugué ;

4) une reprise du thème lyrique combiné cette fois *simultanément* avec les deux thèmes principaux de la première période, conduisant à une sorte de *coda* qui ramène la phrase initiale en manière de strette.

Dans la littérature moderne de l'orchestre, si riche, cette page magnifique est sans rivale, par l'intérêt de l'écriture, la logique des développements, la force caractéristique des thèmes, par la puissance et l'éclat de l'instrumentation. C'est une œuvre d'art aussi parfaite, aussi achevée de forme que l'ouverture de la *Flûte enchantée* de Mozart et la grande ouverture de *Léonore* de Beethoven.

Sans préambule, elle débute par l'exposé franc d'un thème au rythme énergiquement scandé en manière de marche :

C'est le thème qui, dans toute la partition, sert à caractériser les Maîtres chanteurs. Pour en comprendre le caractère et l'allure emphatique, il faut se rappeler un mot de Wagner : « L'Allemand, disait-il, est anguleux et gauche quand il veut montrer de bonnes manières ; mais il est noble et supérieur à tous lorsqu'il s'enflamme. » Telle est l'idée fondamentale qui sert à caractériser cette phrase large et pesante, noble et gauche tout ensemble. On pourrait l'appeler le thème de la Bourgeoisie germanique. Elle est d'expression singulièrement plastique et juste. Au point de vue musical pur, remarquons la netteté de sa ligne mélodique et la carrure de son rythme qui la rendent admirablement propre à subir les transformations les plus variées et à se prêter aux développements thématiques les plus divers.

Dès les premières mesures, Wagner désagrège les parties mélodiques de cette phrase pour en faire des dessins secondaires, dont il forme une série de sujets d'imitation qui impriment au morceau une allure polyphonique infiniment curieuse et en quelque sorte scolastique, bien appropriée au sujet. Cette belle phrase se développe sur une série de progressions par intervalles de secondes ascendantes et descendantes, poursuivies sur toute l'étendue d'une octave et dont l'emploi a je ne sais quoi de conventionnel et de grammatical éminemment caractéristique.

Notons encore une particularité harmonique très saillante et qui, dès la seconde mesure, frappe notre oreille : l'emploi du *retard*. On en rencontre d'innombrables exemples dans toute la partition des *Maîtres Chanteurs*, et c'est certainement avec intention, car la fréquence de cet artifice contribue beaucoup à la couleur archaïque de l'œuvre.

L'exposé de ce thème initial, dans toute son ampleur, avec ses premiers développements, conduit à un second thème d'un caractère tout différent, essentiellement lyrique et qu'expose la flûte :

2

Ce thème sert à caractériser plus particulièrement l'*amour naissant* de Walther pour Eva. Le hautbois, la clarinette et le cor s'associent à la flûte et alternent avec elle dans le développement de cette idée mélodique dont le dernier fragment (*a*) devient le point de départ d'un trait brillant des violons qu'on dirait emprunté à Weber :

et qui amène un troisième thème, entonné par les cuivres (soutenus par les harpes), comme une sorte de fanfare :

3

C'est ce thème signalé au chapitre précédent et que Wagner semble avoir emprunté au ton couronné de Henri Mugling. Dans la pensée de l'auteur, il doit se rattacher à la confrérie des Maîtres chanteurs. On pourrait l'appeler la *fanfare de la corporation*, le thème de la *guilde*, ou encore le thème de la *bannière*, en tant que celle-ci est l'emblème corporatif. La partie *b* montre comment Wagner la combine avec le thème proprement dit des *Maîtres Chanteurs* (1); il en déduit ensuite, avec des fragments merveilleusement associés, un long développement qui atteste l'art avec lequel il s'entend à traiter polyphoniquement un sujet :

A la conclusion de ce superbe développement où Wagner emploie la masse instrumentale complète, dans tout son éclat, on remarquera une intéressante marche chromatique des cuivres (trompettes et trombones soutenus par les altos et violoncelles) dont l'expression est intense :

et qui semble une ardente supplication. Ce dessin sert de base à un épisode intermédiaire (*poco più animato*) de huit mesures, haletant, de plus en plus anxieux :

Après une série de délicieuses modulations il aboutit, en ralentissant, à la douce et large mélodie que voici :

C'est le thème qui caractérise, en général, l'amour de Walther et d'Eva. Avec cette mélodie commence la seconde partie de l'ouverture ; c'est l'épisode qui fait contraste avec la marche d'introduction et ses développements accessoires. Du ton d'*ut* majeur qui a dominé jusqu'ici, nous entrons dans celui de *mi* majeur. Dès que cette cantilène chaleureuse s'est développée, elle se combine avec le dessin suivant :

fougueux, emporté, passionné, et qui, par l'alternance du rythme binaire et ternaire, par le timbre du hautbois et du cor, qui se le partagent avec le violon, exprime une langueur pleine de désir.

De ce simple dessin Wagner tirera plus tard un des effets les plus expressifs de la partition; c'est sur ce thème, considérablement élargi, qu'au deuxième acte, rêvant le soir devant son échoppe, Sachs chante la douceur impérieuse du printemps et de ses irrésistibles commandements (1). Il joue aussi un rôle important au premier acte dans l'accompagnement du *chant d'épreuve* de Walther, où il traduit merveilleusement l'ardeur impatiente, le bouillonnement passionné qui agite le jeune poète.

Ici, dans l'ouverture, il forme un épisode d'une vingtaine de mesures, de plus en plus anxieux et agité, qui conclut comme l'épisode précédent sur l'expressive marche chromatique en tierces des cuivres (th. 4) et nous amène dans le ton de *mi* bémol.

Brusquement le caractère de la musique change. Un *allegretto* semble s'esquisser. Le hautbois en notes piquées, d'un effet très caractéristique, dessine, en valeurs diminuées du double, le thème même de la marche initiale (th. 1), que la clarinette et le basson ornent d'un contrepoint plein d'ironie et d'humour. Pendant quelques mesures, le dessin fiévreux de l'*Ardeur printanière* (7) semble lutter avec cette partie comique; mais bientôt l'humour

---

(1) *Lenzes Gebot, du süsse Noth*, que M. Alfred Ernst, dans sa nouvelle version, traduit par « Vœu du printemps, divin tourment ». Il faudrait dire : « Vœu du printemps, ô douce loi ! » Wagner ne parle pas de *tourment;* il parle d'une contrainte, *Noth*.

reprend le dessus et, dans un amusant *fugato*, la parodie de la solennelle et pesante *Marche des Maîtres* se développe avec un nouveau sujet en contrepoint à la basse :

Cet intermède est un véritable bijou de gaîté et d'esprit musical. J'appelle particulièrement l'attention sur le contre-sujet aux violoncelles. Il est très rare que nos chefs d'orchestre en comprennent l'ironie mordante. Ce contre-sujet n'est autre chose que le thème qui, au quatrième tableau, au moment où Beckmesser paraît sur le tertre gazonné et va commencer son chant de maîtrise, vole de bouche en bouche parmi la foule, passe d'une voix à l'autre, des basses aux ténors, des ténors aux soprani avec une nuance extrêmement comique d'incrédulité. « Quoi? Lui? Il ose? » et alors se dessine ce thème si piquant :

Scheint mir nicht der Rech-te!

Scheint mir nicht der Rechte, disent les gens du peuple, expression absolument familière et populaire qui veut dire : « ce n'est pas notre homme, ce n'est pas celui-là qui fera l'affaire ». M. Alfred Ernst n'a pas été plus heureux que feu Wilder dans sa traduction de ce passage si caractéristique et si important.

> Quoi, lui ? Il ose ?
> J'ai peine à le croire !

écrit M. Ernst.

Victor Wilder avait dit :

> Est-ce bien possible ?

L'un ne vaut pas mieux que l'autre, car ces expressions *neutres* enlèvent tout leur sel, tout leur mordant à ces répliques du chœur, si plaisantes en allemand.

D'où il résulte que, dans les exécutions françaises de l'ouverture, ni les chefs d'orchestre, ni les instrumentistes ne saisissent complètement le sens de ce thème ; ils le dessinent avec la mollesse qui est dans les deux traductions françaises. N'étant pas suffisamment accentué, il perd la saveur populaire, le piquant que Wagner y a mis intentionnellement. Ce contre-sujet doit être bien détaché, très marqué, sans lourdeur toutefois, et lancé gaîment, avec beaucoup de verve et d'entrain, comme une expression ironique, gouailleuse, un éclat de rire : « Quoi, lui ! Il ose ! Ah ! la bonne farce ! Drôle d'aventure ! Ce n'est pas notre homme ! Il n' fait pas l'affaire ! » Qu'on y mette les paroles qu'on voudra, tout vaudra mieux que celles que nous devons aux deux traducteurs successivement officiels de Bayreuth.

Dans l'ouverture, ce thème devient particulièrement important, lorsqu'il change de place avec le sujet et paraît à la première partie. Cette interversion conduit, après un rappel du thème haletant de l'*Impatience* (5) à une fulgurante explosion, où le *thème des Maîtres* (1), lancé par la puissante voix des cuivres sur des traits précipités des violons, reparaît en son ampleur solennelle d'abord isolé, ensuite combiné *simultanément* avec le thème de l'*Amour* (6) et avec la *Fanfare de la corporation* (3) exécuté *scherzando* par les seconds violons, les altos et une partie des bois. Ce modèle de contrepoint à trois est trop intéressant pour être passé sous silence et j'en indique ici la disposition instrumentale pour ceux qui n'ont pas la partition d'orchestre dans leur bibliothèque :

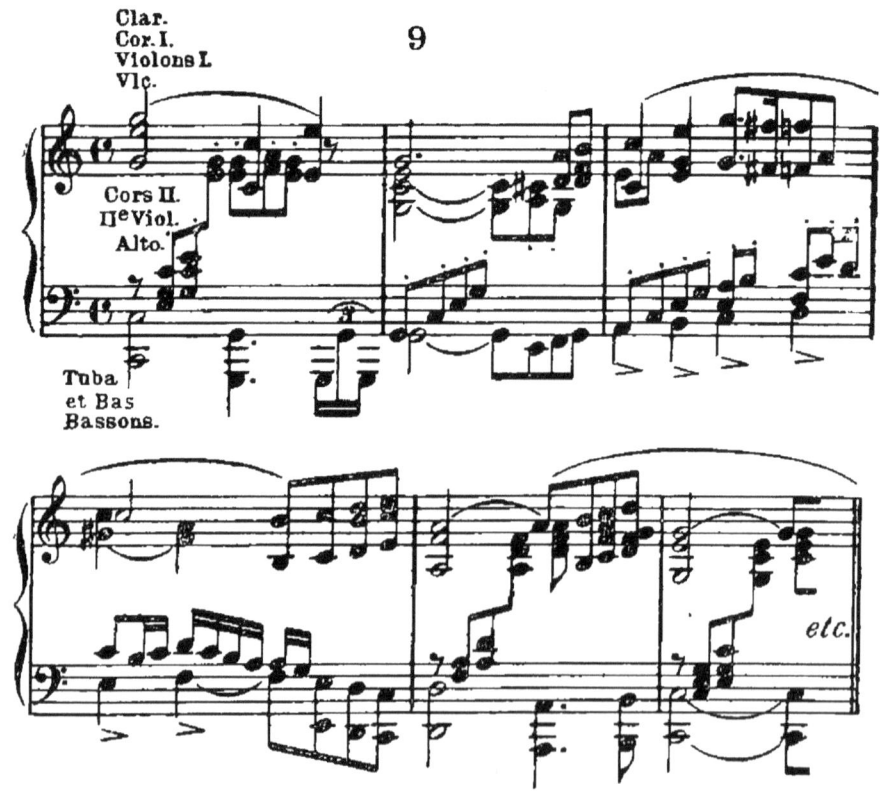

L'ouverture atteint avec cet épisode son point culminant. La phrase chantante se développe avec une ampleur magnifique, traversée, çà et là, par le thème ironique de *Beckmesser bafoué* (8 *bis*) tandis que les basses scandent avec une carrure superbe, digne de Bach, le rythme martial jusqu'à ce qu'éclate de nouveau le thème de la *Corporation* (3). Pesamment lancé par les cuivres, des traits de violon s'enroulent autour de lui comme des banderoles. Cette fanfare ramène en manière de conclusion dans tout l'orchestre une dernière et sonore affirmation du thème des Maîtres (1) qui se transforme ainsi à la conclusion de l'ouverture en une sorte de chant d'apothéose.

LE PREMIER ACTE

Sans autre transition, sur le dernier accord d'*ut* majeur du prélude, le rideau s'est levé et le chœur (en scène), soutenu par les accords de l'orgue, chante un beau choral dont voici le thème initial :

Ce choral est à quatre parties et développé dans le style le plus pur. Bach pourrait l'avoir signé.

Dès le point d'orgue qui, selon la tradition du genre, sépare le premier verset du second, Wagner nous montre comment il sait adapter à l'action dramatique les formes consacrées les plus rigides. Il occupe chaque pause par un délicat interlude instrumental, qui accompagne la scène mimée entre le chevalier de Stolzing et Eva. Ces petits interludes, tout à fait délicieux et expressifs, se développent sur les thèmes de la *Passion naissante* (2), de l'*Ardeur juvénile* (7), de l'*Amour* (6) qui s'enlacent à la fin autour de la mélodie chorale. Le hautbois et le violoncelle se repassent le délicat dessin de la mélodie en laquelle s'exprime à merveille l'anxiété du chevalier et le doux sentiment qui s'éveille dans le cœur de la jeune fille, plus attentive aux regards interrogateurs du chevalier qu'aux prières de l'office divin.

Le choral terminé, tandis que la foule des fidèles s'écoule lentement, les violons dessinent en traits rapides et saccadés, — tels des battements précipités du cœur, — une large phrase, composée de fragments des trois thèmes précédents, qui bouillonne et se soulève comme une poitrine gonflée d'espoir et de crainte. Cette phrase introduit le premier dialogue inquiet et haletant entre Walther, Eva et la suivante de celle-ci.

La scène tout entière, en sa délicatesse pleine de chaste retenue, est une merveille poétique et musicale. Aux questions pressantes de Walther répondent les répliques ingénues et embarrassées de la jeune fille, sur un accompagnement orchestral extrêmement sobre dans lequel, çà et là, le hautbois, la clarinette ou le cor dessinent des fragments des trois thèmes d'amour (**2**, **6** et **7**). Aux allées et venues de Madeleine, qu'Eva envoie chercher son écharpe et sa broche, correspond ce curieux motif qui parcourt toute la scène :

Lorsque Madeleine s'aperçoit, enfin, qu'elle même a oublié son livre d'heures, un plaisant accord *pizzicato* des cordes dépeint sa frayeur. Quand elle revient et qu'elle feint de remercier le chevalier d'avoir tenu compagnie à sa maîtresse, le *staccato* du hautbois rit ironiquement dans l'accompagnement. D'un bout à l'autre, ce dialogue musical si fin, si subtil en nuances, est un ravissement. Avec quelle délicatesse le hautbois esquisse le thème d'amour quand Eva explique à la suivante, non sans un peu d'embarras, ce que désire savoir le chevalier :

Le dialogue s'accompagne ensuite de fragments de thèmes des *Maîtres Chanteurs* (**1**) et de la *Corporation* (**3**), lorsque Madeleine explique au jeune amoureux qu'il faudra vaincre au concours pour obtenir la main de la jeune fille.

Combien piquant le dessin suivant qui paraît aux violons :

lorsque, s'oubliant, la jeune fille s'écrie qu'elle n'épousera pas un autre que Walther et que Madeleine, atterrée de tant d'audace ingénue, la gourmande : « Quoi! Eva! Eva! Perds-tu la tête? »
Ce thème a donc un sens précis : il s'applique à la *volonté* bien déterminée d'Eva de ne se donner qu'au chevalier ; ainsi joue-t-il un rôle important au deuxième et au troisième actes.

Tout cela coule de source, plein d'humour, de gaîté, de grâce piquante.

Comment Wagner s'entend à traduire musicalement le comique de situation, on peut le voir quelques mesures plus loin ; lorsque Madeleine s'étonne de voir sa maîtresse s'enflammer si promptement et qu'Eva lui répond :

> J'ai cru voir son portrait souvent,
> Dis, n'est-il point pareil à David même?

la suivante croit qu'il s'agit de son préféré à elle, l'apprenti de Sachs. Aussitôt hautbois et clarinettes font entendre le joli motif sautillant que voici :

Quand Eva la détrompe et que la suivante croit qu'il s'agit du roi David figurant sur la bannière, le thème de la *Corporation*, la fanfare de celle-ci (3) s'indique ironiquement aux cordes en *pizzicato*. Lorsqu'enfin Eva explique qu'il s'agit de David, le vainqueur de Goliath tel que l'a peint Dürer, les violons et les flûtes s'exaltent en un dessin héroïque et joyeux d'une ligne extrêmement élégante.

Mais voici que David, le vrai David, l'apprenti de Sachs, est entré en scène avec les écoliers qui apportent les accessoires, bancs, estrade, chaise du chanteur, table du marqueur et rideaux, qu'ils ont à disposer pour l'assemblée de la confrérie. Le thème des *Apprentis* (13) mêle sa gaîté sautillante aux dessins du thème de la *Guilde* (3).

Cette première scène se termine par un véritable ensemble, un court trio entre Eva, Madeleine et Walther où les différents thèmes d'amour (2, 4, 5, 6) se marient et concluent, après un court canon vocal entre Eva et Walther, par une cadence sur l'accord du neuvième de dominante. Cette dernière combinaison est fréquente dans la partition et elle en est une particularité harmonique très intéressante.

Un court postlude sur le *thème d'amour* (6), qui chante passionnément aux bois et violons en s'éteignant peu à peu, accompagne le départ d'Eva et de Madeleine et sert de transition à la deuxième scène entre David, Walther et les écoliers.

Celle-ci est d'un tout autre caractère.

Tandis que les apprentis, en se jouant mille farces, rangent les sièges, disposent l'estrade destinée au marqueur, suspendent le rideau noir qui doit le cacher aux concurrents, David, suivant la pressante recommandation de Madeleine, se met en devoir d'initier le Chevalier aux secrets de l'art des Maîtres chanteurs. La musique se fait sautillante, pleine d'insouciance et d'ardeur légère. On n'entend plus que des trilles rieurs de petites flûtes, des espiègleries de hautbois, des babillages de violons, des joyeusetés de contrebasses.

Dès le début, un thème rébarbatif et grognon nous initie aux choses moroses que le Marqueur a charge d'accomplir :

Les écoliers n'en ont cure et gaîment ils disposent la loge du marqueur, cet antre de la routine, tout en raillant David qui refuse de les aider, et se pose devant l'étranger en personnage d'importance. N'est-elle pas vraiment jolie et d'un enjouement bien juvénile cette phrase mélodique qu'ils lui lancent :

Plaisamment David crie au chevalier la formule sacramentelle que le Marqueur jette aux concurrents : « Commencez ! » ; le quatuor raille, en une série ininterrompue de trilles, la savante initiation à laquelle s'emploie l'apprenti glorieux :

C'est d'abord le dessin *a* que l'on entend alternativement en valeurs doubles ou simples comme ici, ensuite associé au fragment *b*, une sorte de séquence (rosalie) que nous retrouverons encore ultérieurement à la fin de la chanson de Sachs au deuxième acte, pendant qu'il travaille aux chaussures de Beckmesser.

« Poésie et cordonnerie », comme le dit David, tout va de pair, il apprend les deux « arts » en même temps. L'orchestre accompagne ce naïf aveu avec une ironie charmante :

La même verve ironique inspire le compositeur pendant l'énumération des « tons et des modes » dont l'apprentissage a déjà coûté tant de peine à l'apprenti, mais laisse le poète Walther plutôt indifférent. Un véritable *scherzo*, pétillant de malice et de fantaisie, se greffe sur cet amusant épisode. Chaque mode reçoit un accompagnement descriptif approprié et le récitatif se charge d'innombrables fioritures plus étranges les unes que les autres et tout à fait semblables à celles que nous devons aux Maîtres chanteurs authentiques. Ce piquant badinage — que l'on écourte malheureusement à l'exécution sous prétexte que cette énumération cocasse n'est pas scénique, alors qu'au contraire elle provoque irrésistiblement le rire quand on la donne intégralement, — est introduit par un curieux dessin mélodique :

qui, dans la pensée de l'auteur, semble symboliser l'*art*, en tant que doctrine, et qu'il reproduira plus tard, incomplet et par là même très significatif, dans les quelques mesures instrumentales qui précèdent le chant de présentation de Walther. Il s'intercale aussi, mais fragmenté, dans le chant de maîtrise (*Preislied*) de Walther, au quatrième tableau.

L'énumération terminée, nous retrouvons des thèmes connus de la *Guilde* et des *Maîtres*, lorsque David explique à Walther qu'il faut à la fois être poète et musicien pour obtenir la maîtrise.

A plusieurs reprises, pendant cette longue explication, les apprentis sont intervenus pour taquiner David. Il perd patience à la fin, regarde l'ouvrage qu'ils ont accompli, démolit l'estrade du Marqueur qu'ils avaient mal plantée, la remonte convenablement et revient alors vers Walther qu'il prémunit contre ce juge implacable. Nous entendons pour la première fois à ce propos le *thème du Marqueur* :

Tous ces jeux de scène se déroulent sur le rythme piquant du *thème de David* (13) repris par le petit chœur des apprentis (sopranos, altos et ténors I et II) pour aboutir à ce joli thème de ronde populaire que tous dansent en formant cercle autour de David, dans un élan d'espiègle gaîté juvénile :

Mais voici que les Maîtres approchent : Pogner, accompagné de Beckmesser, obséquieux, sort de la sacristie, bientôt suivi par les autres membres de la confrérie. Les apprentis reculent aussitôt vers le fond, les rires se sont éteints. Tous se rangent avec respect sur le passage des graves bourgeois. De nouveau, aux basses, résonne sourdement le *thème de la Routine* (14), qui sert de transition à la troisième scène.

Celle-ci débute par un thème doux et fort, très court et presque insignifiant, qui cependant va, par la suite, donner lieu à de superbes et larges développements. Ainsi que l'a justement fait remarquer M. Ferdinand Pfohl (1), ce thème répand sa sève dans tout l'ensemble de la troisième scène et la domine si complètement qu'on pourrait difficilement citer, dans toute la littérature symphonique moderne, un exemple équivalent de rigueur logique dans les développements. Seul le fameux thème initial de la symphonie en *ut* mineur de Beethoven pourrait lui être comparé ; encore n'a-t-il pas le souffle soutenu qui distingue l'incomparable développement symphonique et dramatique tiré par Wagner de ce simple sujet.

Ce thème le voici :

---

(1) *Essai sur les Maîtres Chanteurs*, Leipzig, Th Reimboth.

Aussitôt exposé, il s'associe au dessin suivant des basses :

auxquels s'en joignent bientôt d'autres :

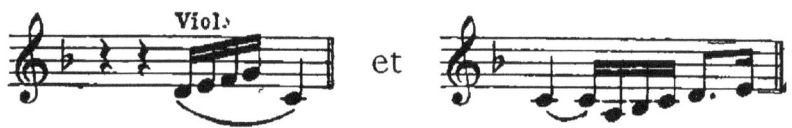

Peu à peu, mesure à mesure, le développement s'enfle, grandit, maintenant son allure noble et tranquille dont la gravité cependant se teinte de bonhomie. C'est un merveilleux morceau de musique psychologique, plein de caractère, qui traduit avec une incomparable justesse la droiture et la loyauté des bourgeois-artistes. Wagner travaille incessamment les mêmes thèmes ; ils paraissent presque à chaque mesure pendant tout le dialogue qui s'engage d'abord entre Pogner et Beckmesser, puis entre Pogner et Walther ; et tel est l'art avec lequel ils sont présentés, variés et combinés à l'infini, tantôt à la basse, tantôt à la première partie, renversés ou légèrement altérés, que l'on n'a pas un seul instant l'impression de l'abus du travail thématique. Que l'on veuille jeter un coup d'œil sur ce travail pendant la conversation de Pogner et de Walther (page 87 de la partition d'orchestre, et 61 de la petite réduction pour piano) ; avec quelle facilité la voix dessine son chant, et quelle souplesse dans la marche distincte de chaque partie !

Parmi d'autres, ces quelques mesures sont une merveille de contrepoint. L'orchestration, souverainement intéressante, légère et transparente, sauvegardant l'individualité de chaque instrument, forme autour de la voix un tissu sonore d'une fluidité délicieuse. Incessamment elle varie ses inflexions, elle se colore différemment, sans jamais couvrir les voix qui, sur le ton familier de la conversation, se répondent avec un naturel et une aisance incomparables pendant plus de cent cinquante mesures.

Remarquons le relief avec lequel, dès le début, Wagner s'entend à caractériser la figure de Beckmesser dont les méfiances s'éveillent dès qu'il aperçoit Walther ; de simples inflexions de voix et de rythme lui suffisent. Un peu plus loin, voyez avec quelle délicatesse le thème d'amour de Walther(2) s'enlace dans les dessins d'accompagnement pendant qu'il expose à Pogner son désir d'entrer dans la confrérie :

Dans l'intervalle, tous les maîtres sont arrivés ; la séance est ouverte, Kothner procède à l'appel nominal, et Pogner demande aussitôt la parole.

Un nouveau thème surgit alors. particulièrement expressif, d'un caractère joyeux mais noble toujours, tranquille et posé :

Il paraît tantôt sous cette forme simple, tantôt sous une forme plus ornée et en quelque sorte plus exubérante :

passant successivement par toutes les catégories d'instruments clairs : violons, clarinettes, hautbois, cors, flûtes, et répandant sur tout l'orchestre une rumeur de fête.

Dans son entier développement, il forme une ravissante mélodie que posent les violons et que redit en partie la voix :

Avec ses dérivés et quelques rappels de thèmes précédents, cette mélodie qui se rapporte à l'idée de la *Saint-Jean*, constitue toute la trame orchestrale qui soutient et accompagne l'allocution de Pogner, l'une des pages maîtresses de la partition, un véritable *lied*, ainsi que je l'ai fait observer précédemment, du charme le plus enveloppant.

Il va sans dire que, fidèle à son système, Wagner emploie passagèrement d'autres thèmes encore au cours du morceau. C'est ainsi que nous voyons un épisode intermédiaire se former avec des fragments du *thème des Maîtres Chanteurs* (**1**), lorsque Pogner parle de ses voyages et du déplaisir qu'il a éprouvé en voyant le peu de cas que l'on fait des efforts artistiques de la confrérie. Mais l'idée mélodique dominante reste le joli thème de la *Saint-Jean* (**22**), qui répand sur toute cette page la fraîcheur de son rythme léger.

Notons encore ce trait délicat des violons, repris ensuite par le hautbois :

23

lorsque Pogner annonce aux maîtres qu'il pose comme condition que la fiancée siège à leurs côtés dans le jury et qu'elle ait voix au chapitre. Il repasse fréquemment dans tout le développement instrumental qui accompagne la discussion à ce sujet entre les Maîtres.

Sans m'arrêter davantage à cette scène qui, jusqu'au bout, reste du plus haut intérêt et dans laquelle nous ne rencontrons plus guère que des thèmes connus, passons à la scène capitale de l'acte, celle de la présentation de Walther.

L'entrée de celui-ci est caractérisée par un thème plein de fierté et d'élégance :

Il n'est pas sans analogie de rythme et de caractère harmonique avec le thème héroïque de Parsifal et avec celui de Lohengrin. Il est, en tous cas, intéressant de l'en rapprocher. C'est sur ce thème qu'a lieu la présentation de Walther.

A la question qu'on lui pose, quel fut son maître, Walther répond par une large cantilène où il raconte comment il passa sa jeunesse à lire les poésies de Walther von der Vogelweide, à courir les bois, à écouter les chants de la nature en fête.

On remarquera, avant le début du morceau, le curieux dessin déjà signalé précédemment, le thème de l'*Art* (18), et qui paraît ici successivement répété par les cors, le hautbois et enfin l'*alto* solo, avec un caractère timide et embarrassé, inquiet même, éminemment caractéristique à ce moment.

Walther commence, aussitôt après, son récit (*Chant de présentation*).

La mélodie est ici nettement vocale, et ce chant, un des plus séduisants que Wagner ait conçus, reste, d'un bout à l'autre, dans le style du *lied* et même du *lied* populaire par la franchise de la ligne mélodique. Il se divise en trois couplets. Les deux premiers sont identiques, le troisième analogue de rythme et de sentiment. On a souvent fait à ce *lied* le reproche de n'être qu'une suite de *rosalies*, et le fait est que la répétition des mêmes dessins mélodiques sur deux degrés successifs ascendants ou descendants y est très sensible. Mais ce n'est pas sans intention vraisemblablement que Wagner s'est ici servi de ce procédé. Il voulait évidemment une mélodie très naïve, très simple et la *rosalie* est précisément une des formules les plus fréquentes dans les mélodies vraiment populaires.

Sans insister autrement sur la façon très plaisante dont Wagner note l'étonnement des Maîtres à l'audition de cette mélodie si peu conforme à leurs mélopées traînantes, signalons, pour le piquant de l'instrumentation, la transformation que subit le thème de Walther lorsque Beckmesser se met en devoir d'aller prendre place dans la loge du marqueur :

On pourrait l'appeler le thème de la *Jalousie de Beckmesser* et il n'est pas sans intérêt de le rapprocher du thème de l'*Envie des Nibelungen* dans la *Tétralogie*, bien que celui-ci repose sur une combinaison harmonique tout autre.

Avec quel sens du comique Wagner s'entend à accentuer l'allure grimaçante et le caractère déplaisant du *Marqueur*, le passage suivant en peut donner l'idée :

Cette curieuse combinaison souligne tous les jeux de scènes accompagnant l'entrée en loge de Beckmesser, et les dernières recommandations qu'il croit devoir adresser au noble candidat.

Aussitôt Kothner prend la parole pour lire les règles de la tabulature auxquelles Walther aura à se conformer. Cet épisode est en forme de récitatif, et visiblement Wagner a cherché à reproduire ici la monotonie des psalmodies des Maîtres chanteurs authentiques. Chaque couplet se termine par une de ces énormes et bizarres fioritures dont s'ornait leur chant, et l'orchestre redit ces fioritures de la façon la plus humoristique.

L'inspiration lyrique reprend de nouveau ses droits aussitôt que Walther a pris place sur le *siège* qui remplace à la scène la *chaire* que le rituel historique des Maîtres chanteurs lui ordonnait d'occuper. Walther s'essaie maintenant à improviser un « chant de maître ».

Ce *chant d'épreuve* est une admirable inspiration. Walther dit les appels impérieux du renouveau qui de son souffle vivifiant ranime toutes choses; c'est une ode enflammée aux puissances fécondantes de la nature, au charme enivrant du printemps. Ce beau *lied* est, lui aussi, en trois strophes, mais distinctes et d'une forme plus serrée, moins naïve que le *chant de présentation*. Les deux premières strophes qui se suivent, ont une parenté très étroite; le début de la seconde est nouveau, mais la phrase finale est la même. La troisième strophe est séparée de deux autres par un jeu de scène important entre Walther, Beckmesser et les Maîtres; elle a un caractère plus emporté, ainsi que le veut la situation, mais sans quitter la forme du *lied* et sans cesser de se rattacher étroitement au sentiment lyrique inspirateur des deux premières strophes. Tout le finale de l'acte est, en somme, bâti sur la ligne mélodique et vocale de ce chant de Walther, et l'on voit ici un nouvel exemple de l'art avec lequel Wagner assouplit une forme musicale consacrée aux nécessités de l'action dramatique.

Analyser en détail le puissant développement donné à cette scène nous mènerait un peu loin. Il me faut nécessairement renvoyer le musicien à la lecture de la partition dont aucune analyse ne pourrait donner l'idée, et qu'il est indispensable d'étudier en détail si l'on en veut saisir toutes les beautés. Je me bornerai à signaler quelques particularités dignes d'attention, et tout d'abord la façon extraordinairement expressive dont Wagner utilise, au début du chant de Walther, le thème de la *Passion naissante* :

Il imprime à l'accompagnement une sorte de fièvre, qui traduit avec un relief admirable l'agitation du jeune chanteur, le bouillonnement intérieur de sa flamme poétique et amoureuse, comme aussi, par la suite, la fermentation des sèves printanières dont le chanteur nous parle. La voix reprend alors le dessin du thème de l'*Amour naissant* (7).

Je signalerai ensuite, dès la huitième mesure du *lied*, le délicieux dessin qui apparaît dans les cors :

et qui traduit par son ondulation très douce le charme dont toute la nature s'enveloppe. Wagner reprendra plus loin ce dessin pour traduire l'exquise langueur dont les senteurs du sureau, le soir, bercent la rêverie de Sachs (deuxième acte).

Des traits descendants des cordes simulent

d'une façon sonore, à la fois plastique et humoristique, les coups de craie que, dans sa loge le marqueur, caché aux yeux du public, accumule sur son tableau noir. Puis pendant quelques mesures, les harmonies du thème de l'*Envie* (25) assombrissent le chant de Walther, avec un expressif dessin des altos :

28

Walther reprend ensuite son chant, soutenu par le dessin de plus en plus haletant et passionné de son amour pour Eva (7).

Quand Beckmesser sort de la loge exhibant, au milieu de l'hilarité générale, son tableau noir tout blanchi de craie, le *thème du Chevalier* altéré passe rapidement à l'orchestre :

29

Et aussitôt se joint à lui un thème profondément ironique et sarcastique de Beckmesser, où l'on reconnaît une variante du *thème du Marqueur*, mais rendu plus mordant, plus agressif, plus haineux encore par l'étrange saut de quintes qui le caractérise :

ou encore, un peu plus loin :

Lorsque Beckmesser fait appel aux maîtres, ce curieux dessin traduit leur émoi et leur ahurissement :

Sachs intervient alors. Une phrase incisive marque son douloureux étonnement et nous le retrouverons, au deuxième acte, avec le même sens, appliqué à Eva :

Il précède immédiatement un nouveau thème très important sur lequel va se développer son appel au bon sens et à l'impartialité des maîtres :

C'est le thème de la *Bonté*, de la *Bienveillance* de Sachs. On le retrouvera au deuxième et au troisième actes. Ici il s'oppose constamment au thème envieux de Beckmesser. Notons encore le joli caractère humoristique et bon enfant de cet accompagnement :

sur la réplique, pleine de fine ironie de Sachs à Beckmesser :

> Si quand je chausse un pauvre diable
> J'écris pour lui quelques vers,
> Pourquoi le greffier de la ville
> N'en aurait-il point?

Walther, encouragé par Sachs, reprend enfin son *lied* inachevé, en suivant d'abord la mélodie de sa seconde strophe altérée par les harmonies de la *Jalousie* (voir ci-dessous 33*a*), pour s'élever bientôt, sur un ton plus lyrique encore, à une belle cantilène qui emprunte son dessin au thème du *Charme de la nature* (27) auquel se joint une nouvelle formule (voir 33*b*), le tout accompagné fièvreusement par le dessin de la passion (7); cet épisode nous ramène comme conclusion la phrase finale du *Chant d'épreuve* (33*c*).

Dès que Walther a commencé ce troisième couplet, Beckmesser n'a cessé de l'interrompre, tandis que Sachs l'encourage du geste et de la voix. Les autres maîtres interviennent. Il en résulte un ensemble grandiosement conçu, réalisé avec une surprenante maîtrise, non pas un chœur banal, mais une sorte de symphonie vocale à seize parties réelles où les voix s'enchevêtrent en dessins variés, distincts les uns des autres, que domine la phrase mélodique du dithyrambe de Walther jusqu'à ce que le thème de la *Ronde des apprentis* (20) entraîne tout, chanteurs et orchestre, dans son rythme dansant (voir 33c).

Walther refusé (33d), l'assemblée se sépare dans le plus grand tumulte. Seul, Sachs, calme et chagrin, considère un moment pensif la chaire restée vide, puis sort lentement. Alors à l'orchestre, en un délicieux postlude, passent une dernière fois le thème de la *Passion naissante* (7), celui de la *Ronde des apprentis* (20), enfin, rendu comique par l'instrumentation (basson et violoncelles) le *thème des Maîtres*. Deux accords brefs et stridents (33d), rappelant la sentence rendue par les maîtres, amènent la cadence finale.

DEUXIÈME ACTE

Le deuxième acte nous transporte dans une tout autre atmosphère. Il est plus en dehors, plus enjoué, plus lyrique aussi. Les caractères de Hans Sachs, de Beckmesser et de Walther, très nettement posés dans la scène de l'épreuve devant la confrérie, se développent ici musicalement sous un nouvel aspect, celui de Sachs en particulier, qui n'avait été dessiné jusqu'ici qu'extérieurement. Son sens droit, sa bonhomie liante, son esprit mordant ont eu l'occasion de s'affirmer dans la réunion de la Guilde ; le deuxième acte nous fait pénétrer plus au fond de cette belle âme dont la musique traduit, en pages merveilleusement éloquentes, la profonde sensibilité et la haute noblesse.

Une courte préface instrumentale sert d'introduction. Des rythmes allègres et dansants annoncent les apprêts de la Saint-Jean, la fête populaire par excellence. Un trille étincelant des flûtes et des bois ; des traits rapides des cordes, montants et descendants en gambades ; puis des rappels du thème de la *Saint-Jean* (22) ; en tout vingt mesures, et le rideau se lève.

La bande joyeuse des écoliers s'occupe de fermer les volets en chantant des rondes de fêtes dans l'ombre croissante du soir :

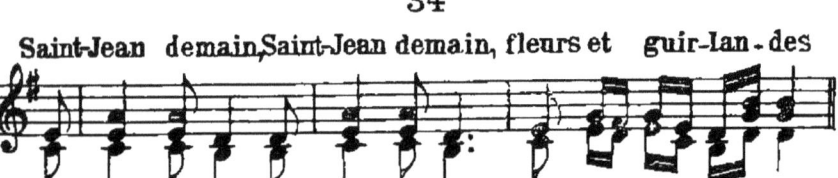

Le scherzo s'anime de taquineries des écoliers à l'adresse de David poursuivi par Madeleine qui le renvoie tout penaud lorsqu'elle apprend que Walther a été définitivement refusé. Les thèmes de rappel s'enchassent avec une aisance ingénieuse dans le rythme vif et les harmonies claires de la ronde des apprentis (20).

A l'arrivée de Sachs, tout se calme. Le maître

est pensif et saisi d'une inquiétude étrange. Un thème, déjà fragmentairement apparu au premier acte, qui jouera plus loin encore un rôle important, se dessine aux violons soutenus par les bois et les cors : c'est le thème de la *Cordonnerie*, le dessin caractéristique du *métier manuel;* il sent la poix et le cuir. Je le reproduis ici tel qu'il apparaît un peu plus loin avec son instrumentation et sa couleur morose dans l'accompagnement des paroles de Sachs à David (pages 191 de l'orchestre et 169 de la petite réduction pour piano et chant), quand Sachs fait apprêter son échoppe pour reprendre l'ouvrage et terminer les chaussures que lui a commandées Beckmesser :

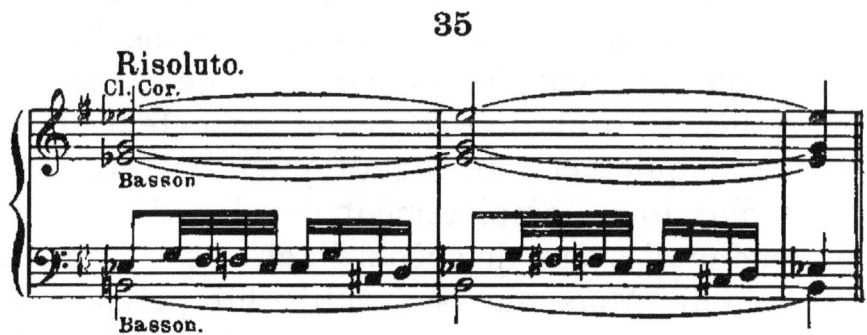

A ce moment l'honnête Pogner rentre avec Eva de la promenade vespérale. Lui aussi, il est étrangement troublé. Pourquoi? Je l'ai expliqué dans l'analyse du poème (voir pages 138-139). L'orchestre nous dit la cause de ses préoccupations ; vaguement des ressouvenirs du *Chant d'épreuve* de Walther flottent dans l'accompagnement et reportent notre pensée à la scène qui s'est déroulée le matin à la réunion des Maîtres. C'est bien à Walther que songe Pogner, et à la promesse faite solennellement de ne donner sa fille et tous ses biens qu'à un maître vainqueur au concours. Le thème du chanteur se confond avec celui de la *fête patronale de Nuremberg*, dérivé de celui de la Saint-Jean :

Eva s'inquiète elle aussi ; elle ira tout à l'heure consulter Sachs, le paternel ami, pour savoir ce qui s'est passé le matin. Elle questionne Madeleine qui ne peut lui donner que de fâcheuses nouvelles. L'orchestre ébauche délicatement un thème inquiet et interrogatif que nous retrouverons plus loin complètement développé.

Pendant ces jeux de scène, Sachs s'est installé à son établi. Mais que ses outils lui pèsent! Ils tremblent dans sa main. Qu'a-t-il? Est-ce le sureau fleuri dont le parfum l'emplit d'une langueur inconnue? Il ne peut travailler. Son âme d'artiste est toute troublée du chant si sincère qu'il a entendu le matin. Il a le pressentiment d'un art nouveau et sa rêverie flotte incertaine et charmée par ces accents fiers et insinuants dont il s'essaie à retrouver le tour gracieux et chaste. C'est ici que se développe le beau *lied* dont j'ai longuement parlé au chapitre précédent (page 168) et dont l'accompagnement, composé de thèmes significatifs, augmente le sens expressif. Wagner est sans égal pour mettre à nu le sentiment de ses personnages dramatiques. « Ce qu'ils avouent, les instruments le confirment ; et ce qu'ils taisent, la symphonie le révèle » dit finement M. de Fourcaud. Magnifiquement amplifié, le thème de l'*Ardeur juvénile* associé ici à l'idée du *Printemps* (**7**), oppose ses harmonies incisives au rythme saccadé et bougon du thème du métier manuel.

La rêverie du vieux maître conclut sur cette jolie phrase mélodique :

Je la cite tout entière, car elle est éminemment caractéristique. Wagner en oppose intentionnellement le sentiment naïf et populaire aux accents tout différents du chant de Walther. Rappelons-nous ce qu'il disait de son personnage de Sachs en lequel il avait voulu représenter « la dernière incarnation du génie populaire ». La musique est ici la meilleure interprète de sa pensée. La simplicité et le naturel mélodique de la phrase me semblent merveilleusement convenir à l'expression de ce contraste. Avec quel relief elle nous donne toute la psychologie du personnage !

Avec l'entrée d'Eva, qui vient aux nouvelles chez Sachs, s'introduit un nouvel élément musical : l'insinuante et câline rouerie de la jeune fille, son ironie affectée, la vague mélancolie dont se teinte l'âme de Sachs, tiède encore des espoirs amoureux qu'il va abandonner, tout cela s'exprime dans le doux et mystérieux accompagnement qui souligne le dialogue :

La clarinette chante le tendre sentiment qui doucement, comme un rêve berceur, hante l'âme de Sachs à la vue de l'adorable enfant. Celle-ci interroge, elle feint de rire. Au fond, elle fondrait volontiers en chaudes larmes, confessant au paternel ami le tourment qui la trouble et suscite ses questions :

La trame instrumentale de ce dialogue est une pure merveille de grâce, de légèreté, d'harmonieuse sonorité. Ouvrez la partition d'orchestre : vous serez surpris de la sobriété des moyens : le quatuor des cordes et, çà et là, quelques dessins de bois, il n'y a pas autre chose. Pendant cinq ou six pages, toute la partie instrumentale tient sur quatre et cinq portées. Et cependant quel charme et quelle plénitude ! Notons l'expressif dessin qui paraît çà et là aux violons :

où vaguement résonne un souvenir du thème d'amour ! Plus loin, quand le dialogue s'anime, l'instrumentation s'enfle à mesure avec, partout, des détails fins et délicats. Combien joli, le court dessin et le trille du hautbois piquant sa gaîté fugitive au moment où Sachs évoque le souvenir du bonheur familial d'autrefois :

Jadis, c'est vrai, j'eus une femme et de beaux enfants !

La conversation devient de plus en plus pressante : on aborde maintenant le point douloureux, celui qui touche Eva de près : l'échec subi le matin par le chevalier. Une angoisse, une oppression altère les harmonies tout à l'heure si câlines de l'interrogation (39) et les confond avec le thème de l'échec (31) :

La plainte s'accentue. Ce n'est pas Eva seule qui est touchée, mais Sachs aussi : l'aveu d'amour a échappé sans retenue des lèvres frémissantes de la jeune fille. Tout est brisé entre elle et Sachs. Ironique et faux, le thème de *Beckmesser* ricane aux basses, ainsi que le thème de la *Cordonnerie*.

Subitement tout s'éclaire : la fière fanfare du chevalier retentit aux cors et aux bois; vibrants, les violons, avec le dessin final du thème, forment un trait rapide, agité, plein d'élan, qui court, qui bondit, qui palpite, et se résout en une affirmation passionnée et triomphante du thème tout à l'heure si craintif et timide d'Eva inquiète (39). Oui, c'est bien lui, c'est bien Walther! Eva s'est jetée dans ses bras. Mais ce n'est pas dans une étreinte ravie que les amants se saisissent : tout est menaces autour d'eux, partout l'envie les guette, Sachs lui-même, — ainsi parle Eva, — les abandonne. Il faut partir, à la faveur de l'ombre propice; fuir sur le champ vers les espaces libres, loin de ce milieu de routine et de faux sentiments. Il n'y a pas de place ici pour des effusions lyriques; le drame se noue décisivement. Aussi, en un *allegro* précipité où s'entrechoquent vingt thèmes connus, phrases d'amour, phrases de haine ou de crainte, formules scolastiques, l'orchestre palpite, gémit et se révolte, tandis que les voix s'exaltent passionnément.

Soudain résonne au loin le *Stierhorn*, la lugubre corne du veilleur de nuit. Un frisson a passé : le silence s'est fait : les amants craintifs se sont blottis derrière le tilleul devant la maison, car le veilleur va passer. Dans le calme revenu, murmure alors, avec un charme inexprimable, la berçante *mélodie de la nuit* à laquelle le mouvement d'une partie intermédiaire du cor donne je ne sais quelle langueur délicieuse :

Voici le veilleur : « Dormez bourgeois, il est onze heures ». Il pousse sa lente et triste mélopée.

Celle-ci se termine sur la tonique de *fa* (la tonalité principale), aussitôt suivie d'un *sol* bémol, donné par la corne. L'effet est étrange, comique et fantastique tout ensemble. Enharmoniquement, ce *sol* bémol devenu *fa* dièze, nous conduit à une reprise de la mélodie de la *Nuit*, tandis que Sachs, décidé à empêcher un esclandre, prend ses mesures pour tout observer de près.

L'aimée était rentrée un moment, mais pour revenir bientôt, déguisée sous les vêtements de Madeleine, prête à la fuite. Enlacements fiévreux, serments d'éternelle alliance qui se chuchotent rapidement, l'orchestre en redit avec éclat la passion frénétique. Mais Sachs est là qui veille, et voici, ô surprise, que résonnent, tout au bout de la ruelle obscure, les sons nasillards d'un luth. C'est Beckmesser qui s'avance pour chanter sa sérénade à Eva.

Que de contrastes, quels soubresauts, quel choc de sentiments et d'émotions! Avec quelle souveraine maîtrise la musique unit tout cela et, de ces oppositions violentes, sait former un harmonieux ensemble, l'analyse thématique la plus minutieuse, mesure par mesure, pourrait seule l'expliquer.

Avec l'arrivée de Beckmesser, la folle nuit commence! A petits pas le plaisant maître s'avance. Sachs saisit tout de suite la portée de l'incident; il se promet de se divertir aux dépens du drôle. Il s'installe à son établi sur le seuil de la porte et entonne une chanson, tout en battant du maillet une semelle neuve. Interrompu tout net, Beckmesser veut continuer; son luth rend des sons de plus en plus burlesques, sa voix s'éraille. S'érigeant en *marqueur*, Sachs achève sa paire de chaussures en notant à coups de maillet les bourdes du malencontreux chanteur. La cacophonie est d'une fantaisie énorme. Tout le quartier en est réveillé en sursaut; les bons bourgeois paraissent aux fenêtres en bonnets de coton et robes de nuit. David s'en mêle ; croyant que Beckmesser en veut à Madeleine qui l'écoute à la fenêtre, il se précipite sur le ténébreux galant et le rosse d'importance. Cris, algarades, tumulte !

On connaît la scène. Elle est unique au théâtre, d'un comique fantastique, inattendu et sans exemple. La farce se joint à la comédie ; le rire de Rabelais se confond avec celui de Molière et de Shakespeare.

Musicalement, à partir de l'entrée en scène de Beckmesser, c'est une progression continue d'effets nouveaux, insoupçonnés. Tous les engins sonores sont mis à contribution. Les flûtes ont des rires stridents, le hautbois des sarcasmes irrésistibles ; les bassons et les clarinettes grimacent caricaturalement, les gros trombones eux-mêmes se laissent entraîner dans la générale folie et participent à la farandole drôlatique. Il faudrait à chaque page noter les géniales inventions du musicien. Tout lui sert, même le bruit sec du marteau s'abattant sur la semelle, à la notation du comique de la situation.

Et quelle solidité dans la charpente, quelle sûreté et quelle clarté dans les développements ! Il n'y a pas une défaillance, pas une inattention, pas une incertitude d'écriture ; tout se déduit et s'enchaîne avec une sûreté de logique et une facilité merveilleuses de développement. Notons seulement l'apparition fréquente des thèmes de la *Cordonnerie* ou du *Métier manuel* (35), des harmonies et des dessins propres au marqueur, des thèmes d'amour (25 et 30).

Puis des détails fins comme celui-ci par exemple :

La chanson que chante Sachs — dont le texte pastiche d'une façon très heureuse le ton des petits poèmes du vrai Hans Sachs, — est conçue musicalement dans le style des chansons de métier ; elle est à trois couplets, richement harmonisés et d'un mouvement très entraînant par la carrure de son rythme. L'auditeur attentif remarquera que Wagner modifie l'accompagnement à chaque couplet, coquetterie de maitre-ouvrier qui ne néglige pas un détail et n'est jamais à court d'ingénieuses trouvailles. Au troisième couplet, il faut signaler l'apparition d'un thème nouveau qu'à l'exécution peu de chefs d'orchestre mettent suffisamment en relief, bien qu'il ait une très grande importance : ce thème nouveau, dans l'idée de Wagner doit exprimer la douleur de Sachs quittant le rêve d'amour qu'il caressait, renonçant à Eva. C'est une belle phrase d'un accent, en effet, très plaintif que nous entendrons plus loin, au début du prélude du troisième acte, avec un caractère plus doux et plus résigné. Ici elle se superpose dans les bois et les cors, à la mélodie chantée par Sachs, de la façon suivante, formant un très curieux contrepoint à celle-ci :

Ce détail n'est pas indifférent, car il indique très nettement que, dans la pensée de Wagner, la chanson de Sachs vise le couple amoureux. « Eve chassée du Paradis avec un certain Adam », c'est une allusion à Eva et Walther. Le savetier qui leur fabrique des chaussures afin qu'ils ne se meurtrissent pas les pieds aux pierres de la route, c'est lui-même, Sachs. Eva, dans la scène précédente, n'avait pas deviné ce que réellement Sachs pensait du chevalier ; elle l'avait quittée, chagrinée et irritée contre l'ami ; maintenant elle pénètre son intention. Lorsque Sachs s'écrie : « O Eve, Eve, tu m'entends crier », elle comprend que Sachs délicatement chante sa propre douleur et sous une forme ironique pleure son amour perdu. C'est pourquoi elle dit à Walther : « Ce chant, je crois bien qu'il nous vise tous les trois ; il m'attriste étrangement : oh! viens, partons vite ! » On voit combien la musique est souvent suggestive chez Wagner et comme elle dévoile d'une façon inattendue les subtiles nuances du poème.

Aussitôt la chanson terminée après quelques mesures de dialogue, Beckmesser peut enfin commencer sa sérénade, amorcée déjà depuis longtemps par les accords de luth intercalés çà et là dans le dialogue.

Wagner n'ignorait pas l'art des préparations. Ce luth devient une obsession, jusqu'à ce qu'on l'entende distinctement. Alors, trait d'humour délicieux, nous assistons aux préparatifs du musicastre. Il accorde son instrument dont les cordes à vide font entendre l'accord de quinte et sixte sur le second degré de *sol* majeur. La seconde corde du luth donne d'abord un *mi* (quinte de *la*). L'instrumentiste la fait descendre d'abord au *mi* bémol puis au *ré*, de sorte que nous avons maintenant l'accord de tierce et quarte. Un violon qui trille en glissant sur les deux notes *mi, mi* bémol, réalise cette plaisanterie musicale. Puis sur la tonique, *sol*, le luthiste exécute la ritournelle comique que voici, dont les successions de quartes à partir de la septième sont d'un effet bizarre :

La partition mentionne pour l'exécution de cette partie un véritable luth (*laute*). Mais cet instrument ancien étant tombé en complète désuétude et n'ayant d'ailleurs qu'une sonorité très voilée, Wagner indique un instrument spécial, une *harpe d'acier*, dont la sonorité est très rèche. On peut aussi obtenir une sonorité voisine de celle du luth en plaçant en travers des cordes d'une harpe un ruban de soie ou de papier, ce qui produit un son nasillard, d'un très bon effet comique. Pour l'exécution à l'Opéra de Paris, M. Gustave Lyon, l'ingénieux inventeur auquel on doit la nouvelle harpe chromatique et chef de la maison Pleyel-Wolff, avait construit une petite harpe d'acier imitant à s'y méprendre la sonorité du luth et de sonorité assez puissante pour être perçue dans une salle aussi vaste que celle du « palais Garnier ».

Pour en revenir à notre sérénade, j'ai déjà fait

remarquer (page 188) la concordance absolue des étranges et ridicules fioritures dont elle s'orne avec les broderies dont on chargeait le chant au XVIe et au XVIIe siècle.

Voici ce que chante Beckmesser :

La mélodie, si l'on peut appeler ce chant une mélodie, se compose de différentes périodes distinctes dont la deuxième (b) semble une parodie du thème de la *Passion naissante* (2). La troisième période (c) est particulièrement étrange en ce qu'elle nous fait passer brusquement du ton de *sol* dans celui de *fa* naturel !

L'accompagnement de la sérénade est digne, lui aussi, d'attention. Dans le premier couplet, la voix est soutenue seulement par le luth et des pizzicati des altos et des violoncelles ; au deuxième couplet, les instruments en bois se joignent aux cordes ; au troisième, la mélodie jusqu'ici en 4/4 précipite son allure en 2/4, et tout l'orchestre, cordes, cors, bassons, flûtes, hautbois, se mêle à la cacophonie.

Ainsi se développe en une progression continue de sonorités et de combinaisons le thème initial de la sérénade (*a*) qui nous conduit à un thème de fugue tiré des dessins mêmes du chant de Beckmesser sur lequel s'échafaude tout le finale :

Ce thème avait déjà fait une courte apparition à la fin du dialogue entre Sachs et Beckmesser avec une allusion directe aux coups de maillet de Sachs sur la forme. Son rythme rend, du reste, d'une façon plaisamment comique, l'idée d'un martellement. C'est pourquoi on le désigne sous le nom de thème de la *bastonnade*.

Tantôt dans les dessus, tantôt à la basse, prenant pour contresujet et réponse ici la première période de la sérénade (44*a*), plus loin la deuxième (*b*) ou encore la troisième, la fugue se poursuit à l'orchestre soutenant de son rythme puissant les voix, de plus en plus nombreuses, des bourgeois réveillés en sursaut, apparus aux fenêtres et sur la place. Ces voix se groupent maintenant en un travail effrayant de polyphonie sur la trame continue de l'orchestre. Les fragments de la piteuse mélodie scandés par les violons et les flûtes, clamés par les cuivres, finalement tonitrués aux basses profondes par la masse pesante des trombones, vont, viennent, montent, descendent, plongent et reparaissent dans la masse sonore déchaînée, entraînés dans le mouvement d'une ronde fantastique, énorme et folle. Le morceau est d'une verve sans pareille, et je crois bien qu'il est jusqu'ici et qu'il restera unique en son genre dans l'histoire de la musique.

Tout à coup, dans le lointain, résonne de nouveau un son de trompe ; c'est le veilleur de nuit qui repasse. Comme par l'effet d'un enchantement, la foule se disperse, la scène se vide en un clin d'œil. La main souveraine qui avait déchaîné la tempête, apaise soudain les flots de cet océan sonore. Et voici le veilleur de nuit. Effrayé du bruit qu'il a entendu, ne voyant plus rien, il croit à une hallucination ou bien à quelque sabbat d'esprits mauvais ; tout tremblant, le gardien de la paix publique pousse d'une voix étranglée sa lamentable complainte : « Bourgeois, dormez, il est onze heures ; enfermez-vous en vos demeures ; gardez-vous des malins esprits et des fantômes ; louez le Seigneur, votre Dieu ! »

Alors la lune monte au ciel plus clair. Comme une vapeur transparente et embaumée s'élève de l'orchestre l'enveloppante *mélodie de la nuit* (41) murmurée par les violons et les altos en sourdine accouplés à la trompette sur une tenue du cor ; un calme profond enveloppe la cité endormie ; les voix de l'orchestre s'assoupissent en un murmure mystérieux et plein de langueur. Comme un léger frisson la flûte, en notes piquées, redit le thème de la rixe (45) qui semble maintenant une danse légère d'elfes et de lutins, tandis que la clarinette plaintive et le basson railleur jettent un dernier écho de la sérénade funambulesque sur de longues tenues, douces et tranquilles, des cordes ; puis brusquement tombe un accord bref : l'enchantement a passé.

TROISIÈME ACTE

Grave et lent est le prélude du dernier acte. Il figure fréquemment comme pièce symphonique détachée aux programmes de nos grands concerts. Il s'y est imposé par son exquise et enveloppante sonorité, par son charme poétique. Il ne peut, toutefois, produire tout son effet qu'au théâtre, car il est intimement lié à l'action et ne peut être véritablement compris qu'à sa place dans l'œuvre. C'est plus qu'une pièce symphonique purement musicale. C'est une page de musique psychologique. Tout y parle, tout y a un sens précis, une portée profonde et significative. En quelques mesures, — le prélude n'en compte en tout que soixante-quatre, — il nous révèle le drame intime qui se joue dans l'âme de Sachs et qui, dans l'acte qui s'ouvre, va aboutir à son dénouement.

A ce point de vue, il n'est pas unique en son genre dans l'œuvre de Wagner. Très souvent, le maître a condensé dans la préface instrumentale de son dernier acte la quintessence de tout le drame. Déjà dans *Tannhœuser*, le prélude du troisième acte, décrivant le pèlerinage à Rome, est en soi un véritable poème symphonique, descriptif et psychologique tout ensemble, qui nous donne en raccourci toute la physionomie morale du personnage principal. Faut-il rappeler le prélude du troisième acte de *Tristan*, où la plainte des cœurs, blessés d'amour irréparablement et qui aspirent à l'union dans la mort, s'élève à des accents si pénétrants? Le dernier acte de *Parsifal*, enfin, est précédé lui aussi d'un intermède symphonique qui exprime, avec une souveraine éloquence, la tristesse profonde du pèlerin, allant, par les sentiers de l'erreur et de la souffrance, vers les clartés.

C'est à cette catégorie de préludes, nouvelle dans le genre dramatique, qu'appartient l'introduction du troisième acte des *Maîtres Chanteurs*.

Il débute par la belle phrase plaintive du *renoncement de Sachs* :

chantée par les violoncelles et à laquelle se rattache un fragment du choral que le peuple chantera, au tableau suivant, en l'honneur de son grand poète ; puis apparaît un rappel de la chanson de Sachs au deuxième acte, mais transfigurée en quelque sorte et rendue profondément expressive par la délicatesse de l'harmonie et l'exquise transparence de l'instrumentation ; le premier thème enfin reparaît à la conclusion.

Wagner nous a laissé de ce prélude une analyse psychologique qui nous dispense de tout autre commentaire (1). La voici :

« Le premier motif des instruments à cordes a été entendu déjà en même temps que le troisième couplet du chant du cordonnier au deuxième acte (2). Il exprimait là une plainte amère de l'homme résigné qui montre au monde une physionomie énergique et gaie. Eva avait compris cette plainte cachée, et navrée au fond de son âme, elle avait voulu fuir pour ne plus entendre ce chant à l'apparence si gaie. Ce motif se joue et se développe maintenant seul pour mourir dans la résignation ; mais en même temps, les cors font entendre comme de loin, le chant solennel avec lequel Hans Sachs à salué Luther et sa réforma-

---

(1) Ce programme a été publié pour la première fois dans le recueil des *Entwürfe, Gedanken, Fragmenten*, publiés en 1885, chez Breitkopf et Hærtel. Nous le reproduisons ici, d'après le brouillon d'une lettre adressée en français à Mme X... et dont nous devons la communication à l'obligeance de M. de Wolzogen, qui l'a copiée à notre intention dans les archives de Bayreuth avec l'autorisation de Mme Cosima Wagner. Le texte qui a paru dans *Entwürfe* est la traduction en allemand de ce brouillon.

(2) Voir page 246.

tion, et qui valut au poète une popularité incomparable. Après la première strophe, les instruments à cordes reprennent très doucement et dans un mouvement très retardé (retenu) des traits du vrai chant du cordonnier (c'est-à-dire de la chanson de Sachs au deuxième acte), comme si l'homme levait son regard de son travail manuel pour regarder en haut et se perdre dans des rêveries tendres et suaves (1). Alors les cors continuent aux voix (parties) plus élevées l'hymne du maître par lequel Sachs, à son entrée à la fête, est salué par tout le peuple de Nuremberg dans un éclat tonnant

---

(1) A cet épisode correspond évidemment cette intéressante transformation d'un des mélismes du *leitmotiv* des Maîtres :

des voix unanimes. Maintenant le premier motif des instruments à cordes rentre encore, avec la forte expression de l'ébranlement d'une âme émue profondément; il se calme, s'apaise et arrive à la sérénité d'une douce et bienheureuse résignation ».

Aussitôt le rideau levé qui laisse voir Hans Sachs en son atelier abîmé dans la méditation, le joyeux motif de David (13) sautille dans l'orchestre. Voici, en effet, l'apprenti endimanché, insouciant et joyeux, tenant rubans et fleurs, qui entre, apportant par la matinée ensoleillée des rumeurs de fête. C'est la Saint-Jean. Mais Sachs ne quitte pas des yeux le grand in-folio qu'il tient ouvert devant lui. Rien n'est plaisant comme l'embarras de David qui ne sait ce que présage le silence du maître : doit-il redouter des reproches sévères pour l'algarade de la veille, ou bien, un accueil bienveillant le récompensera-t-il d'avoir rossé d'importance le fâcheux greffier? La symphonie extrêmement délicate, où le caquet du thème de David s'associe étroitement aux graves accents du thème de Sachs, exprime, avec une grâce charmante, ces alternatives d'espoir et de crainte. Avec quelle finesse, quelle subtilité Wagner indique quelquefois une intention, on peut le voir à un détail insignifiant en apparence, mais bien caractéristique. A la dixième mesure du *moderato* (2/4) le hautbois esquisse ce piquant dessin :

On l'a déjà entendu au premier acte, au moment où Madeleine, se méprenant sur les paroles d'Eva à propos de la ressemblance de Walther avec le David de Dürer, soupire amoureusement le nom de l'apprenti :

Ah! David, David!

Le sens est donc clair; c'est le thème d'amour de la matrone. S'il reparaît ici, c'est que David déballe toutes les bonnes choses dont « Lene » a fourré son panier. N'est-ce pas là un détail piquant?

Toute la scène est d'ailleurs du travail thématique et orchestral le plus fin. Le joli thème interrogateur d'Eva (39) se mêle fréquemment au bavardage des flûtes et du hautbois, indiquant sans méprise possible où se porte la rêverie de Sachs. Bien plaisante aussi, et d'un comique musical très réussi, est l'erreur que commet David lorsque Sachs lui demande s'il sait son couplet sur la Saint-Jean et que l'apprenti, hanté encore par les souvenirs de la veille, commence sa chanson sur le thème de la sérénade de Beckmesser. Cette chanson, qu'il dit ensuite correctement (*Saint-Jean dans l'onde du Jourdain*), est écrite, ainsi que je l'ai fait remarquer précédemment, dans la forme mélodique spéciale du *choral,* avec ses périodes régulièrement coupées par un arrêt.

La joie naïvement exubérante que manifeste David lorsqu'à la fin de ses couplets il découvre que la Saint-Jean est aussi le jour de la fête patronymique de Sachs (Hans est en allemand l'abréviation de Johannes = Jean), le geste délicieux qu'il fait en offrant à Sachs la saucisse qu'il tient de la générosité de Madeleine, la tristesse résignée qui s'exprime dans le rappel de ce thème (cor et clarinettes) tout à l'heure si poignant dans la scène entre Sachs et Eva :

le joyeux épanouissement du motif de la *Guilde* (3) lorsque Sachs invite l'apprenti à se parer et à lui servir tout à l'heure de héraut; la jolie mélodie qui se développe dans le quatuor et les bois quand David réplique qu'il aimerait mieux être garçon d'honneur, sur ce dessin :

tout cela forme une trame musicale souverainement délicate, spirituelle et tendre, sous le dialogue léger et finement teinté d'humour entre le maître paternel et l'insouciant apprenti.

David parti, Sachs se replonge dans ses réflexions et sur le thème des violoncelles (46) repris ici par le trombone avec un accent en quelque sorte mystique, se développe alors sa rêverie, l'une des pièces capitales de l'œuvre. C'est le second des monologues traités dans une forme absolument nouvelle et voisine de celle du *lied*, dont j'ai parlé assez longuement au précédent chapitre.

Le début est une sorte de récit mélodique scandé par de brefs accords et des reprises du thème initial, délicieusement associés à un dessin emprunté à la Marche des maîtres et ensuite au thème si expressif du *Printemps* (7). La phrase initiale conduit ensuite à un deuxième épisode où dominent les thèmes de la *fête patronale de Nuremberg* (36), qui se précipite à la fin et se résout, sur un *crescendo* longuement soutenu, dans le thème de la *bastonnade* (45) au souvenir de la folle soirée de la veille. Brusquement le thème s'interrompt et, après une pause de deux mesures, commence un troisième épisode où paraît l'exquise mélodie de la *nuit* (41), féeriquement portée par les scintillants arpèges des harpes ; il aboutit au thème de la *sérénade* que redit la clarinette, ramenant ainsi le thème de la *bastonnade*, mais sous un aspect tout nouveau, délicatement dessiné par la flûte sur un accompagnement léger des cordes, des bois et des harpes; puis brusquement, par une cadence sur la neuvième, nous passons du ton de *mi* majeur en celui d'*ut* majeur, dans lequel éclate triomphalement le thème de la *Saint-Jean* (22), associé à celui de la *fête de Nuremberg* (36). C'est une explosion magnifique d'allégresse cordiale, très intéressante psychologiquement, car elle correspond, dans la pièce, à la complète victoire que Sachs remporte sur lui-même et revèle en même temps l'heureux espoir dont sa bonté se réjouit.

Je crois inutile de faire remarquer que la variété des thèmes dont se forme ici l'accompagnement ne semblerait point naturelle dans un *lied* proprement dit. Mais dans le drame, elle s'explique tout naturellement par les très délicates allusions qui se dégagent de la situation et des rapports du monologue avec celle-ci. C'est ce qui distingue le *lied* dramatique, tel que nous le trouvons chez Wagner, du *lied* proprement lyrique des Schubert et des Schumann.

De larges arpèges des harpes annoncent l'entrée de Walther qui descend de son appartement, et après s'être arrêté un moment, se dirige vers Sachs. Un thème très franc de rythme et de ligne accuse aussitôt la bienveillante humeur du maître :

49

C'est le développement de celui que nous avions déjà rencontré au premier acte au moment où Sachs prit la défense du postulant devant les maîtres irrités (**37**). Il s'allie ici très délicatement au thème de l'*art* (**18**) et à une succession harmonique des plus intéressantes qui s'applique particulièrement *au rêve* dont parle Walther :

Ces harmonies reparaissent fréquemment, chaque fois qu'il est fait allusion à ce rêve. Un long développement se forme sur ces trois thèmes étroitement combinés. Il constitue en quelque sorte un premier épisode parfaitement distinct et d'une forme arrêtée. Puis paraît un court passage intermédiaire qui ramène les thèmes de la *sérénade* de Beckmesser et de la *bastonnade*, auxquelles le dialogue fait allusion. Cet intermède conduit à un second épisode, la jolie et délicate mélodie, tout à fait indépendante, dont voici le début :

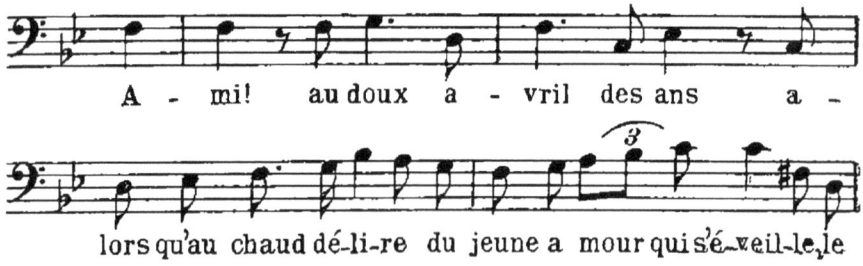

Cette mélodie est tout à fait conçue dans l'esprit et le style du *lied*. Elle a même deux couplets, à peu près identiques par la ligne mélodique, mais différemment instrumentés et accompagnés de dessins accessoires, variés selon que Walther ou Sachs ont la parole. Particulièrement délicate est la réapparition, à la fin de cet épisode, du joli thème d'Eva (**38**).

Une nouvelle période intermédiaire sur des fragments de ces mêmes motifs ramène enfin une véritable reprise de l'épisode initial sur le thème de la *bonté de Sachs* (**49**) qui se désagrège finalement et nous conduit à la mélodie indépendante, avec laquelle Walther s'essaie à traduire le charme de son rêve.

En somme, cette scène constitue un tout complet, parfaitement ordonné, répondant à une symétrie poétique, dont le rythme intérieur détermine la forme très nettement arrêtée.

Mais continuons. Walther a commencé à raconter son rêve sur une mélodie nouvelle, essentiellement vocale, dont la seconde période est formée avec les mélismes du thème de l'*art* (**18**). Elle reste donc étroitement unie à ce qui précède. Après chaque strophe, s'intercalent (comme au début de l'œuvre les interludes d'orchestre entre les versets du choral), de courts récitatifs correspondant aux explications techniques que Sachs donne à Walther. Les deux premières strophes du lied de Walther sont identiques : la troisième, que Wagner appelle *Abgesang*, est une longue période mélodique nouvelle, apparentée à la première, mais plus large, plus mouvementée, plus richement instrumentée, et qui ne comprend pas moins de cinq phrases distinctes. Après un nouvel épisode en récitatif, Walther redit une seconde fois en entier les trois strophes de son lied, cette fois sans arrêt. Un court récitatif qui aboutit à un trait des violons sur le dessin du thème de la *passion* de Walther (7) nous conduit enfin à une ingénieuse inflexion du thème de la *bonté* de Sachs qui fait surgir le thème joyeux de Nuremberg (36). Avec ce thème comme élément essentiel, Wagner constitue un ample développement qui forme la conclusion de toute la scène. Dans ce développement s'enchâssent des rappels du thème du *chevalier* (24) de la mélodie du *rêve*, enfin du thème de la *bonté*, scandé sur le rythme du thème de la *fête de Nuremberg*.

Les vingt dernières mesures, purement instrumentales, forment un véritable *postlude* où se concentrent tous les motifs de la scène entière. De la sorte, celle-ci nous apparaît comme un seul et même ensemble dont l'unité est étroitement observée, où les divers épisodes, tout en s'opposant, naissent musicalement les uns des autres et se répondent comme les mouvements symétriques de l'ancien air, ou comme les différentes strophes d'un *lied*. Cette manière de concevoir et de développer toute une scène en manière de morceau est fréquente chez Wagner, mais nulle part le procédé n'est aussi saillant et sensible que dans le fragment que je viens d'analyser et que j'avais déjà signalé dans le chapitre précédent comme particulièrement caractéristique à ce point de vue.

Je n'insiste pas sur les beautés musicales de cette page importante. Elles sont d'un ordre si élevé qu'elles s'imposent et que tout commentaire serait superflu.

La scène suivante n'est pas moins intéressante. Elle contraste violemment avec le charme intime et poétique du début de l'acte. Il semble même qu'on y puisse voir une contrepartie comique du *monologue de Sachs;* on pourrait l'appeler le *monologue de Beckmesser.* Seulement, ce monologue est tout en *pantomime*

Inspiration heureuse, trait ingénieux de tact et de finesse ! Tout ce que l'incomparable cuistre eût pu dire aurait nécessairement paru faible après le comique exubérant de la scène finale du second acte; aussi Beckmesser, — comme la Kundry de *Parsifal*, au troisième acte, — ne parle-t-il pas; la musique parle pour lui. Elle fait mieux que de parler, elle exprime ce qu'il éprouve, la rage sourde, l'envie, la haine, le dépit, tous les bas sentiments qui vont le conduire à commettre l'action la plus vile qui soit : le vol et le plagiat. La scène a d'autant plus de relief qu'elle est plus inattendue et plus nouvelle, car c'est la première fois que dans un ouvrage de ce genre la musique souligne un jeu de scène aussi développé et aussi étroitement uni à l'action.

Cette pantomime ne comprend pas moins de quatre-vingt-dix mesures de musique. Aussitôt après le départ de Walther et de Sachs, l'arrivée de Beckmesser s'annonce par un rappel des thèmes de la *sérénade* (clarinette) et de la *bastonnade* (cor et violon) auxquels, à son apparition, se joint celui de la *jalousie* dans tout son développement :

C'est avec ces trois thèmes, associés au thème du *métier* (35) qu'est formée toute la trame orchestrale de la pantomime, et ils sont développés avec un art et une variété de combinaison et d'instrumentation qui sont uniques. Quand Beckmesser pénètre dans l'atelier, — méfiant et inquiet, meurtri, boiteux, brisé, moulu des suites de l'incident nocturne, grimaçant de douleur à chaque mouvement qu'il fait, évoquant, à la vue des outils de Sachs, toute la scène fantastique de la veille, la maudite plaisanterie du malicieux cordonnier, sa sérénade interrompue, le réveil des voisins, l'assaut de David, — la trompette *bouchée* dessine, comme étranglé, le thème de la *bastonnade*. La symphonie, avec un merveilleux à propos et une justesse d'expression de l'effet le plus comique, commente chaque geste du cuistre. Puis, voici toute sa jalousie qui se réveille à l'idée du rival qui lui dispute la main de l'adorable fille de Pogner. Pas une nuance de ces sentiments n'échappe aux facultés descriptives de la musique.

Les regards de Beckmesser tombent enfin sur la feuille de papier où Sachs vient de transcrire le poème de Walther de Stolzing (les cors bouchés chantent délicatement la mélodie du lied de Walther); sa rage alors éclate en paroles de haine à l'adresse de Sachs. Celui-ci reparaît au même moment. Le dialogue très serré qui s'engage entre les deux hommes se développe avec une aisance admirable sur une trame orchestrale légère où reparaissent divers motifs propres à Beckmesser (**51, 45, 25, 19**) et à Sachs (**35**) qui s'associent à ce dessin nouveau exprimant plus particulièrement la rancune du greffier :

Et cet autre motif qui donne lieu à un large développement :

Dans la suite du dialogue, Wagner désagrège et déforme d'une façon très expressive le thème de la *bonté* de Sachs (**49**) :

Dans cette forme, il a je ne sais quoi de méprisant et de dur. Non moins intéressante est la transformation presque joyeuse que subissent les thèmes de Beckmesser, lorsque l'espoir revient à celui-ci après que Sachs l'a autorisé à se servir du manuscrit volé. Voyez notamment avec quelle souplesse les fioritures du thème de la *sérénade* (44*b*) sont variées et servent de sujet à l'important développement qui souligne les effusions reconnaissantes de Beckmesser. A la conclusion de cet amusant épisode, notons cette phrase curieuse :

dont le rythme polkant est extrêmement comique et conduit très naturellement à un rappel ironique de la *Ronde des apprentis* (20) narguant le concurrent malheureux.

Le petit postlude (Sachs seul) qui clôt la scène est d'une sobriété très caractéristique ; le thème du *métier* (35) y acquiert un sens particulièrement expressif d'aversion, de pitié méprisante que tempère la bonhomie malicieuse de Sachs (th. 21); il saura bien tirer parti de l'incident, se dit-il, et il ne songe plus qu'à en rire (th. 36).

Voici d'ailleurs, nouveau contraste, qu'Eva

paraît à son tour dans l'atelier, parée de ses plus beaux habits. Elle ramène naturellement les thèmes gracieux et les chants de fête. La scène tout entière est une merveille. Par l'intérêt de la situation, par le charme exquis de la musique, par la composition vraiment heureuse du tableau scénique, elle est le point culminant du drame et la page maîtresse de l'œuvre.

Toute la première partie de l'épisode s'échafaude sur ce thème :

Il est le pendant du motif principal de la scène de la réunion des Maîtres au premier acte. De ce simple dessin, Wagner tire un magnifique développement ne comprenant pas moins de soixante mesures, en l'associant, cela va sans dire, à d'autres thèmes, notamment à celui du *métier* (35) et à ce dessin :

qui, s'opposant au dessin initial, timide et réservé, semble exprimer plus particulièrement l'*inquiétude amoureuse* d'Eva.

Au moment où Walther, en brillant costume, paraît au haut de l'escalier conduisant à son appartement, l'orchestre fait entendre la phrase de la *nuit d'été* (41), si pleine de langueur et de caresses, mais cette fois enveloppée dans une instrumentation du coloris le plus chatoyant et le plus chaleureux. Walther n'est-il pas le symbole du Printemps, de l'Eté, du Soleil, de l'éternel et nécessaire Amour, irrésistible et triomphant.

Cependant, les thèmes initiaux (**55** et **55**^{bis}) reprenant le dessus, continuent à dominer jusqu'à ce que la mélodie de Walther se dégage enfin nettement et se développe en toute liberté. A ce fragment lyrique se rattache directement une sorte de chanson, remarquable par une intéressante combinaison de la mélodie de la chanson de Sachs au deuxième acte (v. page 246) avec le thème d'Eva que nous venons de voir (**55**) et avec le thème du *métier* (**35**).

Finalement reparaît aussi la belle phrase du renoncement de Sachs (**46**) lorsque Eva, succombant à son émotion, se jette éperdue dans les bras de son paternel ami et lui dit sa profonde reconnaissance. L'allusion est d'un touchant à propos poétique et profondément émouvante. Les sentiments d'Eva s'exaltent ensuite en une mélodie d'un admirable élan lyrique dont cette phrase

forme le début. Que ceux qui écrivent qu'Eva n'a rien à chanter et qui croient que Wagner a mal partagé l'héroïne de sa comédie musicale veuillent bien lire attentivement cette belle page! Si nous ne retrouvons point là les formes consacrées de l'*aria*, ce morceau n'en est pas moins un air bien constitué et d'une superbe allure. Seulement, bien peu de cantatrices et de chefs d'orchestre observent les nuances de mouvement qu'indique Wagner; on le précipite, sans aucun égard ni pour le caractère ni pour le sens de cette effusion très chaude mais nullement passionnée, et qui, par conséquent, doit garder une expression contenue.

C'est à cet air que se rattache le rappel, souvent signalé, de deux thèmes caractéristiques de la partition de *Tristan et Iseult* : le thème d'*amour* d'Iseult et la phrase douloureuse qu'expose la clarinette basse, quand le roi Marke s'écrie : Tristan m'a trahi (fin du deuxième acte). La musique nous indique ainsi très subtilement les rapports que Wagner lui-même établissait entre Sachs et Marke.

A remarquer aussi la conclusion brusque et inattendue de ce court récit de Sachs par la formule de cadence, ici très humoristique, sur laquelle Beckmesser avait dit au premier acte : « De mélodie aucun semblant! » et Sachs lui-même, au deuxième acte, à la fin de sa scène avec Eva : « Qu'il ait meilleur sort autre part ».

Un court interlude sur le thème d'Eva, repris *molto vivace* et devenu ainsi très gai, nous conduit à l'épisode du baptême du nouvel air, du « mode » inventé par Walther.

Ici Wagner revient très à propos à la psalmodie qu'il avait déjà si ingénieusement employée au premier acte, pendant la lecture par Kothner des règles de la tabulature.

En un court récit qui se développe sur le thème

du choral du premier acte, lequel a trait à Saint-Jean-Baptiste et se trouve, par conséquent, très en situation ici, Hans Sachs, sur un ton enjoué, explique aux personnages présents la cérémonie à laquelle il va procéder.

Les parties en psalmodie sont de tout point analogues à celles du récit de Kothner au premier acte : seulement la conclusion de chaque phrase est différente. Au lieu des fioritures qui ornaient le chant de Kothner, nous trouvons ici une succession de cadences mélodiques empruntées aux mélismes du *Choral de Saint-Jean* (**10**) que l'orchestre répète en manière de postlude, exactement comme il avait répété les dessins des fioritures de Kothner.

Un peu plus loin, au moment où David est élevé à la dignité de compagnon, le thème des *Maîtres* (**1**) se confond avec ces mélismes et nous conduit ainsi à l'acte essentiel : l'attribution d'un nom caractéristique à la mélodie de Walther. Ici reparaissent naturellement les *harmonies du rêve* (**50**).

Quelques mesures formées au moyen d'un dessin qui s'apparente au thème d'Eva (**55**) souligné par les harmonies du thème du *Renoncement de Sachs* (**46**), aboutissent enfin au *quintette*, la page capitale du tableau.

Après ce que j'ai dit déjà de cette pièce au chapitre précédent (page 176), je puis me borner ici à citer les deux thèmes sur lesquels elle se développe.

C'est d'abord le dessin suivant qu'expose la voix de soprano et qui exprime le sentiment de félicité d'Eva :

Il n'est pas sans intérêt de le rapprocher du dessin mélodique sur lequel se développe le second épisode (*molto tranquillo*) de la grande scène d'amour à la fin de *Siegfried*. Le sentiment poétique est tout à fait analogue, c'est l'aveu complet d'amour, la sérénité confiante des cœurs qui savent être l'un à l'autre ; il n'est pas étonnant qu'il s'exprime musicalement, là et ici, d'une façon semblable.

Le second thème qui entre dans le *quintette* n'est autre que la première phrase du *Récit du songe* de Walther :

traitée ici en diminution, et sur lequel les cinq voix brodent d'une façon très délicate ; à la fin de la phrase mélodique, Wagner enchasse d'une façon extrèmement délicate les *harmonies du rêve* (50) et ramène ainsi une reprise de la phrase de la *félicité* (57) étroitement enlacée avec le thème du *Récit du songe* ; cet enlacement de thèmes et d'idées fait une conclusion émouvante à cette page d'un charme mélodique et harmonique vraiment extraordinaire.

Quelques mots de Sachs, quelques mesures de musique sur le dessin initial de la *Saint-Jean* servent de transition au tableau suivant, le tableau d'allégresse exubérante, de mouvement joyeux, de vie bruyante au plein air.

Nous n'aurons guère à nous y arrêter longuement. Tous les thèmes qui passent et repassent dans la trame orchestrale de cette fresque musicale, puissamment composée et colorée, nous sont connus avec le sens qui s'y attache. Naturellement ils reparaissent ici amplifiés, éclatants, revêtus d'une instrumentation sonore et brillante. Le thème des *Maîtres* (**1**), la fanfare de la *Guilde* (**3**), les deux mélodies rythmiques de la *Saint-Jean* et de la *fête de Nuremberg* (**22** et **36**), enfin les mélismes du thème d'*amour* (**6**) et du chant de concours de Walther, se combinent entre eux, ramenant çà et là des rappels passagers de tel ou tel autre *leitmotiv* approprié.

Le début de la scène, l'arrivée des métiers, les jeux populaires, la valse que dansent les apprentis avec les jolies filles de Furth (1), tout ce tableau d'une foule animée et bruyante est une merveille d'éclat symphonique et de couleur orchestrale Notons le caractère franchement rythmique et bien mélodique, tout à fait dans le style populaire, des chansons de métier que chante chaque corporation. La première, celle des cordonniers, s'accompagne du thème caractéristique de la *cordonnerie* (**35**).

Celle des tailleurs, dont le texte fait allusion à la légende bien connue du tailleur qui s'est affublé

---

(1) Furth est une petite ville située à quelques kilomètres de Nuremberg autrefois renommée pour la beauté de ses femmes. Aujourd'hui, c'est un centre industriel assez important.

d'une peau de bouc et se livre à mille espiègleries, a pour refrain une onomatopée que l'on retrouve dans nombre de chansons populaires relatives à la corporation des tailleurs; et sa seconde période a l'air d'une parodie du *Di tanti palpiti* de Rossini.

Wagner, d'ailleurs, dans toute cette page hautement pittoresque et humoristique, se sert très résolument des moyens les plus réalistes. La batterie y joue un rôle tout à fait remarquable; caisse roulante, grosse caisse, triangle, cymbales, *glockenspiel*, tout l'arsenal des instruments à percussion y passe, et ils sont employés à produire des effets comiques que certainement jusqu'à lui aucun auteur n'avait obtenus; signalons aussi le passage exécuté par les cordes avec la baguette de l'archet, à l'entrée des fabricants d'instruments pour enfants dont les trompettes bouchées nasillent le thème de marche d'une façon très drôle.

Ces diverses chansons de métiers sont groupées et reliées entre elles le plus ingénieusement du monde, de façon à former un seul et même ensemble malgré leur diversité mélodique et rythmique. A la fin, leurs refrains se combinent même et se répondent en une péroraison puissante.

Un nouvel épisode s'annonce alors. L'arrivée des belles filles de Fürth donne lieu à un divertissement dansé, mais d'un caractère vraiment nouveau, qui n'a rien de commun avec les grimaçantes sauteries chères aux chorégraphes; c'est la danse véritable, mettant en branle les paysans sous les grands arbres et dont le rythme lent et lourd scande les mouvements massifs des gens du peuple.

Le thème mélodique de cette valse est éminemment caractéristique et son accompagnement, assis sur de solides quintes, lui donne une allure populaire tout à fait en situation.

L'agencement rythmique n'en est pas moins curieux. Les diverses phrases mélodiques de l'air à danser ne correspondent pas exactement à la carrure normale et symétrique des diverses périodes d'une valse, ainsi qu'on peut s'en convaincre aisément. Voici les phrases dont se compose ce divertissement :

On remarquera les deux premières phrases (*a* et *b*) ne comprenant que *sept* mesures au lieu de *huit* qu'exige l'allure de la danse. La troisième (*c*) n'a également que sept mesures, mais au cours du développement les deux mesures finales se répètent de sorte que la mesure finale de l'une empiète sur la mesure initiale de la période suivante. La quatrième phrase (*d*) forme en soi une période régulière de *huit* mesures ; elle se répète deux fois ; seulement, entre le premier exposé et la reprise s'intercalent cinq mesures empruntées au thème initial (*a*) ; enfin, la dernière phrase (*e*) forme une période tout à fait anormale de dix-sept mesures.

Cette irrégularité de construction n'est pas arbitraire, mais intentionnelle. On en trouvera l'explication dans les jeux de scène que l'auteur a voulus :

« Le côté caractéristique de cette danse, dit-il, consiste en ceci que les apprentis paraissent seulement vouloir conduire les jeunes filles à l'emplacement principal de la fête. Mais dès que les compagnons font mine de prendre les jeunes filles pour danseuses, les apprentis les ramènent en arrière, comme s'ils voulaient les conduire ailleurs ; ainsi ils leur font parcourir tout l'espace, comme s'ils hésitaient à choisir la place, ajournant de la sorte, d'une manière gracieuse et plaisante, l'exécution de leur dessein. »

Ces intentions expliquent l'irrégularité rythmique de la valse ; la danse est sans cesse interrompue et c'est en cela que consiste principalement le jeu de scène à exécuter. Ce n'est donc pas un ballet proprement dit, mais un ensemble dansant dont les mouvements irréguliers doivent être scrupuleusement réglés par le chorégraphe suivant les indications de Wagner, si l'on veut que la scène conserve son caractère.

L'arrivée des Maîtres chanteurs met fin à ces réjouissances populaires et ramène, cela va sans dire, toute la série des *leitmotiven* qui se rapportent à leur honorable corporation. Le thème de *Marche* (1) se développe dans sa totalité, comme dans l'ouverture, et dans le ton d'*ut* majeur ; mais il se rattache ici directement, au moyen d'un trait brillant des cordes (cinq mesures), au thème de la *guilde ou de la bannière* (3) qui domine jusqu'au moment où le peuple reconnaît Hans Sachs sur l'estrade. Aussitôt la foule se découvre et, s'avançant vers l'estrade, chante, en l'honneur du poète populaire, la première strophe du *Rossignol de Wittemberg*.

Ce *lied*, dont le texte, ainsi que je l'ai déjà dit, est de Sachs lui-même, est traité dans le style du choral, à quatre parties. Comme conclusion, sur l'acclamation unanime du peuple, Wagner y rattache un fragment du thème de la *marche des maîtres* (1) et le thème de la *guilde* (3) qui introduit l'allocution de Sachs au peuple. Celle-ci se développe sur la seconde période du thème du *renoncement* (46) et ensuite sur le thème de la *bonté* (49) associé à la série de motifs qui constituent le grand développement de la réunion des maîtres (21 et 22) au premier acte.

Le *scherzando*, parodiant la marche des maîtres, déjà entendu dans l'ouverture, accompagne l'arrivée de Beckmesser devant le tertre gazonné qui sert de tribune aux concurrents. C'est ici que les voix du chœur se repassent, l'une après l'autre, le sujet déjà signalé dans l'ouverture :

Scheint mir nicht der Rech-tel

avec un accent très ironique et gouailleur.

Voici enfin Beckmesser raffermi sur le tertre. Son chant de concours, avec accompagnement de luth, est calqué sur la mélodie de sa sérénade (cette fois en 6/8 et en *mi* mineur) ; le malheureux chanteur s'efforce en vain d'y appliquer le texte du lied de Walther dérobé dans l'atelier de Sachs. Il le scande et le lit tout de travers.

La parodie arrive ici à l'extrême limite de la fantaisie. On en a fait un grief à Wagner. Il eût suffi, a-t-on dit, que Beckmesser prosodiât inexactement le texte de Walther ; le travestissement qu'il fait subir aux paroles, l'assemblage invraisemblable de syllabes et de mots, sans rime ni sens, que Wagner met dans sa bouche, dépasse la mesure. Il est inadmissible qu'un homme relativement lettré, tel que devait l'être nécessairement le greffier de la ville, énonce un pareil galimatias, même dans l'état de trouble où il se trouve.

La critique est aisée. Certes, la parodie est poussée à fond, mais Wagner avait de bonnes raisons pour le faire. Beckmesser n'est pas seulement troublé par le public qui l'entoure et l'écoute, par l'émotion qui l'étreint ; il l'est encore par sa mauvaise conscience qui augmente son inquiétude. Il cherche et patauge déplorablement dans le manuscrit qu'il a sous les yeux; lettres, syllabes et mots, tout danse devant ses yeux, il ne voit plus, il ne sait plus ce qu'il dit. Tel est l'effet que Wagner a voulu rendre. Peut-on dire qu'il ait dépassé le but?

Que l'on se reporte à la scène du billet à la marquise dans le *Bourgeois gentilhomme*, à la parodie du langage alambiqué alors à la mode parmi les poètes : *D'amour mourir me font, belle marquise, vos beaux yeux*, etc. Assurément, il n'est pas un fat, si ridicule soit-il, qui pousse l'aberration jusqu'à s'exprimer comme le propose le maître de philosophie de Molière; et cependant, c'est de cette exagération que résulte le comique du trait.

Le procédé est identique chez Wagner. Il aurait pu, sans doute, recourir à d'autres artifices pour arriver à ses fins, par exemple en faisant en sorte que Beckmesser confondît les paroles de sa propre sérénade du deuxième acte avec le texte du lied de Walther. Dans le *Hans Sachs* de Lortzing, le personnage comique d'Eoban Hesse, appelé à réciter devant l'empereur le poème de Sachs qu'il s'attribue audacieusement, commet une confusion de ce genre. Il mêle les paroles du poème de Sachs avec les paroles de son propre poème sur *la fuite d'Absalon*. De là résultent des coq-à-l'âne du plus plaisant effet.

Reste à savoir si ce procédé valait mieux et se fût trouvé aussi bien en situation et plus naturel que la bouillie de phrases et de mots que Wagner attribue à son Beckmesser.

Dans les deux versions françaises des *Maîtres*

Chanteurs, je dois avouer que la parodie paraît excessive. Seulement la faute n'en est pas à Wagner, mais aux traducteurs. L'un et l'autre, Victor Wilder et Alfred Ernst se sont appliqués, non sans ingéniosité, à suivre servilement le procédé du poète allemand, sans se demander si ce procédé convenait à la langue française. Sur ce point, je ne puis être complètement de leur avis. M. Alfred Ernst travestit presque chaque mot du premier lied de Walther.

Celui-ci chante au deuxième acte, selon la version Ernst :

« L'aube vermeille brillait dans les cieux, et des senteurs montaient des fleurs ; dans une ivresse de jeunesse, un frais jardin mystérieux ravit mes yeux. »

Dans la bouche de Beckmesser ce texte devient :

« L'autre merveille braillait dans les cieux, et des menteurs (!) mordaient (!) les fleurs ; — dans une ogresse (!) de jeunesse, un frais gredin (!) miséreux, radis des yeux (!). »

La charge est insupportable. Plus loin, *svelte et splendide*, devient *selle sordide ; un arbre offrait aux yeux ses dons joyeux*, se transforme en *cet arbre offrait aux vieux, ses doubles pieux*. Et ainsi de suite. Ce galimatias n'a plus l'ombre de sens et n'en est pas plus drôle. En allemand, les phrases que profère Beckmesser ne tiennent pas entre elles, mais chacune a un sens, d'autant plus comique que l'on y reconnaît les bribes du texte de Walther. J'imagine qu'en se bornant à travestir quelques mots seulement du texte de Walther, les traducteurs auraient mieux réalisé l'effet voulu par Wagner.

Les trois couplets du chant de Beckmesser provoquent naturellement des exclamations ironiques de la foule qui écoute ; très ingénieusement Wagner les pose sur un accompagnement orchestral formé principalement des motifs de la *Rancune de Beckmesser* (51). Au dernier couplet, l'assemblée ne se possède plus; les rires tout à l'heure étouffés éclatent de tous côtés, sur ce dessin rapidement déroulé par les violons soutenus par tous les bois et les cuivres.

Alors de nouveau éclate la colère de Beckmesser accusant Sachs de l'avoir indignement trompé. En un allegro furieux, les bois, puis les cordes accompagnent ses invectives avec les thèmes du *marqueur* (19) et (25), de la *rancune* (51bis). Sachs repousse l'accusation avec un sangfroid plein de bonhomie qu'accuse le joli thème ironique entendu au premier acte (23). Il appelle en témoignage Walther qui sort de la foule et s'avance, annoncé à l'orchestre par son theme caractéristique. Notons, dans l'accompagnement des paroles explicatives de Sachs au peuple et aux maîtres, une intéressante combinaison de la période finale du chant de présentation de Walther (premier acte) et du motif d'Eva orné d'un *grupetto* (38)

comme si Wagner voulait faire allusion ici à l'union de l'amour et de la poésie.

Invité à chanter son *lied*, Walther n'a pas de peine à confondre le plagiaire et à rallier tous les suffrages. Son chant de concours (*Preislied*) se développe sur les paroles du *récit du songe*, mais avec un texte nouveau à la conclusion. Pareillement la mélodie suit exactement, pendant les neuf premières mesures, celle du *récit du songe*, après quoi s'ajoute cette phrase nouvelle (*un peu retenu*) :

61

laquelle, après s'être répétée, aboutit à la cadence finale de la strophe formée de mélismes empruntés à la deuxième mesure du thème d'*amour* (6). L'instrumentation de la phrase initiale très sobre (clarinettes, cor et basson) se colore peu à peu des timbres du hautbois, des cordes et des harpes, à l'entrée de la seconde phrase, et celle-ci conduit à un développement choral très doux sur le dessin central de cette phrase, formé de mélismes empruntés à la fois au thème de l'*art* (18) et au premier thème d'*amour de Walther* (2).

La seconde strophe, s'accompagne plus délicatement encore de dessins des altos (divisés), violoncelles et basses, auxquelles se joignent ensuite, pour la seconde période, les bassons (divisés), les cors, les harpes et seulement à la fin, le hautbois et la clarinette. La coloration est moins claire que celle de la première strophe, ainsi que l'exigeait le sens des paroles : « L'ombre du soir annonçait la nuit, etc. »

Le chœur intervient de nouveau à la conclusion de cette strophe, et de la même façon ; mais l'instrumentation est changée ; ce sont cette fois les violoncelles et les clarinettes qui reprennent le thème approprié du chant de Walther.

La troisième strophe (*abgesang*) se chante sur le thème d'*Amour* (6) développé en une ample période dont la conclusion, formée d'un dessin issu de sa seconde mesure, est reprise en chœur d'abord par le peuple, puis par le groupe des maîtres. Tout à fait exquise est l'entrée finale de la voix d'Eva sur le premier dessin du thème d'*Amour* (6) avec son trille final qui se pose radieux sur des tenues *pianissimo* du chœur. L'émotion profonde de celui-ci se traduit par la marche harmonique signalée dans l'ouverture (4) avec la cadence par la neuvième qui terminait le trio à la fin de la première scène. Ici, elle semble la traduction de l'*aspiration* universelle au bonheur par l'amour. Aussi, combien aussitôt après, paraît émouvant, le rappel discret aux violons du thème du *renoncement de Sachs* (46) ! On dirait la notation d'un sanglot. Mais il est vite étouffé dans l'explosion triomphale des acclamations populaires.

Walther est proclamé vainqueur d'une voix unanime. La main d'Eva lui appartient, il a conquis de haute lutte la muse et sa bien-aimée. Que lui importe le reste ? Le thème de la *félicité* (57) nous dit pourquoi il refuse la dignité et les insignes de la maîtrise, encore aigri par l'injustice dont il avait d'abord été victime.

Cette révolte inutile et presque blessante, provoque un vif mouvement de Sachs. D'une façon vigoureuse et significative il saisit la main du jeune poète et l'admoneste paternellement, tout en s'adressant au peuple tout entier : « Ne méprisez pas les maîtres et respectez leur art ! »

Ce discours capital de Sachs, — qui se développe magnifiquement sur les thèmes de la *Marche des Maîtres* (1), de l'*Amour* (6), de la *Fête patronale de Nuremberg* (36) et finalement de la *Guilde* (3) traités comme dans l'ouverture, mais combinés autrement et rehaussés à la fin de l'éclat des voix du chœur, — forme la conclusion nécessaire de toute l'œuvre. Au point de vue musical, elle en affirme l'admirable unité de conception et la logique inflexible de développement ; au point de vue dramatique et poétique, elle en synthétise l'idée philosophique : glorification de l'art populaire et national, de l'art issu des traditions de race, fondé sur elles, mais rajeuni incessamment par les apports du sentiment humain, par les intuitions de l'inspiration naturelle et spontanée.

C'est une tristesse pour tous ceux qui sont en mesure de l'apprécier dans sa double signification, de voir cette page, si haute de pensée et de si nobles proportions, supprimée le plus souvent à la représentation sous prétexte qu'elle fait longueur ! C'est un crime esthétique, un impardonnable attentat contre l'art, dont même l'Opéra de Paris s'est rendu coupable, après la troisième représentation.

Le soir de la première, je ne me suis pas aperçu que ce discours eût fatigué le public; au contraire, je me souviens du frisson qui parcourut toute la salle, lorsque l'admirable interprète du personnage, M. Delmas, de sa belle voix, avec une diction ferme et significative qu'accentuait l'émotion patriotique, détacha ces paroles graves :

> Veillez ! l'heure a plus d'un péril !
> Un jour si le malheur nous tient
> Si fier d'un faste mensonger,
> Le prince oublie son peuple en-bas
> Si faux éclat, hochets menteurs
> Par lui corrompent nos pays,
> De nous, plus rien ne reste
> Que cet honneur des maîtres d'art !
>   Donc Sachs vous dit :
> Peuple, rends gloire aux Maîtres
> Qu'ils soient tes bons génies !

Ces paroles ne sont pas inutiles. L'Art est l'expression même de la vie; il est la manifestation la plus complète des aspirations et de la foi d'une race. Le peuple qui n'a plus d'art, qui n'a plus le respect de son art, est un peuple voué irrémédiablement à la décadence. Telle est la leçon finale des *Maîtres Chanteurs*.

Elle clôt, par une pensée sérieuse, le jeu scénique plaisant et joyeux auquel nous venons d'assister. Cette pensée est indispensable, elle est la dernière pierre de l'édifice : la figure de Hans Sachs ne serait point complète si elle n'était pas exprimée. Chefs d'orchestre, interprètes et directeurs de théâtres ne devraient jamais l'oublier. Mais à quoi sert-il de protester ?

A ceux qui connaissent l'œuvre, il reste la satisfaction de voir au delà des réalisations que tant de hasards et de mauvaises volontés compromettent trop souvent, et de nourrir par une lecture réfléchie leur admiration pour l'œuvre de maîtrise absolue que l'incompréhension des exploitants d'art mutile si grossièrement.

Dans un de ses derniers opuscules (1), Wagner rappelle que les esthéticiens ont toujours considéré l'unité comme une des conditions essentielles de l'œuvre d'art. A ce point de vue, ses *Maîtres Chanteurs* sont une incomparable merveille. Au cours de ce travail j'ai eu l'occasion plus d'une fois, d'insister sur la logique serrée qui en relie tous les épisodes, sur le parallélisme des scènes entre elles, sur les contrastes qui s'établissent entre les personnages et les situations pour se fondre ensuite en une harmonie parfaite ; l'analyse thématique de la partition a montré quels liens subtils relient entre eux des thèmes en apparence très éloignés ; comment les autres s'engendrent, avec quel art certaines formes arrêtées et définies de la musique traditionnelle sont adaptées au style dramatique nouveau, par quelles délicates transitions le musicien nous conduit d'une impression à des impressions toutes opposées.

Dans aucune autre de ses œuvres, Wagner n'a aussi complètement et d'une façon plus parfaite atteint ce qu'il exposait dans l'opuscule cité plus haut, comme l'idéal à réaliser :

---

(1) *Sur l'emploi de la musique dans le drame* (Ueber die Anwendung der Musik auf das Drama).

« La nouvelle forme de la musique dramatique, disait-il, pour constituer une œuvre d'art, doit avoir l'unité du style symphonique ; elle y parviendra, en s'alliant étroitement à celui-ci, de manière à s'étendre sur le drame tout entier, non pas seulement sur quelques parties isolées, arbitrairement détachées. Cette unité résultera d'une trame (*Gewebe*) composée de thèmes fondamentaux repassant dans toute l'œuvre et qui, à l'exemple de ce qui constitue le style symphonique, s'opposent les uns aux autres, se complètent, se transforment, se quittent et se retrouvent; il y a cette seule différence qu'ici la pièce exécutée et développée (musicalement) détermine les combinaisons et les oppositions qui, dans la symphonie, avaient été à l'origine, déterminées par les mouvements de la danse. »

C'est là exactement ce que nous offre la partition des *Maîtres Chanteurs*. N'est-elle pas une véritable symphonie dramatique, la plus merveilleuse symphonie que nous ayons depuis Beethoven ?

APPENDICE

LES PREMIERS SCENARIOS
DES
MAITRES CHANTEURS

Voici l'analyse du premier scenario des *Maîtres Chanteurs* que M. Albert Heintz a donnée dans l'*Allgemeine Musikzeitung* de Berlin, n° 47 du 22 novembre 1895.

Ce scenario place l'action du premier acte non pas en l'église Sainte-Catherine, mais dans une chapelle de l'église Saint-Sebald, à Nuremberg. Les indications de scène portent : « Fin des vêpres — on entend l'orgue. Un jeune homme s'approche d'une jeune fille de riche condition bourgeoise ; — elle l'attendait et l'invite à la prudence. Le jeune homme est désigné comme étant le fils d'un chevalier ruiné. Aucune indication de noms, sauf pour Hans Sachs, pour la gouvernante du doyen de la corporation des *Maîtres Chanteurs* (plus tard Pogner), dame Magdelene, et pour David, l'apprenti de Sachs. L'initiation du jeune aspirant par David n'est pas mentionnée dans le scenario primitif. Dans l'assemblée de la corporation, Hans Sachs est à la place de Kothner, « gardien des règles de la tabulature », et c'est lui qui en fait la lecture au jeune concurrent « avec un mélange d'ironie ».

Le *marqueur* ne prend point place encore derrière un rideau; c'est un écolier qui s'asseoit à la table du marqueur et qui note les fautes du chanteur d'après les indications du marqueur. L'appel nominal au début de l'assemblée, ainsi que la proposition de Pogner de donner sa fille en mariage au vainqueur, enfin la dispute avec Sachs à propos de l'intervention du jugement populaire, tout cela est conforme à la réalisation postérieure.

Le jeune chevalier demande d'abord : « Dans quel ton dois-je chanter ; celui de Siegfried et de Crimhilde ? » Les Maîtres chanteurs s'effarent de cette question et répondent par des hochements de tête. « Eh bien, alors je chanterai dans le ton du Parsifal de Wolfram. » Nouvel étonnement des Maîtres chanteurs. Le marqueur dit au jeune homme : « Chantez comme le veulent les règles que l'on vient de vous faire connaître. » — Le chevalier s'exécute alors, après avoir réfléchi un moment, et commence son chant d'abord timide, ensuite de plus en plus chaleureux et inspiré. Son lied chante l'éloge de la poésie (1). Le marqueur l'arrête souvent pour noter les fautes. Celles-ci deviennent plus nombreuses à mesure que s'accuse l'enthousiasme du jeune chevalier. Hans Sachs l'observe avec une sympathie croissante, le marqueur devient de plus en plus ironique à son égard. Trouble accru du jeune homme, — interruptions de plus en plus nombreuses, — finalement le marqueur demande au chanteur s'il a fini. — Pas encore, répond celui-ci. — Mais moi, réplique le marqueur, j'ai fini mon

---

(1) Dans la *Communication à ses amis*, où Wagner donne une analyse un peu différente de son scenario, il est dit que le jeune chevalier chante « l'éloge des femmes ».

tableau ! — On fait le compte des erreurs du concurrent et l'on déclare l'épreuve négative. Mais le jeune homme s'écrie : « Arrêtez ! » et demande à continuer de chanter. On le lui refuse. Hans Sachs alors cherche à le protéger, il va jusqu'à railler les maîtres ; de là une dispute. Sachs invite le marqueur à chanter lui-même ; on verra combien il commet de fautes quand on applique les règles comme il vient de le faire. Le marqueur repousse méchamment cette proposition ; allusions piquantes au goût du peuple dont Sachs est le poète favori ; puis il montre les chaussures mal faites que lui a livrées Sachs. « Tu me revaudras celle-là », murmure Sachs en *a parte*. La querelle s'anime. A la fin, l'assemblée proclame solennellement que l'étranger est refusé. Le jeune homme anéanti se précipite au dehors. L'assemblée se sépare au milieu d'une vive agitation.

Pour le deuxième acte, le scenario contient déjà les points essentiels du poème ultérieur ; il manque toutefois le joli dialogue entre Sachs et la jeune fille. Celle-ci dit à un moment donné à son fiancé : « Méfie-toi de Sachs. C'est un homme faux, père me l'a dit souvent. » Toute la fin de l'esquisse correspond au poème définitif. La mise en scène est dessinée en marge du manuscrit telle qu'on la connaît.

Au début du troisième acte, nous trouvons Sachs dans son atelier assis près de la fenêtre et feuilletant un gros in-folio ; à « l'autre fenêtre » est assis David « travaillant à une paire de chaussures pour dame ». Sachs expose ses réflexions sur la décadence de la poésie : « Lui-même est encore le seul qui respire dans l'atmosphère du grand passé de l'Allemagne, etc. » Du dehors, dame Magdelene appelle David ; mais l'apprenti, par des gestes significatifs dans la direction de la maison voisine (la maison de Pogner), l'invite au silence. Sachs aperçoit ce manège et gourmande l'apprenti, il lui reproche de ne pas travailler. Mais de nouveau dame Magdelene appelle David ; celui-ci alors, pour la chagriner par une apparente indifférence, chante la chanson de métier de Sachs. Choqué, Sachs se fâche, mais se calme vite à l'idée de la popularité qu'il s'est acquise ; finalement il chante avec David la conclusion de son *lied*.

Survient le chevalier sortant de l'appartement intérieur. Sachs espère qu'il lui rendra justice et reconnaîtra que c'était dans son intérêt qu'il avait agi précédemment comme il l'a fait. Le chevalier : « Je me sens tout confus devant vous. Vous aviez raison, certes ! Mais que faire à présent ? »

Sachs lui promet alors de faire en sorte qu'il obtienne l'aimée. Il interroge le jeune homme sur ses essais poétiques ; le chevalier raconte qu'il a composé des poèmes héroïques dans lesquels il chante les grands empereurs : « Voici, lisez ! — Sachs : Pas un poème d'amour ? — O, voici mon dernier, tenez ! » Sachs lit alors le poème (l'orchestre joue pendant ce temps la mélodie qui sera chantée plus tard), puis il s'écrie après un moment de réflexion : « Vous êtes un poète ! » Il ajoute toutefois que le moment n'est pas à la poésie et conseille au jeune homme de lire les écrits de Luther et de Jean Huss et de défendre par l'épée ce qu'il y aura appris ! « Longtemps — prophétise Sachs, — on n'entendra plus les poètes ; il faudra combattre avec d'autres armes, avec la raison et la philosophie, contre la bêtise et la superstition ; et ces nouvelles armes, il sera nécessaire de les protéger de nouveau par le glaive. » — « Bien, maître, réplique le jeune homme, mais aujourd'hui, ce qu'il me faut, c'est une épouse. » Sachs répond : « Vous l'aurez ! Laissez-moi faire ! »

La jeune fille paraît à ce moment sous prétexte de chaussures ; elle veut accabler Sachs de reproches ; le chevalier le défend. Sachs réconforte les amants et exprime l'espoir d'une solution satisfaisante ; il leur indique la marche à suivre et ils lui promettent obéissance.

Suit la scène avec le marqueur comme dans la pièce. Le vol du poème laissé sur la table est toutefois indiqué ici comme un acte plutôt irréfléchi. Wagner avait même d'abord eu l'idée que Sachs offrirait au marqueur une de ses œuvres de jeunesse, ignorée de tous. Plus tard, il a écrit en marge : « Peut-être Sachs pourrait-il feindre d'ignorer complètement de qui est le poème : peut-être est-il l'œuvre du jeune chevalier qui, après son échec, est déjà loin, par delà les monts. On dirait un poème enchanté. Mais prenez garde à trouver l'air qui lui convient ! »

Changement de scène. La prairie Saint-Jean devant les portes de Nuremberg. Cortège de fête, peuple, jeux populaires. Les maîtres chanteurs arrivent. Le marqueur chante le poème du chevalier ; son chant ne s'adapte pas au poème. Effet comique. La foule raille le chanteur. Sachs loue le poème et critique la diction du marqueur. Le marqueur accuse Sachs de l'avoir trompé avec ce méchant poème. Le peuple demande que Sachs le chante lui-même ; mais Sachs s'y refuse, les chants d'amour ne convenant plus à son âge.

Le chevalier paraît alors et s'offre à chanter. Les Maîtres protestent, mais la foule, — excitée par la fiancée, David et Magdelene, — crie : « Pourquoi pas ? Laissez-le chanter ! » Le chevalier commence alors et obtient un succès enthousiaste. Les Maîtres chanteurs ne peuvent faire autrement que de lui accorder le prix, parce qu'ils reconnaissent que lui seul peut être l'auteur de ce *lied*. Le jeune chevalier accepte le prix, mais refuse d'entrer dans la corporation. Hans Sachs l'admoneste en faisant l'éloge des Maîtres et fait ainsi entrer son protégé dans la corporation. » Musique de scène : le cortège des fiançailles s'organise rapidement, Sachs conduit la fiancée et le cortège, — fifres en tête, — se dirige vers la ville ».

Au bas de ce scenario on lit ceci :

Fin. Marienbad, 16 juillet 1845.
RICHARD WAGNER.

Je n'insisterai pas sur les nombreux points qui, dans ce scenario, s'écartent du poème définitif. Je me bornerai à faire remarquer que, dans cette esquisse, on ne trouve pas trace de la pensée philosophique qui élève si haut le poème définitif : il n'est pas question des liens qui unissent Sachs à Eva, ni du renoncement final qui grandit et anoblit d'une façon si nouvelle le personnage de Sachs.

Le scenario des *Maîtres Chanteurs* que Wagner a donné dans la *Communication à ses amis*, contient d'autres variantes. Je le reproduis ci-dessous :

De même que, chez les Athéniens, un joyeux drame satirique succédait à la tragédie, ainsi, pendant ce voyage de plaisir (Marienbad), l'image d'une comédie m'apparut, qui, en vérité, pouvait s'enchaîner à mon « Concours de chant de la Wartburg », comme un drame satirique correspondant. Cette pièce était les *Maîtres Chanteurs de Nuremberg*, avec *Hans Sachs* pour principal personnage.

Je conçus Hans Sachs comme la dernière incarnation de l'esprit populaire appliqué à la production artistique, et je l'opposai, avec cette signification, à la corporation des boutiquiers Maîtres chanteurs, dont je personnifiai tout spécialement le pédantisme si drôle, avec son code poétique de la *Tabulature*, dans la figure du *Marqueur*.

On sait (ou peut-être nos critiques l'ignorent-ils) que ce *Marqueur* était un guetteur préposé par la corporation des chanteurs pour *remarquer* les fautes commises contre les règles par les exécutants, et notamment par les postulants, afin de les noter par des traits : celui qui avait mérité un certain nombre de ces traits avait *déchanté (versungen)*.

Le doyen de la corporation proposa donc de donner la main de sa fille au Maître qui gagnerait le prix dans un concours public qui allait avoir lieu. Le Marqueur, qui s'était posé déjà en prétendant, rencontre un rival dans la personne d'un jeune chevalier; celui-ci, transporté par la lecture des Chroniques héroïques et des vieux Minnesinger, a quitté le château délabré et ruiné de ses ancêtres, pour venir apprendre à Nuremberg l'art des Maîtres Chanteurs. Il se présente afin d'être reçu dans la Corporation, poussé par l'amour qui l'a subitement enflammé pour la jeune fille, ce prix « qu'un Maître de la Corporation peut seul gagner »; soumis à l'épreuve, il chante un hymne enthousiaste à la louange des femmes, mais qui scandalise à tout instant le Marqueur, si bien que l'aspirant, à peine à la moitié de son chant, a déjà « déchanté ».

Sachs, à qui plaît le jeune homme, fait alors avorter, dans une bonne intention à son égard, sa tentative désespérée d'enlever la jeune fille ; par la même occasion, il trouve aussi moyen d'exaspérer terriblement le Marqueur. Celui-ci, en effet, après avoir grossièrement rudoyé Sachs, dans le dessein de l'humilier, sous prétexte d'une paire de souliers non encore finie, vient se poster pendant la nuit devant la fenêtre de la jeune fille, pour lui exécuter, en guise de sérénade et de répétition, le chant avec lequel il espère la conquérir; car il faut aussi qu'il s'assure de sa voix, prépondérante dans l'attribution du prix.

Sachs, dont l'atelier de savetier fait face à la maison régalée de musique, se met aussi, dès le début du Marqueur, à chanter à voix haute; comme il le déclare au prétendant furieux, cela lui est nécessaire pour se tenir éveillé à son travail, à une heure si tardive, et d'ailleurs le travail presse, personne ne le sait mieux que le Marqueur, lui qui l'a si rudement admonesté au sujet de sa chaussure. Sachs promet enfin au malheureux de s'arrêter, à condition qu'il permette de marquer a *sa* façon (celle d'un savetier) les fautes qu'il trouvera, selon *son* jugement, dans le chant du Marqueur, c'est-à-dire d'indiquer chaque faute avec un coup de marteau sur le soulier fixé sur la forme. Le Marqueur chante donc, et voilà Sachs frappant sur la forme à coups redoublés. Rage et sursauts du Marqueur; Sachs lui demande tranquillement s'il a bientôt fini sa chanson. « Il s'en faut bien », s'écrie l'autre. Sachs, avec un éclat de rire, brandit alors les souliers à travers les volets de la boutique, déclarant que, grâce aux *coups du marquage*, ils viennent d'être achevés à la minute. Pendant le reste de son chant, que, dans son désespoir, il hurle tout d'un trait, le Marqueur échoue piteusement, et voit à la fenêtre une figure de femme qui hoche la tête avec énergie.

Le lendemain, l'inconsolable prétendant vient demander à Sachs un nouveau chant pour obtenir la main de la jeune fille ; celui-ci lui donne une poésie du jeune chevalier, et feint d'en ignorer l'origine ; il avertit seulement le Marqueur de bien avoir soin de la chanter dans le « mode » approprié. Le vaniteux concurrent se sent tout à fait rassuré là-dessus, et, devant l'assemblée publique des Maîtres et du Peuple, il chante les vers donnés par Sachs sur un mode si impropre, si à contre-sens, qu'il échoue de nouveau, et, cette fois, définitivement. Furieux, il reproche à Sachs de l'avoir trompé, de lui avoir passé des vers monstrueux ; celui-ci affirme qu'ils sont excellents, mais qu'ils doivent être chantés dans le mode voulu. On convient que celui qui saura le vrai mode sera vainqueur. Le jeune chevalier s'acquitte de cette tâche et conquiert la fiancée ; mais maintenant que l'accès de la Corporation lui est ouvert, il le dédaigne. Sachs, avec une verve humoristique, prend la défense des Maîtres Chanteurs, et termine par ces vers : — *Et dût le Saint-Empire-Romain s'évanouir en fumée, — Il nous resterait encore le Saint Art allemand.*

Tel était mon plan rapidement inventé et esquissé. A peine l'eus-je écrit que, sans vouloir prendre aucun repos, je me mis à travailler à un plan plus détaillé de *Lohengrin*...

A PROPOS DE LA PREMIÈRE A MUNICH

Dans un opuscule trop peu connu : *Sur le comédien et le chanteur (Ueber Schauspieler und Sänger)*, qui se trouve au tome IX de ses *Gesammelten Schriften,* Wagner rappelle en quelques mots ses impressions de la première représentation à Munich :

Jamais je n'ai eu avec un personnel d'opéra, commerce plus intimement satisfaisant qu'à l'occasion de la première exécution des *Maîtres Chanteurs* à Munich. A la fin de la répétition générale, j'éprouvai le besoin d'exprimer à chacun des collaborateurs, depuis le premier des maîtres jusqu'au dernier des écoliers, mon sentiment d'incomparable joie de ce que, renonçant si rapidement à toute tradition de l'opéra, ils s'étaient fait, avec le zèle le plus dévoué et la plus absolue abnégation, une manière de jouer dont la justesse était sans doute conforme à leur sentiment personnel, mais dont ils avaient dû acquérir la pleine conscience pour qu'elle se manifestât avec autant de bonne volonté. En les quittant, je fus en mesure de leur réitérer ma conviction, de nouveau confirmée, que si le théâtre avait été véritablement corrompu par l'opéra, c'était par l'opéra seul qu'il pouvait être ramené à son ancienne élévation. Cette audacieuse confiance, l'exécution de mes *Maîtres Chanteurs* me l'avaient rendue.

... Si d'un côté, un spirituel ami a pu assurer que mon style orchestral lui paraissait une fugue ininterrompue devenue opéra, d'autre part, mes chanteurs et choristes savent parfaitement qu'en se rendant maîtres de la tâche musicale si difficile qui leur incombait, ils avaient appris la véritable façon de dire le dialogue continu, si bien que finalement cela leur semblait aussi aisé que le langage usuel.

Eux qui croyaient lorsqu'il s'agissait de chanter l'opéra, devoir tomber immédiatement dans les crampes d'un faux pathos, tous ils se sentaient maintenant incités à mener le dialogue rapidement, avec vivacité et naturel, et, de ce point seulement, à hausser insensiblement l'expression pour s'élever au pathos de l'émotion. A leur grand étonnement, ils arrivaient ainsi à des effets qu'auparavant leurs plus violents efforts ne parvenaient pas à leur faire obtenir.

Ajoutons à cette intéressante observation les notes suivantes que Wagner consacre aux *Maîtres Chanteurs* dans un de ses derniers écrits : *Voulons-nous espérer ? (Wollen wir hoffen ?)*, inséré au tome X des *Gesammelten Schriften*.

En m'occupant de la composition et de la représentation des *Maîtres Chanteurs*, que je désirais d'abord faire jouer à Nuremberg même, je fus guidé par l'idée de présenter au public allemand l'image de sa véritable nature jusqu'alors défigurée plus ou moins à la scène. J'espérais qu'en retour j'obtiendrais de la partie la plus élevée et la plus sérieuse de la bourgeoisie allemande, une reconnaissance sincère et cordiale. L'excellente première représentation au théâtre royal de Munich reçut l'accueil le plus chaleureux; mais, chose étrange, parmi les assistants, ce furent quelques Français venus à Munich qui se montrèrent le plus vivement frappés de cette essence nationale de mon œuvre et qui la saluèrent de leurs applaudissements. Au contraire, rien ne trahit une impression semblable à l'observateur de la partie munichoise du public. L'événement prouva que les espérances mises par moi en Nuremberg étaient tout à fait illusoires. Le directeur du théâtre de cette ville s'adressa bien à moi pour acquérir l'*opéra nouveau ;* ayant appris en même temps qu'il était question d'élever là-bas un monument à Hans Sachs, je n'imposai d'autres conditions au directeur, en fait d'honoraires, que de verser la recette de la première représentation comme contribution aux frais de l'érection de ce monument. A cette proposition le directeur ne fit pas la moindre réponse. C'est alors que mon œuvre se mit en route par les voies ordinaires vers d'autres théâtres ; elle était difficile à exécuter, ne réussit que rarement, fut rangée dans la catégorie *opéra*, sifflée par les juifs et livrée à son sort par le public allemand, comme une curiosité bonne tout au plus pour être accueillie avec des hochements de tête. — Ce serait une chose instructive et certainement caractéristique pour notre situation artistique, si je racontais les déboires qu'à mon grand étonnement je dus subir à propos des *Maîtres Chanteurs* de la part de nos deux plus grands théâtres, celui de Berlin et celui de Vienne. Dans mes négociations avec les directeurs de ces théâtres de Cour, il me fallut un certain temps avant de reconnaître, dans les artifices dont ils usaient à mon égard, qu'au fond leur désir était non seulement de ne pas donner mon ouvrage, mais d'empêcher qu'il ne fût donné sur d'autres scènes : l'apparition d'une nouvelle œuvre de moi provoquait manifestement une véritable terreur. Ce n'est qu'après avoir, par égard pour mon éditeur, renoncé aux exigences qui devaient m'assurer une exécution vraiment correcte, qu'il me fut possible d'obtenir une exécution de mes *Maîtres Chanteurs*, par exemple sur le théâtre de Dresde.

RICHARD WAGNER ET HŒLZL

A propos du comédien Hölzl, qui créa à Munich le rôle de Beckmesser, je dois à l'obligeance de M. Félix Mottl communication d'un spirituel sixain de Richard Wagner, inédit, je crois. Voici cette petite pièce de vers, dans laquelle Wagner plaisante avec humour, à propos des coupures que l'on prétendait opérer dans le rôle de Beckmesser:

> Hölzl, Hölzl, straff wie Holz !
> Nichts gestrichen, immer stolz !
> Wird am Schluss er ausgelacht
> Keiner doch es besser macht.
> Selbst als Arm und Beinzerschlag'ner
> Tröst er sich mit Richard Wagner.

Voici, autant que le permet la traduction, le sens de cette pièce. Au début, Wagner fait un jeu de mots sur le nom de son excellent interprète, *Hölzl*, qui en allemand peut être pris comme le diminutif de *Holz* = bois.

> Hölzl, Hölzl, dur comme le bois,
> Pas de coupures ! résiste ferme !
> Si à la fin on se moque de toi,
> Personne cependant ne peut faire mieux.
> Même les jambes et les bras rompus,
> Console-toi avec Richard Wagner.

LES MOUVEMENTS DE L'OUVERTURE

Dans son opuscule sur l'*Art de diriger*, Wagner a consigné quelques indications sur les mouvements de l'ouverture des *Maîtres Chanteurs*. En voici la traduction :

Le mouvement principal de ce morceau a été indiqué par moi comme « très modérément animé », ce qui correspond à peu près à l'ancienne désignation : *allegro maestoso*. Aucun mouvement — quand il dure et surtout quand il se charge d'épisodes, — n'a plus que celui-ci besoin de nuances; on le choisit volontiers pour les morceaux où divers motifs subissent de multiples combinaisons parce que sa large membrure en quatre temps réguliers est très favorable à ces combinaisons par les modifications qu'elle facilite. D'autre part, ce mouvement modéré à quatre temps est aussi celui dont le sens est le plus variable. On peut le battre en quatre temps énergiquement animés et en faire ainsi un *allegro* vif (c'est le mouvement principal que j'ai eu en vue ; il se manifeste avec le plus de vivacité dans les huit mesures qui servent de transition de la marche proprement dite à l'épisode en *mi* majeur) :

Ou bien, on peut se le figurer comme une demi-période formée de deux mesures à 2/4 ; il permet dans ce sens de donner le caractère d'un *scherzando* vif à l'entrée du thème en diminution :

Ou bien encore on peut l'interpréter comme un *alla breve* (2/2); il correspond alors à l'ancien et aisé *tempo andante*

(fréquent dans la musique d'église) que l'on bat exactement en deux temps assez lents.

C'est dans ce dernier sens que je l'ai employé à partir de la huitième mesure après la rentrée du ton d'*ut* majeur, pour la combinaison du thème principal de la marche, maintenant exécuté par les basses, avec le second thème principal chanté avec aisance et largeur, en valeurs augmentées du double, par les violons et les violoncelles :

Ce second thème, je l'avais d'abord introduit diminué dans l'exacte mesure à quatre temps :

Sous cette forme, interprété avec une extrême délicatesse, il a un caractère passionné, presque hâtif (comme d'une déclaration d'amour murmurée à la dérobée). Afin de maintenir son caractère de délicatesse, le mouvement devra être un peu retenu, car l'empressement passionné est suffisamment exprimé par la figuration plus mouvementée; il faudra le conduire, en un mot, vers l'extrême nuance du mouvement principal dans le sens du grave 4/4; afin de réaliser cette nuance sans secousse (c'est-à-dire sans altérer l'allure du mouvement fondamental), une mesure *poco rallentando* prépare cette flexion.

Avec la nuance plus inquiète, finalement dominante, de ce thème :

pour laquelle j'ai indiqué une exécution *passionnée*, il m'a été facile de ramener le mouvement à sa primitive allure animée, et de le transformer en l'*andante alla breve* dont je parlais plus haut, et ainsi je reviens à une nuance du mouvement principal déjà développée dans l'exposition du morceau. En effet, le premier développement du solennel thème de marche se résout aussitôt en une sorte de coda largement traitée, dans le caractère d'un cantabile, qu'on n'exécutera convenablement qu'en le prenant dans ce *tempo andante alla breve*.

Ce cantabile, de grande sonorité :

étant précédé de cette fanfare aux temps pesamment accentués :

la transformation du mouvement doit commencer aussitôt que la marche en noires vient à cesser, c'est-à-dire avec les tenues sur l'accord de dominante qui introduisent le *cantabile*. Comme ce large mouvement en notes d'une demi-mesure s'étend avec une gradation sensible, notamment aussi par la modulation, j'ai cru pouvoir, sans autre indication, m'en remettre au chef d'orchestre de l'allure à lui imprimer, car l'interprétation des passages de ce genre, quand on cède au sentiment naturel des exécutants, conduit d'elle-même à une exécution plus chaude; me fondant sur mon expérience de chef d'orchestre à cet égard, j'ai cru pouvoir me borner à indiquer l'endroit où le mouvement revient à l'allure première du 4/4, c'est-à-dire, comme le sentira tout musicien, au moment où dans les successions harmoniques reparaissent les marches en noires. Dans la conclusion du prélude ce mouvement plus large en 4/4 s'impose de nouveau tout aussi clairement au retour de la fanfare signalée plus haut, fortement accentuée en manière de marche et à laquelle vient s'ajouter le redoublement rythmique de son ornementation figurée; de la sorte on termine exactement avec la même allure qu'on avait commencé le morceau.

Cette ouverture je la fis jouer pour la première fois à Leipzig, sous ma direction, dans un concert privé (1); elle fut si parfaitement rendue d'après les indications que j'ai consignées ci-dessus, que l'auditoire, très restreint et presque exclusivement composé d'amis de ma musique venus du dehors, en redemanda une seconde exécution immédiate; à quoi les musiciens, d'accord avec les auditeurs, se prêtèrent avec un empressement joyeux. L'impression produite paraît s'être répandue si rapidement et si favorablement que l'on jugea bon, peu après, de faire connaître ma nouvelle œuvre au public ordinaire des concerts du Gewandhaus. M. le chef d'orchestre Reinecke, qui avait assisté à l'exécution sous ma direction, la dirigea cette fois ; mais sous sa direction les mêmes musiciens l'exécutèrent de telle façon que l'œuvre fut sifflée par le public. Je ne veux pas rechercher si je dois ce succès à la loyauté des exécutants, c'est-à-dire à une volontaire mutilation de mon ouvrage; il me suffit de savoir que nos chefs d'orchestre sont d'une incapacité sans fard. Quoi qu'il en soit, j'ai appris, plus tard, par des témoins auriculaires très initiés quel mouvement M. le chef d'orchestre avait pris et... j'ai compris.

Quand un chef d'orchestre veut faire comprendre à son public ou à son directeur ce qu'il y a de dangereux et de pervers dans mes *Maîtres Chanteurs*, il n'a besoin que de diriger l'ouverture comme il dirige Beethoven, Mozart et Bach, manière qui convient aussi à R. Schumann. Aussitôt l'on convient que c'est là une musique fort désagréable. Qu'on se figure un organisme aussi vivant, et cependant aussi infiniment délicat et sensible, que les mouvements de cette ouverture tels que je viens de les analyser, qu'on se le figure couché dans le lit de Procuste d'un de ces classiques

---

(1) Wagner fait ici allusion au concert organisé le 1er novembre 1862, par son jeune ami Wendelin Wessheimer et dont nous avons parlé page 56.

batteurs de mesure, on aura l'idée de ce qui va se passer. On vous dit : « Tu vas t'étendre sur cette couche ; tout ce qui dépassera, je vais te le couper ; tout ce qui sera trop court, je vais te l'étirer ! » Et l'on joue de la musique, afin d'étouffer les cris de douleur de la victime !

Ainsi loti, non seulement l'ouverture des *Maîtres Chanteurs*, mais l'ouvrage tout entier (sauf les coupures opérées) fut aussi présenté au public de Dresde qui, jadis, avait entendu sous ma direction plus d'une exécution vivante. Pour parler avec une précision de technicien, le mérite du chef d'orchestre en cette exécution consista en ceci, qu'il avait étendu rigoureusement à tout l'ouvrage le mouvement d'un quatre temps inflexiblement roide ; et encore en avait-il pris la nuance la plus large comme règle invariable. De là résulta encore ceci : Je me sers comme d'un refrain populaire de la conclusion de l'ouverture, de la combinaison des deux thèmes principaux pris dans le mouvement d'un *andante alla breve* idéal, ainsi que je l'ai dit plus haut, pour en faire la péroraison joyeuse de tout l'ouvrage ; sur cette combinaison thématique plus intense, traitée autrement et élargie, dont je me sers ici en manière d'accompagnement, je fais chanter à Hans Sachs son éloge simplement sérieux des Maîtres chanteurs et finalement ses consolantes rimes sur l'Art allemand. En dépit de sa gravité, cette apostrophe finale doit agir d'une façon apaisante et joyeuse sur l'auditeur, et cette impression je l'attendais justement de la combinaison pleine d'humour de ces deux thèmes dont l'allure rythmique ne doit assumer un caractère plus solennel et plus large que tout à la fin, à l'entrée du chœur.

Eh bien, la nécessité de modifier dans le sens d'un *andante alla breve* un mouvement pris dès le début comme s'il s'agissait d'une musique destinée à accompagner une pompeuse procession, ne fut pas mieux comprise dans le chant final de l'ouvrage qui n'a cependant aucun rapport avec une telle marche ; et ce mouvement, mal pris dès le commencement, demeura jusqu'au bout la règle immuable suivant laquelle le chef d'orchestre emprisonna dans la rigide allure d'un 4/4 régulier le chant du vivant interprète de Sachs, ce qui força nécessairement celui-ci à chanter cette apostrophe finale aussi sèchement et aussi froidement que possible. Des amis me supplièrent alors de sacrifier ce finale, de le « couper », car il laissait une impression par trop déprimante. Je m'y opposai énergiquement. Les plaintes cessèrent. J'appris un jour pourquoi : le chef d'orchestre s'était substitué à l'auteur trop entêté, et de son autorité privée (naturellement dans l'intérêt de l'œuvre !) l'apostrophe finale, il l'avait coupée !

« Couper ! couper ! » — c'est l'*ultima ratio* de nos chefs d'orchestre; ce leur est un sûr moyen de rétablir d'heureuses relations entre leur incapacité et les difficultés des tâches artistiques qu'ils ne sont pas aptes à résoudre convenablement !...

LA SUITE DES « MAÎTRES CHANTEURS »

UNE LETTRE INÉDITE A PROPOS DU PRÉLUDE DU TROISIÈME ACTE

Dans son article au *Journal* (1) sur la première des *Maîtres Chanteurs*, à l'Opéra de Paris, M. Catulle Mendès a donné une information qui n'a pas laissé de provoquer une certaine surprise.

Parlant du dénouement des *Maîtres Chanteurs*, il ajoutait : « Je ne pense pas que Wagner fût tout à fait résolu à s'en tenir à ce dénouement; je puis même affirmer qu'il avait conçu un drame, — un drame en un seul grand acte, — qui eût été la fin, ou plutôt le sens définitif des *Maîtres Chanteurs*. Hans Sachs, qui n'a pas plus de quarante-deux ans, à la minute des *Maîtres Chanteurs*, épousait, seize ans plus tard, la fille d'Eva et de Walther; et — symbole charmant, c'était l'hymen de la plus vieille, de la plus populaire poésie,

---

(1) *Journal* du 11 novembre 1897.

qui a tout inventé, avec la poésie nouvelle, qui croit tout inventer. »

Dans les mémoires d'Emile Heckel, le promoteur des *Wagnervereine*, que vient de publier la *Neue Deutsche Rundschau* (1er janvier 1898), cette information se trouve confirmée.

« Mme Wagner, dit Heckel, m'apprit vers le même temps (1871) qu'il existait quatre drames complètement terminés du maître : *Luther*, *Frédéric-le-Grand*, *Hans Sachs* (son second mariage) et *le Duc Bernard de Weimar*. »

Mais suivant les indications qu'a bien voulu me donner M. de Wolzogen, il semble difficile d'admettre que ce second Hans Sachs ait été conçu par Wagner comme la suite ou la fin des *Maîtres Chanteurs*. Cette fantaisie du maître, inédite jusqu'ici, traite tout uniment l'épisode historique du second mariage de Hans Sachs avec Barbara Harscher, qui, selon les uns, n'avait que dix-sept ans lorsque Sachs, déjà âgé de soixante-six ans, convola avec elle, qui suivant d'autres, était elle-même une jolie veuve d'au moins vingt-sept ans et davantage lorsqu'elle s'unit le 2 septembre 1561 au vieux poète-cordonnier.

« L'idée du mariage de Sachs, m'écrit M. de Wolzogen, n'a jamais eu aucun rapport avec la fille d'Eva et de Walther ; il n'a jamais été question que d'une « fille d'Eve », originaire de Nuremberg. Dans la pièce, toutefois, Walther et Eva auraient fait une apparition, mais seulement comme vieux amis de Sachs et comme invités. »

Voilà tout.

Dans le même article, M. Catulle Mendès a reproduit un texte de l'analyse du prélude du troisième acte des *Maîtres Chanteurs*, qui diffère assez sensiblement (non pour le fond mais pour la forme), de celui que j'ai donné page 254. Cette analyse, ainsi que je l'ai dit, a été écrite en français par Wagner et se trouve dans une lettre adressée en 1869, à une admiratrice française, à propos d'une exécution de ce prélude, sous la direction de Pasdeloup. Voici d'après la copie qu'a bien voulu me communiquer M. de Wolzogen, d'après le brouillon conservé à Wahnfried, le texte de ce fragment de lettre, dont je respecte le style et l'orthographe :

Au lever du rideau de ce 3ᵉ acte, on voit H. S. dans son attelier de cordonnier, au grand matin, assis dans sa chaise de grand père, parfaitement absorbé par la lecture de la chronique du monde ; il parle à son jeune garçon apprenti sans cesser de son état de parfaite absence d'esprit : après la sortie du garçon, la tête toujours appuyée sur son énorme volume, il ne fait que continuer dans ses méditations jusque là silencieuses par ces mots, prononcés enfin de haute voix : « Wahn ! Wahn ! Uberall Wahn ! » ce que je ne saurais pas traduire peut-être par : folie ! folie ! partout folie ! mais cela ne donne pas le sens de « Wahn » qui est beaucoup plus général. Dieu sait, comment mon public à deviné d'avance dans cette introduction instrumentale, dont nous parlons, la situation suivante et l'état de l'âme de mon H. S. Le premier motif des instrumens à cordes a été entendu (il est vrai) en même temps avec le 3ᵉᵐᵉ couplet du chant de cordonnier au 2ᵉ acte, il exprimait là une plainte amère de l'homme résigné, qui montre une physiognomie gaie et énergique au monde ; Eva avait compris cette plainte cachée, et navrée au fond de son âme, elle avait voulu fuir pour ne plus entendre ce chant à l'apparence si gai. Ce motif se joue et développe maintenant tout seul pour mourir dans la résignation : mais en même temps les cors font entendre comme de loin, le chant solennel, avec lequel H. S. à salué Luther et sa réformation, et qu'a rendu au poëte une popularité incomparable. Après la première strophe les instrumens à cordes reprennent très doucement et dans un mouvement très retardé des traits du vrai chant de cordonnier, comme si l'homme levait son regard de son travail de métier pour regarder en haut et se perdre dans des rêveries tendres et suaves ; alors les cors continuent, aux voix plus élevées, l'hymne du maître, par laquelle H. S. à son entrée à la fête est salué par tout le peuple de Nuremberg dans un éclat tonnant des voix unanimes. Maintenant le premier motif des instrumens à cordes rentre encore, avec la forte expression de l'ébranlement d'une âme émue à fond ; il se calme, se rassied et arrive à l'extrême sérénité d'une douce et béate résignation.

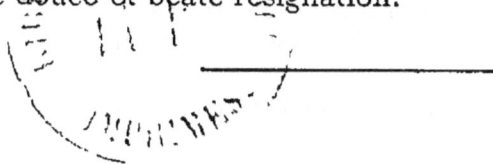

TABLE DES MATIÈRES

Avant-propos. . . . . VII à X

CHAPITRE Ier. — Nuremberg, son passé, sa prospérité au XVIe siècle. — La corporation des Maîtres chanteurs ; leur origine légendaire, leur développement et leur décadence ; poésie aristocratique, poésie bourgeoise. — Organisation des confréries de Maîtres chanteurs ; la tabulature ; les concours ; hiérarchie de leurs membres, l'apprentissage et la maîtrise ; le code poétique ; la constitution musicale de leurs chants. — Hans Sachs, le plus illustre maître chanteur de l'Allemagne ; sa vie et son œuvre ; ses rapports avec la Réformation . . . 1 à 36

CHAPITRE II. — Comment Wagner conçut l'idée d'une comédie lyrique sur les Maîtres chanteurs ; Marienbad, 1845 ; abandon du scenario. — Reprise de l'idée en 1861 à Paris. — Lettres de Wagner à divers amis relatives à la composition du poème et de la musique des *Maîtres Chanteurs*. — Séjours à Biebrich (sur le Rhin) et à Penzing, près de Vienne, puis à Munich, enfin à Triebschen. — Achèvement de l'œuvre. — Richard Wagner et Hans Richter. . . . . 37 à 66

CHAPITRE III. — La première représentation des *Maîtres Chanteurs* à Munich ; Hans de Bulow ; le roi Louis II ; les interprètes. — Appréciations de la critique : Hanslick et Henri Laube ; les échos dans la presse française ; succès croissant de l'œuvre. — La première en français à Bruxelles ; MM. Pougin et Bellaigue. — Les *Maîtres Chanteurs* à Bayreuth. — La première à l'Opéra de Paris . 67 à 102

CHAPITRE IV. — Le poème des *Maîtres Chanteurs ;* ironie et humour, personnalités. — Analyse de la comédie.—Le même sujet traité par Deinhardstein et Lortzing, comparaisons et divergences. — Wagner et le conteur Hoffmann. — L'action, les personnages, l'intrigue, les caractères . . . . 103 à 158

CHAPITRE V. — Caractère général de la partition, conforme au système de Wagner ; le lyrisme dominant ; Wagner et le *lied* allemand ; les ensembles dans les *Maîtres Chanteurs,* chœurs, trios, duos, quintette ; Wagner et Bach ; l'archaïsme musical, les emprunts aux *Meistergesænge,* spécimens de ceux-ci ; le choral protestant. — La musique du *Hans Sachs* de Lortzing. . . . . 159 à 198

CHAPITRE VI.—Analyse thématique.—L'ouverture. 199 à 210
Premier acte : la scène de l'église ; David et Walther ; l'assemblée des maîtres ; les épreuves de Walther ; l'échec . . . . 210 à 234
Deuxième acte : la rêverie de Sachs ; Sachs et Eva ; Eva et Walther ; Beckmesser ; la sérénade ; le finale . . . . 234 à 252
Troisième acte : Sachs et David ; Walther et le songe ; Beckmesser et le vol ; Sachs, Walther, Eva ; le quintette ; la fête populaire ; le concours public ; le triomphe et l'allocution finale de Sachs . . . 252 à 287

APPENDICE. — I. Les premiers scenarios de la comédie . . . . 289 à 296
II. A propos de la première exécution à Munich. 297 à 299
III. Richard Wagner et Hölzl 300
IV. Les mouvements de l'ouverture. . . . . 301 à 306
V. La suite des *Maîtres Chanteurs ;* une lettre inédite de Wagner à propos du prélude du troisième acte . . . . 306 à 308

Brux. — Impr. Th. Lombaerts, 7, Montagne-des-Aveugles.

www.ingramcontent.com/pod-product-compliance
Lightning Source LLC
Chambersburg PA
CBHW060355170426

43199CB00013B/1877